高等职业学校"十四五"规划土建类系列教材

工程项目管理

（第三版）

主　编　刘亚丽

副主编　秦有权　胡新婷　韩建军　周明星

本书编写委员会

刘亚丽　王亚东　秦有权　胡新婷

韩建军　周明星　聂顺利　刘惠茹

唐英千　秦占巧

华中科技大学出版社

中国·武汉

内 容 简 介

本书吸收了国内外工程项目管理的新理论、新方法,结合我国工程项目的管理实践,充分考虑高职高专教学目标和教学特点,以《建设工程项目管理规范》(GB/T50326—2017)为基础,围绕工程项目管理的核心内容展开论述。全书重点突出、兼顾一般、理论够用、强化实践。适合高等院校土木工程类的工程管理、工程造价、工程技术、工程监理等专业,以及从事工程管理的各类技术管理人员学习使用。

图书在版编目(CIP)数据

工程项目管理/刘亚丽主编. —3 版. —武汉:华中科技大学出版社,2021.8
ISBN 978-7-5680-7441-4

Ⅰ.①工… Ⅱ.①刘… Ⅲ.①工程项目管理 Ⅳ.①F284

中国版本图书馆 CIP 数据核字(2021)第 163074 号

工程项目管理(第三版)　　　　　　　　　　　　　　　　刘亚丽　主编
Gongcheng Xiangmu Guanli(Di-san Ban)

策划编辑:金　紫
责任编辑:陈　骏
责任校对:张会军
责任监印:朱　玢
出版发行:华中科技大学出版社(中国·武汉)　　　　电话:(027)81321913
　　　　　武汉市东湖新技术开发区华工科技园　　　　邮编:430223
录　　排:华中科技大学惠友文印中心
印　　刷:武汉开心印印刷有限公司
开　　本:850mm×1060mm　1/16
印　　张:13.25
字　　数:298 千字
版　　次:2021 年 8 月第 3 版第 1 次印刷
定　　价:42.80 元

前　言

　　人类活动可以分为两大类：一类是重复性的常规活动，多表现为流水线式的非创新活动；另一类是偶发性的一次性活动，常表现为项目式的创新活动。明茨伯格认为，未来企业中常规化、重复性的生产经营留给人的创新空间越来越小；而人更多的是从事非常规、一次性的活动，企业竞争力也将主要取决于非常规性活动的效果。

　　项目是在一定约束条件下具有特定目标的一次性活动。项目活动是非常规、一次性的，项目管理则是项目活动的主体。近二十年来，我国的项目管理技术广泛应用到各个领域，工程项目管理更是成为工程建设过程中必要的技术理论。随着政府投资工程管理体制的改革及工程规模的不断扩大和技术要求的日益复杂，建设工程项目管理已经不仅仅是施工单位对建设工程的项目管理手段，也是项目建设单位、设计单位、工程监理单位以及建设单位委托的咨询管理单位对建设工程的项目管理方法和手段。尤其是 2017 年 2 月国务院办公厅发布《关于促进建筑业持续健康发展的意见》(国办发【2017】19 号)以来，建筑业以习近平新时代中国特色社会主义思想为指导，对工程领域进行供给侧结构性改革，充分发挥市场对资源配置的决定性作用，深化工程建设组织管理模式改革，创新工程管理咨询服务方式，以市场需求为导向、满足委托方多样化需求的全过程工程咨询服务模式得到大力推广，将传统的项目管理带到了新的发展高地。新形势下的项目管理教育也在许多工程技术和工程领域中得到普及。它不仅是一个研究方向、一门学科，而且已成为一个专业，一种社会职业。监理工程师、建造师、造价师等执业资格考试都包括了工程项目管理的内容。

　　本书吸收了国内外项目管理的新理论、新方法，结合我国工程项目的管理实践，充分考虑高职高专教学目标和教学特点，以《建设工程项目管理规范》(GB/T 50326—2017)为基础，主要从项目承包人的角度，围绕项目管理的核心内容展开论述。全书重点突出、兼顾一般、理论够用、强化实践，适合本科、专科土木工程类的工程管理、工程造价、工程技术、工程监理等专业，以及从事业主方项目管理、项目代建、全过程工程咨询管理等各类技术管理人员学习使用。

　　全书分 4 篇共 10 章，在第二版基础上进行了全面系统的修订。刘亚丽完成全书修订的整体构思、统稿、定稿，秦有权、胡新婷完成第 1、2 篇共 5 章内容的修订和撰写，韩建军、周明星完成第 3 篇共 4 章内容的修订和撰写，秦占巧、聂顺利完成第 10 章的修订。本书第二版作者有刘亚丽、刘惠茹、唐英千、聂顺利。

　　本书的成功出版，是全体参编人员共同努力的结果，是华中科技大学出版社大力支持和帮助的结果，也是河北中原工程项目管理有限公司积极参编并提供实践经验的结果。本书是在第二版基础上进行修订的，在此向第二版的各位作者表示感谢。

此外,本书还借鉴了国内外许多同行专家的研究成果,谨在此致以衷心的感谢! 由于编者水平所限,不足之处在所难免,恳请广大读者批评指正。

编者

2021 年 6 月

目　　录

第3篇　工程项目核心目标管理

第4篇　项目管理实践

第1篇
工程项目管理系统

第1章 项目和项目管理

【知识点及学习要求】

知 识 点	学 习 要 求
知识点1:项目	掌握项目、工程项目的含义;熟悉项目发展周期
知识点2:项目管理	掌握项目管理的含义;了解项目管理特点
知识点3:工程项目管理	掌握工程项目管理的含义;了解工程项目管理特点

1.1 项目

1.1.1 项目定义

"项目"一词被人们越来越频繁地使用,不仅建设工程常被人们说成建设工程项目,就连科研项目、奥运项目、世博会项目、航空航天项目等词也常常挂在嘴边。项目就在我们身边,而且种类繁多、涵盖面广泛。然而,关于"项目"一词,目前还没有公认统一的定义,不同机构和专家学者对项目的定义表述不同,但其根本含义是相近的。

美国项目管理协会(Project Management Institute,PMI)认为,项目是一种被承办的,旨在创造某种独特产品或服务的临时性努力。

德国国家标准(DIN69901)认为,项目是指在总体上符合下列条件的唯一性任务:

(1) 有预定的目标;

(2) 有时间、资金、人力和其他条件限制;

(3) 有专门的组织。

国际标准化组织(ISO)的《质量管理 项目管理质量指南》对项目的定义如下:由一组有起止时间的、相互协调和受控的活动所组成的特定过程,该过程要达到符合规定要求的目标,包括时间、成本和资源的约束条件。

英国标准化协会(BSI)发布的《项目管理指南》将项目定义为:有明确的开始点和结束点,由某个人或某个组织所从事的,具有一次性特征的一系列协调活动,以实现所要求的进度、费用以及各功能要素等特定目标。

纵观上述定义,尽管对项目的表述不同,但其共性的内容是:项目是在限定条件下,为完成具有特定目标要求的一次性任务。

此定义包含以下三个要点。

(1) 项目是一项有待完成的一次性任务 即项目实质上是一系列的工作。项目不仅仅是产品或服务本身,更强调形成产品或提供服务的过程。例如,"建筑工程项目"包括项目选定、勘察、设计、采购、施工、试运行、竣工验收、移交等环节工作,因此不能简单地将工程项目理解为就是移交给建设单位的建筑产品(建筑物)。确切地说,产品是项目实施的结果。

(2) 项目是由一定的组织机构在有限的资源条件下完成的任务 项目是有组织进行的。有了项目,就有一批人,利用有限的资源(如人力、机械、设备、材料、资金等)在规定的时间内完成任务。

(3) 有特定的目标要求 一项任务总会有性能、质量、数量、技术指标、时间等方面的要求。质量(工作标准)、工期(时间)、成本既是项目普遍存在的重要约束条件,又是项目的核心目标。

1.1.2　项目特点

1. 目标的确定性

项目从立项开始,始终有明确的目标要求,并在实施中一直围绕预定目标工作,最终实现预定功能和目标。项目目标一般由成果性目标和约束性目标组成。成果性目标是项目的来源,也是项目的最终目标,是项目实施全过程的主导目标。约束性目标也称为限制条件。工程项目的质量目标、工期目标、造价目标等既是成果性目标,又是约束性目标。

2. 一次性和单件性

一次性是指项目有开始起点和结束终点,需经历前期策划、批准、设计、实施、验收、运营等过程,最后结束。单件性是指就任务本身和最终成果而言,没有与这项任务完全相同的另一项任务。所以,项目是独一无二的、一次性的、不重复的。不同项目之间,无论是任务范围、内容、目标、约束条件,还是最终产品,都会有不同程度的差异,即使是建筑结构形式非常相近的工程项目,也存在着实施时间、项目组织、所处环境、面临风险等的不同,因此项目之间无法等同、无法替代。因此项目不能成批生产。某些项目,如设计和修建空间站,就是独一无二的,因为以前从未有过。另外一些项目,例如开发一种新产品、建一栋大楼、举办一次聚会活动,则因其特定的需求而呈现出一次性和单件性。

项目的一次性和单件性是项目管理区别于企业管理的最突出的标志之一。通常的企业管理工作是循环的、重复的,具有继承性;而项目的一次性决定了项目管理的一次性,任何项目的计划、组织、控制都呈现出一次性的特点,该特点对项目的组织和行为的影响尤为显著。

3. 有约束条件

任何项目都是在限定的条件下完成的,包括时间的限制、资金的限制,还有各类资源的限制，例如，人力、机械、设备、材料等资源的限制。此外，还有内外部环境的制约等。

4. 周期性

项目的单件性和一次性决定了每个项目都有一个从无到有、逐渐发展直至消亡的变化过程，体现了项目的生命周期性。任何项目在其开始、发展、结束的不同阶段都有特定的任务、程序和工作内容，不同阶段各有其特点。掌握了项目不同阶段的特点，就可以有效地对项目进行科学管理。

1.1.3　项目和作业(活动)比较

人类有组织的活动有两类：一类是连续不断、循环往复的活动，人们称之为"作业或活动"(Operations)，如企业生产产品的活动；另一类是临时性、一次性的活动，即"项目"(Projects)，如建造一栋大楼，修建一条高速公路等。两类活动有诸多不同点，如表 1-1 所示。

表 1-1　项目和作业(活动)的比较

项　　目	作　　业
唯一性、一次性、单件性	重复性
在有限时间中运作	可无限延长(相对的)
效果型	效率型
资源、环境有变化	资源、环境相对稳定
组织不稳定	组织稳定
风险大	风险小

由表 1-1 可以总结出如下结论。

(1) 项目是独一无二的；作业是重复进行的。

(2) 项目在有限的时间内运行；作业则在一个相对长期、稳定的环境中运营。

(3) 项目的一次性和单件性，往往导致无先例可循，项目管理者必须把主要精力放在如何实现基本目标上，强调项目的实施效果；作业的重复性，可以使人们根据以往的经验，按照工作规程执行即可达到基本目标，作业运行的效率能够不断得以提高。

(4) 项目实施过程中经常遇到各类资源、环境条件的改变，加大了项目管理工作的难度；作业的环境是相对稳定的，人力、物力等各类资源的变化也比较小。

(5) 项目的一次性决定了项目组织是临时性的组织，组织中的成员就是因为项目而聚集在一起，而且随着项目的进展，项目组织中的成员会发生变化；作业则是建立起了稳定的队伍。

(6) 项目的风险远远大于作业。由于缺乏经验借鉴，而且项目的制约条件众多，环境多变，导致项目面临的风险大；作业通常有以往经验借鉴，达到预期目标的可能更大。项目管理是风险型管理,作业管理基本是稳定型管理。

考考你:下列活动是项目吗?

曼哈顿计划	软件开发
邮件投递	举办奥运会
小区治安	家庭购房
办公室保洁	主办一次会议
子女培养	举办文化艺术节
组织一次聚会	接送小孩上学

须注意,即使诸如"办公室保洁"和"接送小孩上学"等典型的、重复性的"作业",在某些特定情况下也可能变成"项目"。

1.1.4 项目分类

项目种类繁多,可以从不同的角度进行分类。按种类不同,可以将项目划分为非工程类项目和工程类项目;按行业不同,将项目划分为建筑、制造、农业、医疗、电子、能源、纺织、交通等行业的项目;按性质不同,将项目划分为研制、技术改造、引进、风险投资、产品开发等项目。

1. 非工程类项目

非工程类项目主要包括科研开发项目,技术、经济或管理咨询等项目。

(1) 科研开发项目 主要是运用科学知识、方法和技术取得科学发现、科学发明与科技进步成果的研究。包括基础研究项目、应用研究项目、产品开发项目、工艺创新项目、技术改进项目等。

(2) 经济、技术或管理咨询项目 主要运用科学的思想、理论和方法对具体经济系统、技术系统或管理系统设计出先进适用的思路、方案或模式,以解决系统优化运行等问题。包括企业管理咨询、工程技术咨询等。

(3) 其他项目 诸如举办一次奥运会、一场大型展览、艺术节等项目。

2. 工程类项目

工程类项目(以下简称"工程项目")是项目中数量最多的一类。凡是最终成果是"工程"的项目都属于工程项目。工程项目可按专业划分,如房屋建筑工程、公路工程、铁路工程、水利水电工程、机电工程等。

1) 按资产的再生产性质分类

按资产的再生产性质分类,工程项目可分为基础建设项目和更新改建项目。

(1) 基础建设项目 包括新建和扩建项目。新建项目指从无到有、"平地起家"建设的项目;扩建项目指企事业单位在原有基础上投资扩大建设的项目。主要是为扩大原有产品的生产能力、增加效益或为增加新产品的生产而增建车间或生产线等。

(2) 更新改建项目 包括改建、恢复、迁建项目。改建项目指企事业单位对原有设施、工艺条件进行改建的项目;恢复项目指原有固定资产已经全部或部分报废,又投资重新建设的项目;迁建项目是由于改变生产布局,或出于环境保护、安全生产以及其他需要,搬迁到另外的地方进行建设的项目。

2) 按建设阶段分类

按建设阶段分类,工程项目可分为预备工程项目、筹建工程项目、实施工程项目、建成投产工程项目、收尾工程项目等。

(1) 预备工程项目 指按照中长期计划拟建而又未立项、只做初步可行性研究或提出设想方案以供决策参考、未进行建设的项目。

(2) 筹建工程项目 指经批准立项、正在进行建设前的准备工作而尚未正式开始施工的项目。

(3) 实施工程项目 包括设计项目、施工项目(新开工项目、续建项目)等。

(4) 建成投产工程项目 包括建成投产项目、部分投产项目和建成投产单项工程项目(单项工程指在一个建设项目中具有独立的设计文件,可独立组织施工,建成后可以独立发挥生产能力或效益的工程,它是建设项目的组成部分)。

(5) 收尾工程项目 指基本全部投产,只剩少量不影响正常生产或使用的辅助工程项目。

3) 按投资管理形式分类

按投资管理形式分类,工程项目可分为政府投资项目和企业投资项目。

(1) 政府投资项目 指使用政府性资金的建设项目以及有关的投资活动。政府性资金包括:财政预算投资资金;利用国际金融组织或外国政府贷款的主权外债资金;纳入预算管理的专项建设资金;法律法规规定的其他政府性资金。

(2) 企业投资项目 指企业自筹资金,不使用政府性资金的投资项目。

4) 按资金来源分类

按资金来源分类,工程项目分为国家预算拨款项目、银行贷款项目、企业联合投资项目、企业自筹资金项目、利用外资项目和外资项目。

5) 按管理者分类

按管理者分类,工程项目分为建设项目、工程设计项目、工程监理项目、工程施工项目、开发工程项目等,它们的管理者分别是建设单位、设计单位、监理单位、施工单位和开发单位。

6) 按项目融资主体分类

按项目融资主体分类,工程项目分为新设法人项目和既有法人项目。

(1) 新设法人项目 是由新组建的项目法人为项目进行融资,其特点是:项目投资由新设法人筹集的资本金和债务资金组成;新设项目法人承担融资责任和风险;以项目投产后的财务效益考察偿债能力。

(2) 既有法人项目 指依托现有法人为项目融资,其特点是:拟建项目不组建新的项目法人,由既有法人统一组织融资活动并承担融资责任和风险;拟建项目一般是在既有法人资产和信用的基础上进行的,并形成增量资产;以既有法人的财务整体状况考察融资后的偿债能力。

此外,按建设规模(设计生产能力或投资规模)可将工程项目分为大、中、小型项目。分类标准根据行业、部门不同而不同。一般情况下,工业项目按设计生产能力规模或总投资额确定大、中、小型项目;非工业项目可分为大中型和小型两种,均按项目的经济效益或投资额分类。

1.1.5 项目周期

项目周期有广义和狭义两个概念。广义项目周期指从项目意向的提出到项目报废的全过程。从国民经济宏观来看,一个项目生命结束,另外一个项目产生,形成不断循环的项目产生与生命终结的经济现象,这就是项目生命周期运动。

项目从生命孕育开始到生命终结都要经历设想、决策、设计、建造、使用、衰退等阶段。而且项目产出的产品(包括服务等)具有产品生命周期,即要经历市场导入期、成长期、成熟期和衰退期,这使得项目的生命周期常常不取决于自身,而取决于其产出的产品。所以企业经营者应当按照项目生命周期运动规律安排好项目的更新,以保证企业效益的稳定。一般来讲,应做到一个项目在使用,一个项目在建造,一个项目在设计,一个项目在酝酿;并加大更新改造力度,在原项目基础上不断更新产品、更新工艺、更新技术,以延续项目生命周期。

不同的项目可以划分为内容和个数不同的若干阶段。

例如,建设工程项目(简称工程项目或建设项目)周期可划分为:发起和可行性研究(决策阶段)、规划与设计、制造与施工(实施阶段)、移交与投产、运营生产(运营阶段)等阶段。

新药开发项目将项目周期划分为基础和应用研究、发现与筛选药物来源、动物实验、临床实验、投产登记与审批等阶段。

世界银行贷款项目将项目周期划分为项目选定、项目准备、项目评估、项目谈判、项目实施、项目后评价等阶段。

通常工程项目周期划分为三个阶段:决策阶段、实施阶段和运营阶段(或称使用阶段),如图 1-1 所示。

狭义项目周期也称为项目建设周期,指项目决策阶段和实施阶段,不包括运营使用阶段。工程项目管理学重点研究项目建设时期的管理。运营阶级的管理问题由企业管理学研究。

1. 项目决策阶段

项目决策阶段是从投资者有投资意向开始到项目拍板定案的阶段。其中包括投资意向及机会研究阶段、可行性研究阶段和项目评估决策阶段。

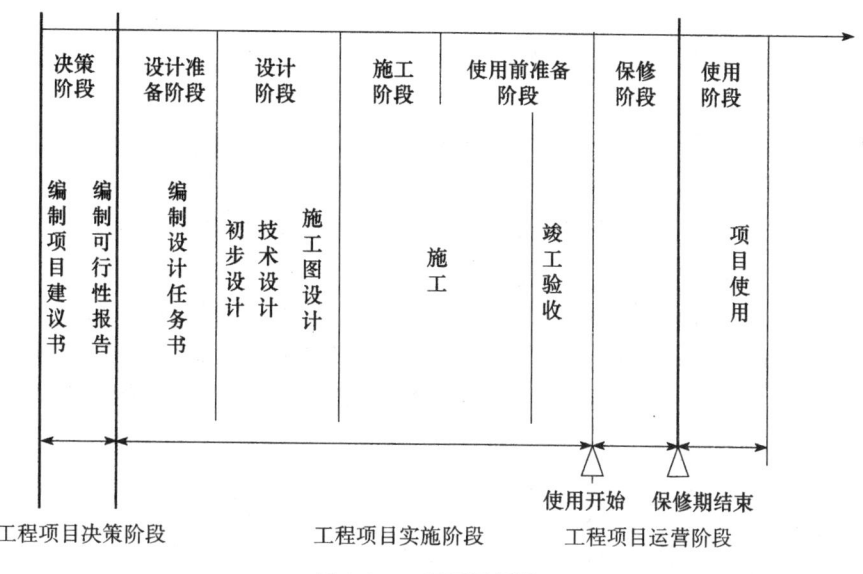

图 1-1　工程项目周期

1）投资意向及机会研究阶段

感知某种市场机遇，或具有某种投资优势、条件，或拥有剩余资金，或迫于某种压力（如就业压力等），或想达到发展目的、获利目的等，均可成为投资者的投资动机。当投资者有投资意向后，则会有目的地进行必要的调查、咨询，逐步形成关于投资方向、投资项目、投资地点、投资规模等初步设想。

在形成投资设想后，投资者应首先重点进行市场投资机会的调查研究，以找准项目的市场位置、合作伙伴。我国投资者一般对这一阶段比较轻视，往往凭感觉草率确定项目，就进入下一阶段。实际上，市场投资机会研究是很重要的。市场投资机会研究阶段应收集有关市场需求与未来发展趋势、产品更新换代趋势、已有项目和在建项目供应能力等信息，对比自身优势，做出项目建设必要性及投资效益的最初结论，提出项目的轮廓设想。市场投资机会研究一般由投资者委托咨询机构或聘请咨询专家进行，其成果是市场投资机会研究报告或项目建议书。

2）可行性研究阶段

完成市场投资机会研究，项目建议书得到批准后，即可进入可行性研究阶段。据项目复杂程度、规模大小等因素，可行性研究要进行初步可行性研究、辅助研究或专题研究和详细可行性研究。

初步可行性研究是市场投资机会研究的延续和详细可行性研究的序曲。重点是核对项目建议书的数据，确认投资机会的真实价值，列出影响项目可行的基本因素，初步判断项目的可行性。

辅助研究即专题研究，是对影响项目可行性的基本因素中关键的或复杂的问题进行深入细致的专题研究。如市场前景研究、厂址研究、原材料研究、规模研究、工艺技术研究等。

详细可行性研究是对整个投资项目的必要性、技术可行性、经济合理性等进行全面分析论证。其深度、广度应完全达到决策要求。

可行性研究是项目决策的依据,项目决策的正确与否常常在此一举。因此进行可行性研究必须认真负责,客观公正,绝不允许应付差事,甚至弄虚作假。可行性研究应由投资者委托咨询机构来完成。可行性研究的成果是可行性研究报告。

3) 项目评估决策阶段

可行性研究报告完成之后,投资者和主要资金供应者(如银行)要组织力量对可行性研究报告进行审查、评估,并在评估的基础上审批可行性研究报告,对项目拍板定案,确定是否立项。项目评估工作一般委托权威性的工程咨询机构或专门组织专家团来进行。评估内容和方法与可行性研究类同。

2. 项目实施阶段

项目实施阶段包括设计准备阶段、设计阶段、使用前准备阶段、采购阶段、施工招投标阶段、施工准备阶段、施工阶段、竣工验收阶段、保修阶段。

1) 设计准备和设计阶段

设计在整个项目实施中占主导地位,起"灵魂"作用。这在大型项目和技术水平比较高的项目上表现得尤为突出。设计的科学化、合理化程度对项目投资效益的高低有至关重要的影响。首先,设计的水平决定着项目整体功能的强弱和优化程序,决定着生产能力的大小和配套程度;其次,设计的水平决定着工业项目的原料路线、工艺路线、产品方案的正确性,技术先进性和适用性;再次,设计的水平极大地影响着项目的造价;最后,设计的水平还直接影响着施工是否能顺利进行。

设计阶段划分为初步设计、技术设计和施工图设计三个小阶段。其中技术设计是否可以省略,要视项目的技术水平而定,如果采用常规性技术可以不做技术设计。

初步设计是整个设计阶段的关键。它决定了设计方案和投资概算,应给予特别重视。工业项目的初步设计要对设计依据、装置组成、产品方案、工艺流程、总图运输、能源方案、设施、投资概算等一系列内容提出切实可行的方案,完成初步设计报批文件。

施工图设计要达到能按图施工的深度,进行各个专业工程的设计计算,绘制各专业施工图纸,拟定施工说明,编制施工图预算。

2) 使用前准备阶段

使用前准备是保证项目试运行并交付正常使用的重要环节。它主要包括经营生产的组织机构的组建、人员培训、营销准备、资金准备、生产原材料准备、生产技术准备、备品备件准备等内容。现代工程项目管理特别强调营销准备和资金准备,这两项是市场经济条件下难度最大且对交付使用后经营效益影响最大的两个因素。

3）采购阶段

采购工作直接影响到能否降低成本，保证工程质量。随着市场经济的发展，采购工作已不再面临买不到货的难题。随之而来的问题是如何买到真货和防治腐败。因此要制定周密的采购计划、方案和制度。在询价时，应对要采购的设备材料的技术规格和交货等要求做出具体规定。订货合同要详细规定双方的权利和责任，所订购设备材料的价格和付款方式等内容。

4）施工招投标阶段

施工招投标是业主择优选定承担施工任务的承包商的一种方式，也是承包商竞争承揽施工任务的一种方式。招投标是工程承包市场竞争的主导方式，必须坚持科学公正的原则。招投标工作主要包括招标人准备招标文件、制定标底、发布招标通告和资格预审通告、对投标者进行资格预审、开展招标工程交底答疑，投标人编制投标文件，招标人组织开标、评标、决标，双方签订工程承包合同。

5）施工准备和施工阶段

施工准备在初步设计批准后开始，主要包括征用土地，熟悉、审查施工图纸，确定规范标准，编制施工组织设计，场地测量，放线定位，接通施工用水、电、气、道路、通信，平整场地，建设大型临时设施等工作。

施工以开工报告批准之日为开始。施工过程是资源大量投入的过程，其工作内容最丰富，概括起来就是进行从土建到安装、从地下到地上、从界外到界内的现场建筑安装活动。

6）竣工验收阶段

竣工验收是承包商向业主全面移交已完工工程的环节，也是投资项目从建设实施期向运营使用期转换的环节。竣工验收工作关系到项目能否按期竣工并投入使用，能否正常发挥效益，也关系到承包商、监理者和业主项目管理人员的声誉，应给予足够的重视。竣工验收包括竣工验收准备和竣工验收组织实施。

7）保修阶段

从业主角度来看，在时间序列上工程项目保修阶段属于项目运营时期。而从承包商角度来看，项目还未结束，承包商有责任承担工程项目保修阶段的工作义务。

《建设工程项目管理规范》（GB/T 50326—2017）规定："承包人应制定工程保修期管理制度。"《中华人民共和国建筑法》规定："建筑工程实行质量保修制度。"《建设工程质量管理条例》规定："建设工程实行质量保修制度。"因此项目交工后保修是我国工程建设的一项基本法律制度。建立和完善回访保修服务制度，贯彻"顾客至上"的服务宗旨，可以展示企业的良好形象。同时，对于促进承包人加强工程质量管理，保护用户和消费者的合法权益可以起到重要的保障作用。

1.2 项目管理

1.2.1 项目管理产生和发展

第二次世界大战以来,特别是 20 世纪 50 年代以后,随着科学技术的迅猛发展,投资规模的不断加大,学科专业日益交叉,项目管理方法逐渐兴起。项目管理在建设工程、科研开发、教育培训等项目上得以应用,取得很好的效果,得到管理学界的广泛认可。

1957 年,美国路易斯维化工厂检修时,精细分解检修流程,应用关键线路法(CPM)建立检修工程网络模型,优化工期和资源,将通常需要 125 小时完成的任务,缩短到只要 78 小时完成。1958 年,美国海军研制北极星导弹,在采用 CPM 方法的基础上,对从未做过的项目工序的完成时间进行科学估算,优化网络模型。使原计划 6 年完成的任务,提前 2 年完成,并创立了计划评审技术(PERT)。20 世纪 80 年代以后,信息技术蓬勃发展,软件业迅速兴起,运用项目管理方法进行管理逐渐受到重视。20 世纪 90 年代以来,西方开始有意识地使项目管理在学科体系上、专业独立性上、从业人员职业化方面形成制度和体系。

20 世纪 60 年代,我国在华罗庚教授的倡导下,引进网络计划技术,在建筑业推广应用。80 年代初,引进建设工程项目管理的概念,在工程建设中逐步推广项目管理方法。尤其是鲁布革水电站引水系统工程,实行国际通行的工程项目管理模式,在工程建设业产生了巨大的冲击波,继而在全国范围内掀起了推广鲁布革工程管理经验的热潮。

1988 年,我国开始推行建设工程监理制度。

1995 年,建设部颁发了《建筑施工企业项目经理资质管理办法》,推行项目经理负责制。

2002 年,人事部和建设部颁发了《建造师执业资格制度的暂行规定》。同年,发布了《建设工程项目管理规范》(GB/T 50326—2001)。

2003 年,建设部颁发了《关于培育发展工程总承包和工程项目管理企业的指导意见》,随后又出台了《建设工程项目管理试行办法》。从政策法规上明确了要尽快培育和发展工程总承包企业和工程项目管理公司,全面推进工程总承包和工程项目管理。

2004 年,人事部颁发了《投资建设项目管理师职业水平认证制度暂行规定》和《投资建设项目管理师职业水平考试实施办法》。

2006 年,建设部发布了《建设工程项目管理规范》(GB/T 50326—2006)。

2008 年,住房和城乡建设部颁发了《关于大型工程监理单位创建工程项目管理企业的指导意见》(建市[2008]226 号),明确了创建工程项目管理企业的大型工程监理单位要按照科学发展观的要求,适应社会主义市场经济和与国际惯例接轨的需要,因地制宜、实事求是地开展创建工程项目管理企业的工作。在创建过程中,应以工程项目管理企业的基本特征为目标,制定企业发展战略,分步实施。

2017 年,住房和城乡建设部发布了《建设工程项目管理规范》(GB/T 50326—2017),随后国务院办公厅出台了《关于促进建筑业持续健康发展的意见》(国办发〔2017〕19 号)。鼓励投资咨询、勘察、设计、监理、招标代理、造价等企业采取联合经营、并购重组等方式发展全过程工程咨询,培育一批具有国际水平的全过程工程咨询企业。制定全过程工程咨询服务技术标准和合同范本。政府投资工程应带头推行全过程工程咨询,鼓励非政府投资工程委托全过程工程咨询服务。

2019 年,国家发展和改革委员会、住房和城乡建设部出台了《关于推进全过程工程咨询服务发展的指导意见》。为深入贯彻习近平新时代中国特色社会主义思想和党的十九大精神,深化工程领域咨询服务供给侧结构性改革,破解工程咨询市场供需矛盾,必须完善政策措施,创新咨询服务组织实施方式,大力发展以市场需求为导向、满足委托方多样化需求的全过程工程咨询服务模式。特别是要遵循项目周期规律和建设程序的客观要求,在项目决策和建设实施两个阶段,着力破除制度性障碍,重点培育发展投资决策综合性咨询和工程建设全过程咨询,为固定资产投资及工程建设活动提供高质量智力技术服务,全面提升投资效益、工程建设质量和运营效率,推动高质量发展。

2019 年,住房和城乡建设部、国家发展和改革委员会《关于印发房屋建筑和市政基础设施项目工程总承包管理办法的通知》,办法中明确了建设内容明确、技术方案成熟的项目,适宜采用工程总承包方式。

2020 年,全国各省(市)密集发文,启动了工程总承包试点,发布了工程总承包的相关政策,重点在房屋建筑和市政建设领域推行工程总承包模式。

1.2.2　项目管理的含义

1. 项目管理的定义

项目管理是通过项目经理和项目组织的努力,运用系统理论和方法对项目及其资源进行策划、组织、控制、协调,旨在实现项目特定目标的管理方法体系。

(1) 项目管理是一种管理方法体系　项目管理从 20 世纪 50 年代末 60 年代初诞生时起至今,一直都是一种管理项目的科学方法,但并不是唯一的方法,更不是一个任意的管理过程。要实施项目管理,必须按项目管理方法体系的基本要求去做。项目管理作为一种管理方法体系,在不同国家、不同行业及其自身的不同发展阶段,无论在结构、内容上,还是在技术、手段上都有一定的区别。

(2) 项目管理的对象、目的　项目管理的对象是项目,即一系列的临时任务。"一系列"在此有着独特的含义,它强调项目管理的对象——项目是由一系列任务组成的整体系统,而不是这个整体的一个部分或几个部分。项目管理的目的是通过运用科学的项目管理技术,更好地实现项目目标。此外,不能把项目管理的对象与企业管理的对象混为一谈,项目只是企业庞大系统的一部分;也不能把企业管理的目的当成项目管理的目的,企业管理的目的是多方面的,而项目管理的目的是实现项目的预定目标。

(3) 项目管理的职能、任务 项目管理的职能与其他管理的职能是完全一致的,即对所组织的资源进行策划(规划)、决策、执行和检查。在项目管理中,还有一种特殊的资源,即时间。项目管理的任务是对项目及其资源的策划、决策、执行和检查。资源包括人员、资金、技术、设备、信息等。

(4) 项目管理运用系统的理论 项目在实施过程中,实现项目目标的责任和权力往往被集中到一个人(项目经理)或一个团队身上。由于项目任务是分别由不同人执行的,所以项目管理要求把这些任务和人员集中到一起,把它们当成一个整体对待,最终实现整体目标,因此,需要以系统的观点来管理项目。

(5) 项目管理的职能主要由项目经理执行 在一般规模的项目中,项目管理由项目经理带领少量专职项目管理人员完成,项目组织中的其他人员(包括技术与非技术人员)负责完成项目任务,并接受管理。如果项目规模很小,那么项目组织内可以只有一个专职管理人员,即项目经理。对于大型项目,项目管理的基本权力和责任仍属于项目经理,只是更多的具体工作会分给其他管理人员,项目组织内的专职管理队伍也会更大,甚至可能组成一个与完成项目任务的人员相对分离的项目管理机构。

2. 项目管理的特点

(1) 管理的复杂性 项目管理是一项复杂的工作。项目一般由多个部分组成,项目工作(或项目任务)涉及多个组织,需要运用多学科的知识来解决问题;项目工作通常没有或很少有以往的经验可借鉴,而且其中有许多未知因素,每个因素又带有风险性、不确定性。还需要将具有不同经历、来自不同组织的人员有机地组织在一个临时性的组织内,在技术性能、费用、进度等较为严格的约束条件下实现项目的目标。

(2) 工作的创造性 项目管理具有创造性。由于项目具有一次性的特点,因此,项目管理工作既要承担风险又必须发挥创造性,这也是其与一般重复性管理的主要区别。

(3) 组织的多元性 项目管理需要集权领导和建立专门的项目管理组织。项目的复杂性随其范围的不同而变化很大。项目规模越大、技术越复杂,则其涉及的学科、技术种类也越多。项目进行过程中可能出现的各种问题多半是贯穿于各组织部门的,它们要求这些不同的部门做出迅速而且相互关联、相互依存的反应。但传统的职能组织不能尽快与横向协调的需要相配合,因此需要建立围绕专一任务进行决策的机制和相应的专门项目管理组织。这样的项目管理组织不受现存组织的任何约束,由各种不同专业、来自不同部门的专业人员构成。

(4) 领导的重要性 项目经理在项目管理中起着非常重要的作用。项目管理的主要原理之一是把一个时间、费用有限并有规定目标的项目委托给一个人,即项目经理,他有权独立进行策划、组织、资源分配、控制和协调。项目经理的位置是因特殊需要而形成的,项目经理必须了解管理项目的技术逻辑方面的复杂性,必须能够综合各种不同专业知识来思考问题。但只具备这些技术知识和专业知识是不够的。项目经理必须通过人的因素来熟练地运用技术因素,以达到其项目目标。也就是说项目经理必须使他的组织成员(或项目管理团队)成为一个工作配合默契、具有积极性和责任心的高效率的群体。

(5)管理的周期性　项目管理是对一次性的项目从设想到投入使用全过程的管理,经历一个完整的周期。在其中不同的阶段,管理重点、内容不同,而原理相同、程序相近、内容相仿、方法类似的周期性管理模式却又在不同的项目上重复。企业管理则遵循着一种无周期性差异的管理模式。

1.3　工程项目管理

1.3.1　工程项目管理的含义

1. 工程项目管理的定义

工程项目管理的定义有多种表述,英国皇家特许建造学会对其的表述是:自项目开始至项目完成,通过项目策划(Project Planning)和项目控制(Project Control),以使项目的费用目标、进度目标和质量目标得以实现。工程项目管理的核心任务是项目的目标控制,而工程项目管理的第一要务是项目策划。

《建设工程项目管理规范》(GB/T 50326—2017)中有如下定义:建设工程项目是指为完成依法立项的新建、扩建、改建等工程而进行的、有起止日期的,并达到规定要求的一组相互关联的受控活动,包括策划、勘察、设计、采购、施工、试运行、竣工验收和考核评价等。

2. 工程项目管理的特点

工程项目除了具有一般项目的基本特征外,还有一些特殊性,因此,对其管理也有一些特点。

(1)工程项目规模庞大、系统性强　工程项目相对于其他类型项目来说,一般投资比较大。小的工程项目投资上百万元,大项目投资上亿元。项目范围包含成百上千个工作包,这些工作包构成一个相互联系、不可分割的有机整体。一般情况下,其他类型项目在规模和要素关联度上无法与之相比。

(2)工程项目周期长　由于工程项目规模庞大、技术复杂、涉及面广,工期相对比较长,小项目工期几个月,大项目工期几年,甚至十几年。项目计划期长,计划类型多,计划变更多,网络模型的应用水平高,进度控制难度大。

(3)工程项目组织结构复杂　工程项目组织的一个突出特点是,项目组织是由若干法人派出的组织体组成的目标一致又各异的多元组织机构。随着项目进展,组织机构和人员都在不停地变动。一般来说,项目组织包括业主、管理咨询单位(包括监理单位)、承包商(包括勘察、设计、施工承包商等)、供货商等组织体。此外,还涉及政府管理部门以及其他利益相关体。

(4)工程项目资源耗用量大和涉及资源品种多 一个大型项目耗用资源数万种,采购、运输、储存、建设等环节管理难度大,成本计划制定及控制水平要求高。

总之,由于工程项目投资大、工期长、组成复杂、环境多变,因此,项目风险很大,管理难度很大,对项目管理的要求很高,工程项目管理是最复杂、最具代表性的项目管理。

1.3.2 工程项目管理目标

项目管理目标是依赖项目投资目的而存在的。项目投资目的是追求投资效益最大化。项目整个生命周期内各阶段都要设置阶段性目标。在竣工交付使用之前的建设阶段,工程项目的任务是在尽量短的时间内,以尽量少的资源投入向社会输出能实现投资效益的目标,即达到预定质量功能的固定资产。因此工程项目管理的核心目标是质量功能、建设进度(工期)和投资费用三个方面。

质量功能、建设进度(工期)和投资费用(造价、成本)三大目标是相互牵制和相互渗透的关系,如图1-2所示。图中三个圆分别表示质量、进度和费用三大目标的允许范围,三个圆心分别表示三大目标的最理想状态,就像三个靶心,一箭不可能同时射中,只有三个圆的交域(阴影部分)是能够同时满足三大目标取值的可行域。此域中哪一点为最佳点,要根据具体项目的特点、投资者的要求和综合效益等因素来决定,也就是要进行目标结构的优化。例如某项目要求力争进度提

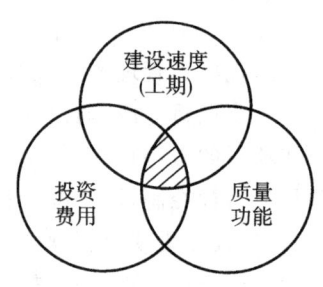

图 1-2 项目管理三大目标
关系示意图

前,那么三个圆的交域为最佳选择。显然在目标结构优化中,要确定三大目标的优先顺序,即在可行域范围内,遇到对抗性矛盾时,要确定三者的相互服从关系。当然必须明确的一点是,质量标准具有绝对性和非过剩性(必须满足质量要求,确保合格,但不过分追求局部过剩的高质量),因此一般要求质量目标按照"合格并适当留有余量"的原则来设定。

1.3.3 工程项目管理职能

项目管理职能包括计划、组织、领导(指挥)、控制、预测、决策、协调和激励等,其中计划、组织、领导和控制职能是项目管理最基本的职能。

1. 计划

项目计划就是根据项目目标和约束条件,运用科学先进的方法,对项目建设的各项活动以及资源投入、质量标准等做出合理、可行的预先安排和谋划。它系统地

确定项目的任务、进度和完成任务所需的资源,即争取在合理的工期内,以尽可能低的成本和合格的质量完成项目建设任务。项目计划是开展项目工作的基础和依据,项目管理成败首先取决于项目计划工作的质量。项目计划按其作用和服务对象可以分为决策型计划、管理型计划、作业型计划等。项目计划按其活动内容可分为项目主体计划、进度计划、费用计划、资源计划等。编制项目计划常用的工具或技术有工作分解结构(WBS)、网络计划技术(CPM 关键线路法等)、横道图等。

2. 组织

组织有两层含义:一是指组织机构,二是指组织行为。项目管理组织就是要依据项目目标和项目实际情况进行组织方案的设计与实施,有效地解决组织多元化与目标统一性的矛盾。项目组织职能包括 5 个方面,即组织设计、组织联系、组织运行、组织行为和组织调整。项目组织是实施项目计划、完成项目任务、实现项目目标的基础,组织建立、运行的好坏直接影响到项目是否成功。项目组织形式根据项目规模、类型、范围、合同等因素的不同而有所不同。

3. 领导(指挥)

为落实、执行项目目标和计划或上级决策,按照当前的工作部署,在行政系统内上级对下级适时下达指令,指派任务,提出要求,限期完成。领导职能通常包括采取有效的领导,激励参与者的行为,传达指示和命令,以及创造适合下级发展的氛围。

4. 控制

对项目建设的进展全过程和计划执行情况进行有效的监督、检查和考核,及时发现问题和偏差,做出科学的分析、评价和判断,拟定并采取有力措施解决问题,调整偏差,实现项目在"轨内"运行。项目计划只是根据预测对未来做出的安排,由于编制计划时难以预见的问题很多,在计划实施过程中往往会产生偏差,及时发现偏差、纠正偏差就是控制的重要职能了。项目控制的主要类型有工作控制、进度控制、费用控制、质量控制、安全控制等。

5. 预测

根据各种信息和资料,运用一定的科学方法,对项目整个生命周期内的未来发展趋势做出判断。例如预测投资效果、项目投资额、工程进度、费用变动趋势等。

6. 决策

对项目目标、投资方案、技术方案、管理方案以及建设过程中出现的一系列重大问题,经过民主、科学的程序做出选择和决定。

7. 协调

对各单位、各部门、各层级人员之间的工作和各项活动,通过沟通、磋商和调度等方式,谋求良好和谐的配合关系。

8. 激励

对职工进行思想教育,创造良好的文化氛围与和谐的人际关系,并辅之以合理的分配,以激发人们的荣誉感、创造性、积极性,提高对项目的关心度、责任心和工作热情。

1.3.4 工程项目管理类型

一个工程项目的实施过程中,各个阶段的任务和实施的主体不同,就构成了不同类型的工程项目管理。同时,由于工程项目承包合同的形式不同,工程项目管理的类型也随之不同。按工程项目类型、参与主体的工作性质和组织特征划分,工程项目管理类型包括业主方项目管理(含投资方、开发方、管理咨询方、监理方等)和承包商项目管理(包括工程项目总承包商、设计承包商、施工承包商、分包商、供货方等)两大类。

1. 业主方项目管理和承包商项目管理的主要区别

业主方和承包商是两个不同的经济主体,各自为实现自己的利益,对同一个工程项目建设的实施进行管理。因此,它们管理的范围和目标存在本质的区别。

(1)承包商的活动仅处于项目形成的物质生产过程,它与业主方项目管理有完全不同的管理对象与范围。在项目形成的物质生产过程中,承包商的活动还取决于业主的工程采购模式。

(2)承包商与业主方有不同的经济利益立场,故有不同的项目管理目标。承包商虽认同作为承包合同标的的项目参数,但这只是他与业主利益上的最大公约数,这些参数是从属于利润最大化的项目二级目标。

(3)在物质生产阶段,承包商与业主方也有完全不同的职权与职能。业主方进行工程采购后,对物质生产过程就不再有相应的权利和义务了,承包商则成为物质生产过程的决策者、组织者和指挥者,也是物质生产过程的利益享有者和风险承担者。

第四,业主方与承包商在项目管理内容上也有明显区别(见表1-2)。

表 1-2　业主方与承包商项目管理内容的区别

项目内容	承包商项目管理	业主方项目管理
范围管理	限于承包合同范围	项目组成的整体及项目形成过程(采购交易过程及物质生产过程)的整体
采购管理	总承包合同内的工程分包与货物采购的策划、投标组织与实施	项目工程采购、货物采购、服务采购的策划,合同结构设计,招标组织与实施
资源管理	主要限于实施承包合同所需的各类资源的管理	包括为完成项目投入的人力、物力、资金等各项资源。应建立资源管理制度,确定资源管理职责和管理程序,监督项目生产要素配置过程

续表

项目内容	承包商项目管理	业主方项目管理
成本管理	承包商控制的是成本,并谋求经营利润最大化。经营利润是承包项目的一级目标	成本管理为项目一级目标参数; 有的项目以一次性投资费用控制为主; 有的项目以全寿命周期综合费用控制为主
质量管理	质量是承包合同的主要参数,但它服从于经营利润,故是承包项目的二级目标; 行使组织物质生产领域的权限,确保工程质量,按全过程控制需要设置控制点	功能质量关系项目效能,是业主核心利益,故质量为项目一级目标; 按质量验收与认证需要设置控制点
进度管理	工期是承包合同的主要参数,但它服从于经营利润,故是承包项目的二级目标; 在承包范围内,设计项目二、三级网络计划,在项目实施中接受项目一级网络的调控; 必要时对二、三级网络计划进行调整	工期与进度关系业主核心利益,为项目一级目标; 对项目总进度进行策划,设计项目一级网络计划,并据此对项目进行系统控制; 必要时结合目标调控对一级网络进行调整
沟通与信息管理	与业主签订的相关合同界面的沟通; 总承包合同范围内与分包商的沟通; 总承包合同范围内与供应商的沟通; 总承包商内部管理沟通; 承包商信息数据库(与业主共享信息为局部)及信息管理系统	与承包商签订的相关合同界面的沟通; 与其他项目参与主体间的沟通; 与项目外部环境的沟通; 业主信息数据库(与承包商共享信息为局部)及信息管理系统
风险管理	承包商项目管理的风险源与防范对策; 有向业主转嫁风险的欲望	业主项目管理的风险源与防范对策; 有向承包商转嫁风险的欲望
整合管理	以承包范围为对象,经营利润最大化为目标的策划、组织与控制的管理; 集成度受限于业主的采购方式	以项目整体为对象,业主投资意图为目标的系统策划、组织与控制的管理; 集成度高
项目管理机构	总承包商及分包商均设实体型项目经理部,实行项目经理负责制,全面负责合同的履行	专业性项目管理公司设实体型项目经理部,实行项目经理负责制,负责履行项目管理服务合同; 业主主导的项目管理团队是在服务采购合同机制上形成的虚拟组织

2. 项目各参与方的项目管理

1) 工程总承包商的项目管理

在设计施工总承包的情况下,业主在项目决策之后,通过招标择优选定总承包单位全面负责工程项目的实施过程,直至最终交付使用功能和质量标准符合合同文件规定的工程产品。因此,总承包商对项目实施的全过程进行全面管理,既包括设计阶段也包括施工安装阶段。其性质和目的是全面履行工程总承包合同,以实现业主承建工程的经营方针和目标,取得预期经营效益而进行的工程项目管理。显然,总承包商必须在合同条件的约束下,依靠自身的技术和管理优势或实力,通过优化设计和施工方案,在规定的时间内,保质保量地全面完成工程项目的承建任务。从交易的角度看,项目业主是买方,总承包商是卖方,因此两者的地位和利益追求是不同的。

2) 设计方项目管理

设计单位受业主委托承担工程项目的设计任务,以设计合同所界定的工作目标及其责任义务作为该项目工程设计管理的对象、内容和条件,通常称为设计方项目管理。设计方项目管理也就是设计单位对履行工程设计合同和实现设计单位经营方针目标而进行的管理,尽管其地位、作用和利益追求与项目业主不同,但它也是建设工程设计阶段项目管理的重要方面。只有通过设计合同,依靠设计方的项目管理才能贯彻业主的建设意图和实现设计阶段的投资、质量和进度控制。

3) 施工方项目管理

施工单位通过工程施工投标取得工程承包合同,并在施工合同所界定的工程范围内组织项目管理,称为施工方项目管理。从完整的意义上说,这种施工项目应该指施工总承包的完整工程项目,包括其中的土建工程施工和建筑设备的安装,最终成果是能满足使用功能的建筑产品。从工程项目系统分析的角度,分项工程、分部工程也是构成工程项目的子系统,按子系统定义项目,其不仅有特定的约束条件和目标要求,而且是一次性的任务。因此,工程项目虽有按专业、按部位分解发包的情况,承包方仍然可以按承包合同界定的局部施工任务作为项目管理的对象,这就是广义的施工方项目管理。

4) 业主方项目管理(包括咨询方、监理方项目管理)

业主方的工程项目管理是全过程的,包括项目实施阶段的各个环节,主要有组织协调,合同管理,信息管理,投资、质量、进度三大目标控制。通俗地概括为"一协调二管理三控制"或"三控二管一协调"。

由于工程项目的实施是一次性的任务,因此,业主自行进行项目管理往往有很大的局限性,首先在技术和管理方面,业主缺乏配套的力量,即使配备了管理班子,没有连续的工程任务也是不经济的。计划经济体制下,每个建设单位都成立一个筹建处或工程指挥部来进行建设的做法不符合市场经济条件下资源的优化配置和动态管理,也不利于建设经验的积累和应用。因此,在市场经济体制下,工程项目业主可以委托专业化、专家化、职业化的咨询公司、监理公司为其提供项目管理服务,并可以参与到项目投资决策阶段,包括立项和可行性研究等。

　　5）供货方的项目管理

　　从建设项目管理的系统分析角度看,建设物资供应工作也是工程项目实施的一个子系统,它有明确的任务和目标,明确的制约条件。因此制造厂、供应商同样可以将加工、生产、制造和供应合同所界定的任务作为项目进行目标管理和控制,以适应建设项目总目标控制的要求。

　　项目各参与方的项目管理时间范围如图 1-3 所示。

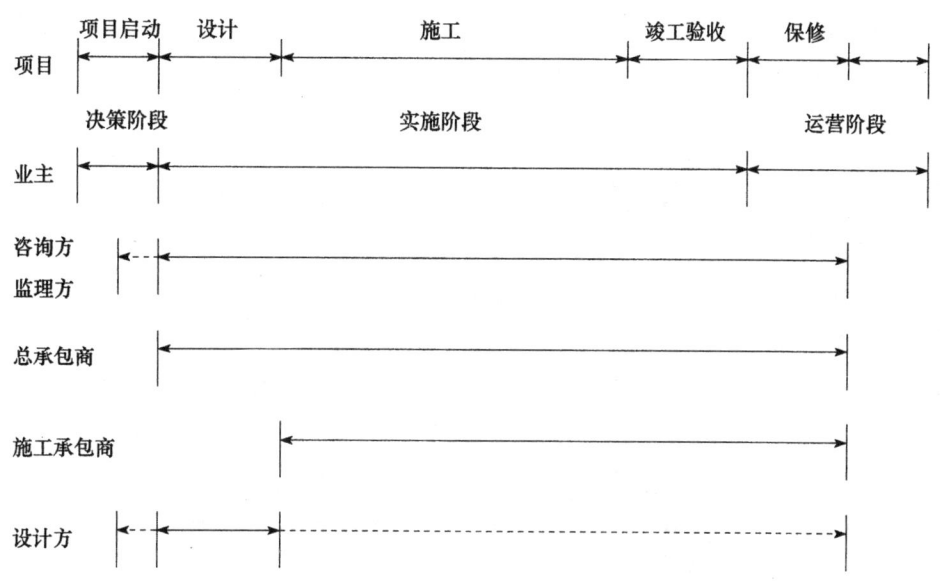

图 1-3　项目各参与方的项目管理时间范围

　　3. 项目各参与方项目管理目标和任务

　　项目各参与方项目管理目标和任务如表 1-3 所示。

表 1-3　项目各参与方项目管理目标和任务

项目内容	业 主 方	设 计 方	施 工 方	供 货 方	总 包 方
总目标	服务于业主的利益	服务于项目的整体利益和设计方本身利益	服务于项目的整体利益和施工方本身利益	服务于项目的整体利益和供货方本身利益	服务于项目的整体利益和总包方本身利益

续表

项目内容	业 主 方	设 计 方	施 工 方	供 货 方	总 包 方
项目管理目标	投资目标—项目总投资 进度目标—项目使用时间 质量目标—范围:不仅是施工阶段 质量目标—标准:满足相应技术规范和标准规定;满足业主方相应的质量要求	投资目标。 成本目标。 进度目标。 质量目标	安全管理目标。 成本目标。 进度目标。 质量目标	成本目标。 进度目标。 质量目标	安全管理目标。 总投资目标。 成本目标。 进度目标。 质量目标
项目管理阶段	设计前准备阶段 设计阶段 施工阶段 使用前准备阶段 保修期	设计,配合 设计阶段 设计,配合 设计,配合 设计,配合	设计,配合 设计,配合 施工阶段 设计,配合 配合	设计,配合 设计,配合 施工阶段 设计,配合 配合	设计前准备阶段 设计阶段 施工阶段 使用前准备阶段 保修期
项目管理主要任务	安全管理 投资控制 进度控制 质量控制 合同管理 信息管理 组织和协调	设计相关的安全管理 设计成本和造价控制 设计进度控制 设计质量控制 设计合同管理 设计信息管理 设计相关的组织协调	施工安全管理 施工成本控制 施工进度控制 施工质量控制 施工合同管理 施工信息管理 施工相关组织协调	供货安全管理 供货成本控制 供货进度控制 供货质量控制 供货合同管理 供货信息管理 供货相关组织协调	安全管理 投资控制成本控制 进度控制 质量控制 合同管理 信息管理 总包相关组织协调

1.3.5 工程项目管理过程

项目管理活动贯穿于整个项目建设的实施过程,从作业过程来看,建设工作从开始到结束,一项项展开并完成,每一项工作在对象、内容等方面都不相同。然而,从管理过程来看,每一项工作的进行都要经历计划(策划、制定基准)、执行、测量分析到偏差调整再到下一次计划的管理循环过程。可见,项目管理循环过程渗透于每一项具体工作中,在建设实施全过程中不停地循环往复,实现每一个管理目标。项目管理过程如图 1-4 所示。

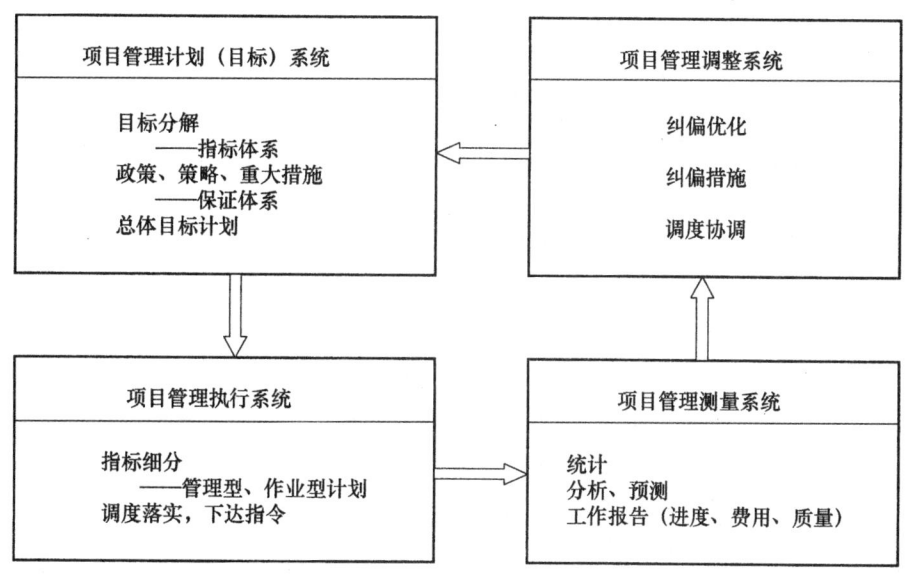

图 1-4　项目管理过程

项目管理目标(计划)系统是围绕项目管理总目标分解形成不同层次、不同时间期限的分目标的总和。以进度管理为例,进度管理目标(计划)系统就是围绕总进度(总工期)目标分解,形成总体控制计划、管理型控制计划、作业型控制计划的目标。以工作分解结构为基础,结合合同工作要求,形成总体网络计划、管理型网络计划和横道图作业计划。

项目管理执行系统的作用是保证各目标的实现。计划的顺利实施应具备两方面条件:一是计划应简单、指标化,具有较好的可操作性和可调整性;二是有健全的计划执行保证体系,包括制约机制和激励机制等。

项目管理测量系统的主要任务是测量统计各项工作的实际执行效果。以进度管理测量为例,进度管理测量主要是测量网络计划节点、控制点的实现达到情况(形象进度的执行情况),测量并统计实际消耗的工时数和费用数量等,对测量数据进行统计分析,将实际执行效果数据与计划数据比较,找出偏差,并预测下一个计划周期的变化情况。

项目管理调整系统的任务是指在对项目管理工作实际执行效果分析的基础上,针对出现的偏差情况进行分析预测,采取相应措施纠正偏差、缩小偏差或调整计划等。以进度管理为例,由于受客观环境制约和诸多因素影响,实际进度往往滞后于计划进度,甚至有时工程拖期非常严重,采取常规的赶工措施于事无补,这时只有对进度计划目标进行调整,才能保证进度管理系统的功能与进度管理要求相适应。否则,计划与实际情况相差甚远,计划就失去了指导意义。但并不是一出现偏差就调整,一般只有当偏差超过正常波动幅度或对总工期影响很大时才进行调整。调整的紧迫性要根据控制点级别、偏差大小、偏差发展趋势等情况综合考虑。

第 2 章　项目管理知识体系

【知识点及学习要求】

知　识　点	学　习　要　求
知识点 1：PMI 项目管理知识体系	了解 PMI 项目管理知识体系
知识点 2：IPMA 项目管理知识体系	了解 IPMA 项目管理知识体系
知识点 3：C-PMBOK 中国项目管理知识体系	熟悉中国项目管理知识体系
知识点 4：项目管理知识体系主要内容	

　　现代项目管理经过几十年的发展，在理论和方法上更加系统，逐步把计划和控制技术与系统论、信息论、组织理论、经济学、管理学、行为科学、价值工程等结合起来，发展成为一个比较完整的学科体系，即项目管理知识体系。

2.1　PMI 项目管理知识体系

　　美国项目管理学会(Project Management Institution,PMI)首先建立了项目管理知识体系。1987 年 PMI 公布了第一个项目管理知识体系(Project Management Body of Knowledge,PMBOK)。经过 5 次修订，形成目前的第 6 版项目管理知识体系。这个知识体系将项目管理知识划分为项目整合管理、范围管理、进度管理、成本管理、质量管理、资源管理、沟通管理、风险管理、采购管理、相关方管理共 10 个领域。将项目管理过程分为项目启动、规划、执行、监控和收尾 5 个阶段。不同管理领域在不同阶段的主要工作如表 2-1 所示。实践证明 PMBOK 已经真正成为项目管理专业人士的工作指南，并被世界项目管理界公认为一个全球性标准。国际标准化组织(ISO)以该指南为框架，制订了 ISO10006 标准。PMI 在 1984 年制定了项目管理资质认证制度(PMP)，1991 年正式推广，每年有上万人申请认证。

表 2-1　不同领域在不同阶段的项目管理工作

知识领域	启　动	规　划	执　行	监　控	收　尾
项目整合管理	制定项目章程	制定项目管理计划	指导与管理项目工作	监控项目工作	结束项目或阶段
			管理项目知识	实施整体变更控制	

续表

知识领域	启　动	规　划	执　行	监　控	收　尾
范围管理		规划范围管理		确认范围	
		收集需求		控制范围	
		定义范围			
		创建 WBS			
进度管理		规划进度管理		进度控制	
		定义活动			
		排列活动顺序			
		估算活动持续时间			
		制定进度计划			
成本管理		规划成本管理		控制成本	
		估算成本			
		制定预算			
质量管理		规划质量管理	管理质量	控制质量	
资源管理		规划资源管理	获取资源	控制资源	
		估算活动资源	建设团队		
			管理团队		
沟通管理		规划沟通管理	管理沟通	监督沟通	
风险管理		规划风险管理	实施风险应对	监督风险	
		识别风险			
		实施定性风险			
		实施定量风险分析			
		实施风险应对			
采购管理		规划采购管理	实施采购	控制采购	
相关方管理	识别相关方	规划相关方参与	管理相关方参与	监督相关方参与	

2.2　IPMA 项目管理知识体系

国际项目管理协会(IPMA)从 1987 年就着手进行"项目管理人员能力基准"的开发,在 1997 年推出了 ICB(IPMA Competency Baseline),在这个能力基准中 IPMA 把个人能力划分为 42 个要素,其中有 28 个核心要素、14 个附加要素,此外还有关于个人素质的 8 大特征及总体印象的 10 个方面。IPMA 在全球推行 4 级项目管理专业资质认证(International Project Management Professional,IPMP)。IPMP 是对项目管理人员知识、经验和能力水平的综合评估,能力水平评估是 IPMP 考核的最大特点。根据 IPMP 认证等级划分,获得 IPMP 各级项目管理认证的人员,将分别具有负责大型国际项目、大型复杂项目、一般复杂项目或具有从事项目管理专业工作的能力。

2.3　C-PMBOK 中国项目管理知识体系

基于美国项目管理学会的项目管理知识体系 PMBOK 和国际项目管理协会的知识体系 ICB,1993 年我国开始研究中国的项目管理知识体系,并于 2001 年 5 月推出了中国的项目管理知识体系文件——《中国项目管理知识体系》(简称 C-PMBOK),2006 年进行了修订。

C-PMBOK 主要以项目生命周期为基线展开,从项目和项目管理概念入手,按照项目开发的 4 个阶段:概念阶段、规划阶段、实施阶段和收尾阶段,分别阐述了每一阶段的主要工作及其相应的知识内容,同时考虑到项目管理过程中所需的共性知识及其所涉及的方法工具。C-PMBOK 将项目管理知识分为 88 个模块,基于此形成中国项目管理知识框架,如表 2-2 所示。

表 2-2　中国项目管理知识体系框架

2　项目与项目管理			
2.1　项目		2.2　项目管理	
3　概念阶段	4　规划阶段	5　实施阶段	6　收尾阶段
3.1　一般机会研究	4.1　项目背景描述	5.1　采购规划	6.1　范围确认
3.2　特定项目机会研究	4.2　目标确定	5.2　招标采购实施	6.2　质量验收
3.3　方案策划	4.3　范围规划	5.3　合同管理基础	6.3　费用决算与审计
3.4　初步可行性研究	4.4　范围定义	5.4　合同履行和收尾	6.4　项目资料与验收
3.5　详细可行性研究	4.5　工作分解	5.5　实施计划	6.5　项目交接与清算
	4.6　工作排序	5.6　安全计划	6.6　项目审计
	4.7　工作持续时间估计	5.7　项目进展报告	6.7　项目后评价

续表

3.6 项目评估	4.8 进度安排	5.8 进度控制	
3.7 商业计划书	4.9 资源计划	5.9 费用控制	
编写	4.10 费用估计	5.10 质量控制	
	4.11 费用预算	5.11 安全控制	
	4.12 质量计划	5.12 范围变更控制	
	4.13 质量保证	5.13 生产要素管理	
		5.14 现场管理与环境保护	

7 共性知识

7.1 项目管理组织形式	7.7 企业项目管理	7.14 风险管理规划	7.22 行政监督
7.2 项目办公室	7.8 企业项目管理组织设计	7.15 风险识别	7.23 新经济项目管理
7.3 项目经理	7.9 组织规划	7.16 风险评估	7.24 法律法规
7.4 多项目管理	7.10 团队建设	7.17 风险量化	
7.5 目标管理与业务过程	7.11 冲突管理	7.18 风险应对计划	
7.6 绩效评价与人员激励	7.12 沟通规划	7.19 风险监控	
	7.13 信息分发	7.20 信息管理	
		7.21 项目监理	

8 方法和工具

8.1 要素分层法	8.7 不确定性分析	8.13 责任矩阵	8.19 质量控制的数理统计方法
8.2 方案比较法	8.8 环境影响评价	8.14 网络计划技术	8.20 挣值法(赢得值法)
8.3 资金的时间价值	8.9 项目融资	8.15 横道图(甘特图)	8.21 有无比较法
8.4 评价指标体系	8.10 模拟技术	8.16 资源费用曲线	
8.5 项目财务评价	8.11 里程碑计划	8.17 质量技术文件	
8.6 国民经济评价	8.12 工作分解结构	8.18 并行工程	

2.4 项目管理知识体系主要内容

项目管理涉及多方面的内容,可以按不同思路进行组织。综合美国 IPMA 项目管理知识体系、IPMA 项目管理知识体系、C-PMBOK 中国项目管理知识体系,通常将项目管理内容概括为 2 个层次、4 个阶段、5 个过程、10 个领域、42 个要素及多个主体。

1. 2 个层次

2 个层次的项目管理主要表现在:①企业层次的项目管理;②项目层次的项目

管理。

2. 4 个阶段

从项目生命周期角度看,项目管理经历 4 个阶段:①概念阶段;②规划阶段;③实施阶段;④收尾阶段。

3. 5 个过程

从项目管理的基本过程看,项目管理包括 5 个过程:①启动过程;②规划过程;③执行过程;④控制过程;⑤结束过程。

4. 10 个领域

从项目管理的职能领域看,项目管理涉及 10 个领域:①整合管理;②范围管理;③进度管理;④成本管理;⑤质量管理;⑥资源管理;⑦沟通管理;⑧风险管理;⑨采购管理;⑩相关方管理。

5. 42 个要素

从项目管理知识要素看,项目管理由 42 个要素组成:①项目与项目管理;②项目管理的运行;③通过项目进行管理;④系统方法与综合;⑤项目背景;⑥项目阶段与生命周期;⑦项目开发与评估;⑧项目目标与策略;⑨项目成功与失败的标准;⑩项目启动;⑪项目收尾;⑫项目的结构;⑬内容、范围;⑭时间进度;⑮资源;⑯费用和财务;⑰状态与变化;⑱项目风险;⑲效果衡量;⑳项目控制;㉑信息、文档与报告;㉒项目组织;㉓协作(团队工作);㉔领导;㉕沟通;㉖冲突与危机;㉗采购、合同;㉘项目质量;㉙项目信息;㉚标准与规则;㉛问题解决;㉜会谈与磋商;㉝固定的组织;㉞业务过程;㉟人力开发;㊱组织学习;㊲变化管理;㊳营销、产品管理;㊴系统管理;㊵安全、健康与环境;㊶法律;㊷财务与会计。

6. 多个主体

从项目管理的不同主体看,参与项目的主体有:①业主;②承包商(总承包商,设计、施工、供应等承包商);③监理;④用户。

第3章 项目范围管理

【知识点及学习要求】

知 识 点	学 习 要 求
知识点1:项目范围管理的含义	掌握项目范围管理含义
知识点2:项目范围界定及WBS应用	掌握项目范围界定的含义,工作分解结构的应用
知识点3:项目范围变更及控制	熟悉项目范围变更及控制

项目范围管理是项目管理十大知识领域(包括项目整合管理、范围管理、进度管理、成本管理、质量管理、资源管理、沟通管理、风险管理、采购管理和相关方管理)中极其重要的一部分,项目范围管理是项目管理的基础,项目的范围不明确或变更将直接影响项目时间、项目成本等要素的变化,使项目建设各方在合同执行中产生矛盾纠纷,严重时会导致项目管理失败,给项目建设造成极大的经济损失。

3.1 项目范围管理的含义

3.1.1 项目范围

项目范围是一个非常广义的概念。它是以实现项目的目标为出发点,对项目实施的过程、全部工作内容的定义和描述。广义的项目范围涵盖产品范围和具体项目范围。产品范围是指确定项目产品或服务中应包含哪些功能和特征,如完成的单位工程、单项工程、建设项目,或者它们的特征、功能及其测量评价结果的具体化。项目范围是指为了交付满足工程项目产品范围要求的产品和服务所必须完成的活动总和。产品范围是指项目建设过程中生产出的各分部、分项、单位、单项工程等产品,项目范围则是指通过如招投标、设计、采购、施工、验收等活动实现项目目标。一般而言,产品范围的定义确定了产品的特征及目标,是制订项目目标规划的依据,项目范围则定义了项目活动的各项内容,是制订项目实施计划的依据。现代工程项目中,新技术、新材料的使用越来越多,工程施工越来越复杂,恰当的范围定义对于项目的成功与否是十分关键的。如果项目的范围定义不明确,或在实施过程中不能有效控制,变更就会不可避免地出现,而变更的出现也许就会破坏项目的进展节奏、进程,造成返工,延长项目工期,降低项目生产人员的生产效率,从而造成项目成本大大超出预算的要求。

3.1.2　项目范围定义

1. 项目范围定义是确定工期计划、费用计划和资源使用计划的依据

通过项目范围定义，明确了项目的工作内容，建立了工作分解结构 WBS，项目工程量才能准确计算，工程施工所需时间、人工、材料、设备等资源才能确定，这样项目的工期计划、费用计划和资源使用计划才能够据此制订。

2. 确定组织计划安排、明确岗位职责分工

在明确了项目的工作内容，建立了工作分解结构 WBS 的基础上，项目组织才能根据工作内容确定组织机构，进行 WBS 任务分解、工作分配，即建立组织分解结构 OBS。通过组织的计划安排、职责界定、权利义务划分、费用预算、风险防范、过程跟踪控制和调整、成果交付、管理程序、项目评价等活动，项目才能够最终顺利完成。可见，项目范围的描述和界定，是项目实施和管理的最基础性的工作和基本条件。一个项目没有清晰明确的范围界定，可能会不同程度地出现混乱无序、错误百出、过程失控的情况，导致偏离项目或工作的目标。

3.1.3　项目范围管理

项目范围管理是指为实现项目的目标，对合同中约定的项目工作范围进行的定义、计划、变更和控制等活动。从项目建议书开始到竣工交付使用为止，对项目建设全过程中所涉及的活动范围进行界定和管理。它主要包括 6 个过程。

（1）一个新项目的启动，或者项目进入一个新的阶段。

（2）项目的范围分析、编制项目范围计划（或规划），即工程项目可行性研究报告推荐的方案、各种项目合同、设计、各种任务书、有关范围说明书等。

（3）项目范围界定和描述，即工程项目范围定义。该过程把工程项目范围计划中确定的可交付成果分解成便于管理的组成单元。该过程也称为工作分解结构（WBS）。

（4）项目范围核实，由投资人或建设单位等客户或利益相关者确定工程项目范围，即对工程项目范围给予正式认可或同意。

（5）项目范围实施和项目范围变更的控制，即在工程项目实施的过程中，控制资源投入，控制工艺程序，控制工程变更，包括建设单位提出的变更、设计变更和计划变更等。

（6）按项目范围验收交付成果。

3.2 项目范围界定及 WBS 应用

3.2.1 项目范围界定

1. 工程项目范围界定的含义

项目范围界定是指将项目范围说明书中主要可交付成果进一步分解,细化项目产品,提高对项目成本、工期以及所需要的资源的估算准确性,便于分工和明确责、权、利。

具体到工程项目范围界定,就是要将建设项目进行分解和将计划对象进行分解。将建设项目分解就是将它依次分解为单项工程、单位工程、分部工程和分项工程,这就是产品分解体系;将计划对象进行分解就是将工程总计划分解为阶段计划、月计划、旬计划,或者将总计划分解为单项工程计划、单位工程计划和分部工程计划。计划对象的划分是以项目产品的划分为基础的。

2. 工程项目范围界定的依据

1) 一般项目范围界定的依据

(1) 项目范围说明书　这是最重要的范围界定依据。

(2) 项目的假设条件。

(3) 项目的约束条件　在合同项目中,通常把合同条款视为约束条件。

(4) 其他范围计划结果　主要是项目范围管理计划。

(5) 历史资料　类似项目的有关资料和信息可以为项目范围界定提供经验与教训。

2) 工程项目范围界定的依据

(1) 工程项目策划文件。

(2) 可行性研究报告。

(3) 设计文件。

(4) 合同文件。

(5) 类似工程的技术经济资料。

3. 工程项目范围界定的结果

工程项目范围界定的结果是工程项目工作分解结构(WBS)以及与此相匹配的组织分解结构(OBS)、资源分解结构(RBS)和费用分解结构(CBS)等。

3.2.2 工作分解结构 WBS 的应用

1. 工作分解结构的概念与作用

1) 工作分解结构的概念

WBS 就是将项目所包含的全部工作内容,依照系统分解规则从任务总体按层次、分系列地一直分解到作业工序所形成的工作结构体系。

WBS 一般按照项目、单项工程、单位工程、分部工程、分项工程和工序等逐层分解。

单项工程是工程项目的组成部分,具有独立的设计文件,建成后可以独立发挥生产能力或使用效益的工程。在工业建设中,各个生产车间、办公楼、仓库等,民营建设的教学楼、图书馆、住宅、幼儿园等都是单项工程。

单位工程是单项工程的组成部分,是可以进行独立施工的工程。通常单项工程包含不同性质的工程内容,根据其能否独立施工的要求,将其划分为若干个单位工程。如车间是一个单项工程,则车间的厂房建筑、设备安装等就是单位工程。

分部工程是单位工程的组成部分,一般按建筑物的主要结构、主要部位及安装工程的种类划分。土建工程划分为土石方工程、打桩工程、砌筑工程、混凝土及钢筋混凝土工程、木结构、钢结构工程、楼地面、屋面、装饰、脚手架工程等。安装工程可分为设备安装、管道安装、电气安装工程等。

分项工程是分部工程的组成部分,是根据分部工程划分的原则,再进一步将分部工程划分为若干分项工程。如土石方工程可分为人工挖地槽、挖地坑、回填土工程等。

下面以某生活小区建设工程为例,建立工作分解结构 WBS。如图 3-1 所示。

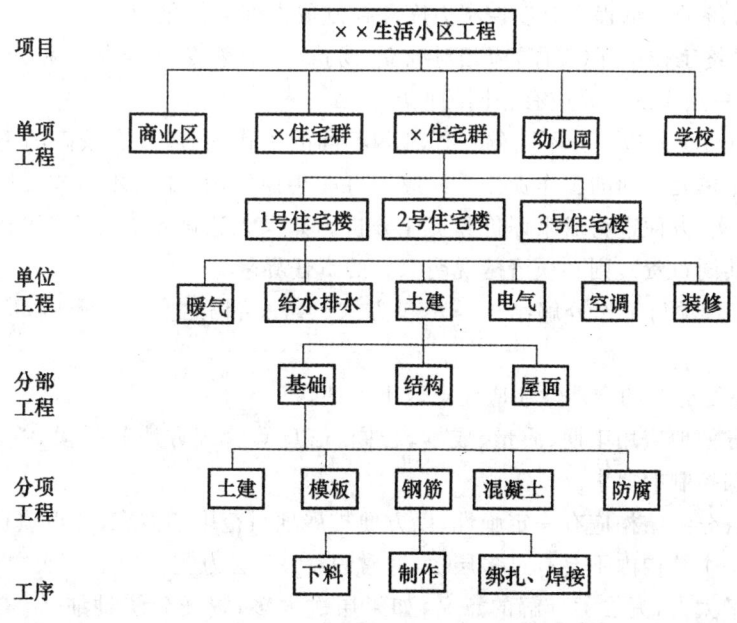

图 3-1　某生活小区建设工程 WBS 图

2)工作分解结构的作用

工作分解结构 WBS 是工程项目管理的基础,它通过建立工作分解结构,表示出整个工程项目工作的"工作源"及其"家族关系",是反映项目全部工作和相互关系的概念模型,是决策、预算、控制、设计、施工的统一基础。其基本作用如下。

(1) 表明了项目结构的系统性、整体性、项目建设的工作范围及任务是由哪些具体工作构成的。

(2) 通过项目结构分解,表明了"家族内"不同工作单位之间的隶属关系或"兄弟"关系。

(3) 是进行项目分析、建立项目组织、落实责任制的依据。

(4) 用以建立项目目标保证体系,将目标分解到每个项目单元,以便进行施工图设计,编制施工方案,进行风险分析等。

(5) 为工作量、费用等数据从上到下的分解和从下到上的汇总提供了基础资料,因而是编制预算、进度计划、各种控制曲线以及进行进度、费用、质量统计不可缺少的基本工具,是工程项目控制的共同基础,是综合控制系统运行的基本保证。

(6) 为计算机辅助项目管理创造了条件。

2. 工程项目工作分解结构的原则

工程项目工作分解结构没有普遍适用的方法与原则,要按照实际工作经验和系统工作方法、工程的特点、项目自身的规律性、管理者的要求操作。其基本原则如下。

(1) 应在各层次上保证项目内容的完整性,不能遗漏任何必要的组成部分。

(2) 分解的详细程度应以控制力度和控制成本综合优化为准。

(3) 最终工作单元(工序)应相对独立,易执行,易考核,便于估计和分析时间、费用参数;同一层次的单元应有相同的性质。

(4) 项目单元应区分不同的责任者和不同的工作内容,应有较高的整体性和独立性。工作单元之间的工作责任界面应尽可能小而明确,如此才能方便目标和责任的分解、落实,方便进行成果评价和责任分析。如果无法确定责任者(如必须由两个人或部门共同负责),则必须清楚说明双方的责任界限。

(5) 工程项目工作分解结构与承包方式、合同结构之间相互影响,应予以充分注意。

(6) 系统分解的合理性还应注意以下方面。

①能方便地应用工期、质量、成本、合同、信息等管理方法和手段,符合计划、项目目标跟踪控制的要求。

②项目分解结构应有一定弹性,以方便扩展项目范围和内容,变更项目结构。

③在一个结构内不要有过多层次,通常以 4～6 层为宜。如果层次太少,则单元上的信息量太大,失去了分解的意义;如果层次太多,责任分解过细,结构便失去了弹性,调整余地小,控制工作量大增,效果却很差。

3. 工作结构分解方法

建立工作分解结构通常分两步进行。首先,监理项目总体分解结构。这是 WBS 中较高的级别。这部分工作分解结构的分解级别、分解层次可因不同的项目而有所不同。它主要根据项目控制的要求来确定,即根据项目的规模大小、项目的复杂程度来确定分解的级数。目的是将整个项目分解成便于管理的若干个大项和单项。通常将项目分解到最易独立组织设计和施工的最小单项工程层次。例如,一个大型石油化工项目可分解为三个层次:第一级先将项目分解为工艺设施和界外设施;第二级在第一级分解的基础上,再分解为若干个独立的工艺装置和独立的界外设施装置;第三级可进一步将每个独立装置再分解为若干个工区和工段。其次,建立标准工作分解结构,这是 WBS 中比较低的级别和更加详细分解的基本任务单元。从最小的单项工程开始向下逐层分解,最终分解到各个工序和工作包。在这个层次上,可以进行人工时估算、费用估算,以及对项目执行效果进行测定。图 3-2 为某大型石油化工项目工作分解结构示意图。

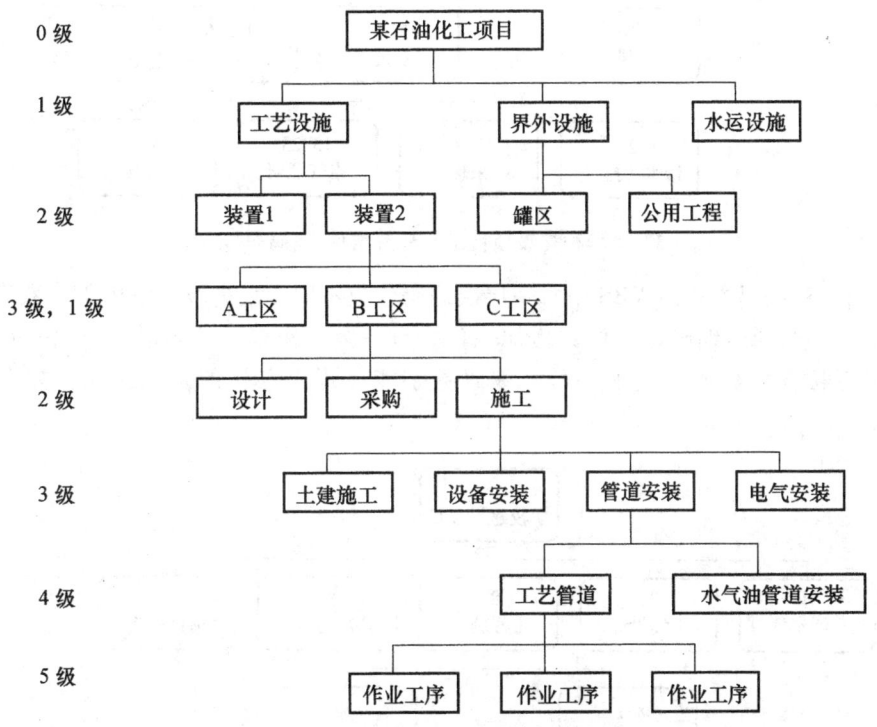

图 3-2 大型某石油化工项目工作分解结构示意图

(1) 对于一般民用建筑工程项目可按实施过程进行分解。如图 3-1 所示。

(2) 对工业技术工程项目可按产品结构(如车间)、平面或空间位置(如生产区、服务区)及要素(厂房结构、吊车、设备)进行分解。如图 3-2 所示。

4. WBS 编码设计

WBS 编码体系通常有两种。

第一种编码方式。WBS 中每一层次编码位数相同。第一位数表示处于 0 级的整个项目,第二位数表示处于第 1 级的工作单元的编码,第三位数表示处于第 2 级的工作单元的编码,依此类推。任一级工作单元编码时先保留母项编码,在表示本级编码位置处依自然数顺序给出一个数字,构成本级工作单元的编码。如图3-3所示。

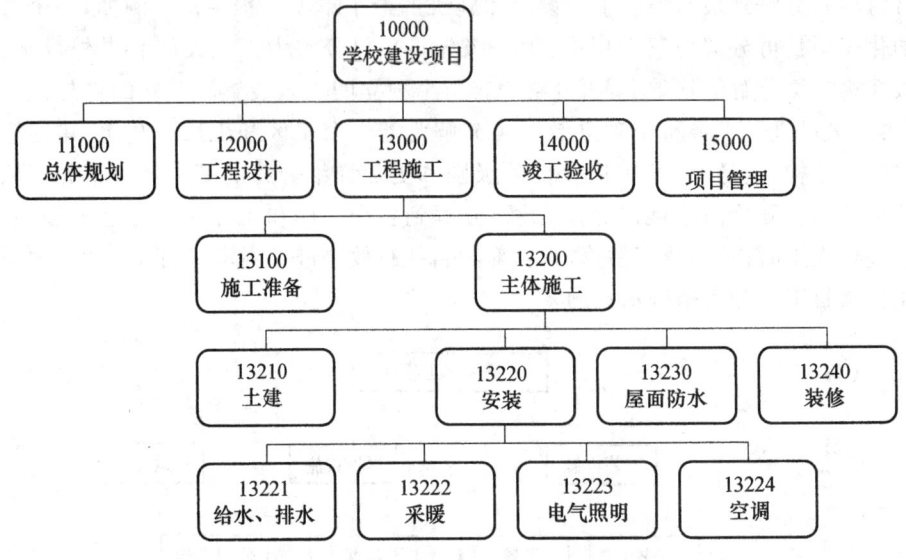

图3-3 某学校建设项目工作分解结构(编码一)示意图

第二种编码方式。WBS中每一层次编码位数不同。最高级0级用1位数表示,每向下分解一级,编码数字位数增加一位。每一级工作单元编码时,先保留母项编码,然后按自然数顺序增加一位。编码数字能体现出工作的隶属关系。如图3-4所示。

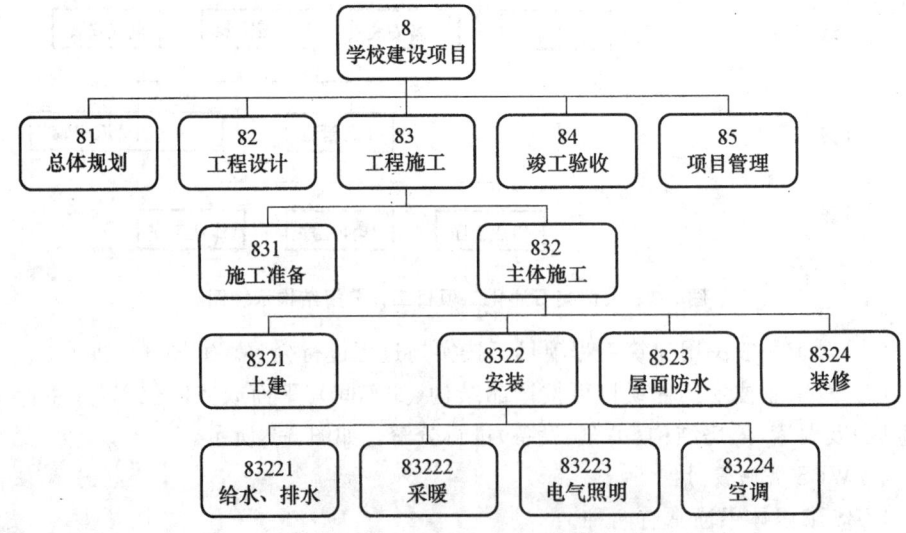

图3-4 某学校建设项目工作分解结构(编码二)示意图

3.3　项目范围变更及控制

3.3.1　工程项目范围变更的原因

1. 一般项目范围变更的原因

项目范围变更指对项目最终产品或最终服务范围的增加、修改或删减,原因如下。

(1) 项目要求变化　项目发起人对项目的需求和期望发生了变化,或增加性能和特征,或降低要求和期望。

(2) 项目设计变化　这是在设计思维逐渐成熟过程中产生的,包括设计条件的变化、设计改善、设计内容增加。

(3) 工艺技术的变化　如在项目实施过程中,出现了新材料、新设备、新工艺,可能会对项目实施产生重大影响,用到项目中会导致项目范围发生变化。

(4) 经营环境变化　如出现了新产品或替代产品、汇率或利率浮动,会使项目范围受到影响而改变。

(5) 人员变化　项目发起人的人员变动,项目经理变更,重要技术人员变更,均可能导致项目范围变化。

(6) 客观条件变化　例如,地质条件、水文条件、交通条件等发生变化。

项目范围变更会导致工期、质量、费用等各种目标变化,故对项目范围变更进行控制是必要的。

2. 工程项目范围变更的原因

工程项目范围变更和一般项目范围变更的原因基本是一样的,主要有以下几项。

(1) 建设单位提出的变更　包括增减投资的变更,使用要求的变更,预期项目产品的变更,市场环境的变更,供应条件的变更等。

(2) 设计单位提出的变更　包括改变设计,改进设计,弥补设计不足,提高设计标准,增加设计内容等。

(3) 施工单位提出的变更　包括增减合同中约定的工程量,改变施工时间和顺序,合理化建议,施工条件发生变化,材料、设备的换用等。

(4) 不可抗力引起的工程项目范围变更。

3.3.2　工程项目范围变更控制

1. 工程项目范围变更的内容

(1) 首先要对引起项目范围变更因素和条件进行识别、分析和评价。

(2) 所有工程项目范围变更都要经过权力人核实、认可和接受。

(3) 需要进行设计的工程项目范围变更,要首先进行设计。

（4）涉及施工阶段的变更,必须签订补充合同文件,然后才能实施。

（5）工程项目目标控制必须控制变更,且把变更的内容纳入控制范畴,使工程项目尽量不与原核实的目标发生偏离或偏离最小。

2. 工程项目范围变更控制的依据

（1）可行性研究报告　可行性研究报告经批准后,便是工程项目范围控制的基本依据,无论是项目构成、质量标准、使用功能、项目产品、工程进度、估算造价等,都应是项目范围控制的依据,更应当是项目范围变更控制的约束。国家规定,如果初步设计概算造价高于可行性研究报告的10%,必须报原审批单位批准。用造价限额控制工程项目范围变更,是一项有力的措施。

（2）工作分解结构的分解结果　它是控制工程项目具体范围变更的依据。

（3）设计文件及其造价　设计文件是确定工程项目范围的文件,是控制工程项目范围变更的直接依据。任何涉及设计的范围变更和过程变更,都要依据原设计文件。

（4）工程施工合同文件　工程施工合同文件(包括补充合同文件)是控制工程项目范围变更的直接依据。

（5）工程项目实施进度报告　该报告既总结分析了项目的实际进展情况,又明确了实际与计划的偏差情况,还对项目的未来进展进行预测,可以提供信息的提示,以便进行项目范围变更的控制。

（6）各有关方提出的工程变更要求,包括变更内容和变更理由。

3. 工程项目范围变更控制的方法

（1）投资限额控制法　即用投资限额约束可能增加项目范围的变更。

（2）合同控制法　即用已经签订的合同限制可能增加的项目范围变更。

（3）标准控制法　即用技术标准和管理标准限制可能增减项目范围的变更。

（4）计划控制法　即用计划控制项目范围的变更。如需改变计划,则应对计划进行调整并经过权力人进行核实和审批。

（5）价值工程法　利用价值工程提供的提高价值的5条途径对工程项目范围变更的效果进行分析,以便做出是否变更的决策。这5条途径是:①增加功能,降低成本;②功能不变,减少成本;③功能降低,成本降低更多;④功能增加,成本不变;⑤成本少量增加,功能大幅提高。

第2篇
项目管理组织与规划

第 4 章　项目管理组织

【知识点及学习要求】

知　识　点	学　习　要　求
知识点 1：工程项目组织	熟悉组织的含义，掌握工程项目组织形式
知识点 2：项目经理部	熟悉项目经理部设置原则，掌握项目经理部的形式
知识点 3：项目经理	掌握项目经理的责、权、利，理解对项目经理的素质要求

4.1　工程项目组织

4.1.1　组织

1. 组织的含义

组织有两种含义。组织的第一种含义是作为名词存在的，即组织机构，是指两人及两人以上，按一定领导分工、规章制度和信息系统等构成，有一定目标或方向的有机整体。组织是社会的结合体，可以完成一定的任务，并以此处理人和人、人和事、人和物的关系。组织的第二种含义是作为动词而出现的，指组织行为。即通过一定权力和影响力，为达到一定目标，对所需资源进行合理配置，处理人和人、人和事、人和物的行为或活动。管理职能是通过上述两种含义的有机结合而产生并起作用的。

2. 组织职能

组织是项目管理的基本职能之一，其目的是通过合理设计职权关系结构来使各方面的工作协调一致。项目管理的组织职能包括五个方面。

（1）组织设计　包括选定一个合理的组织系统，划分各部门的权限和职责，确立各种规章制度，还包括生产指挥系统组织设计、职能部门组织设计等。

（2）组织联系　就是规定组织机构中各部门的相互关系，明确信息流通和信息反馈的渠道，以及它们之间的协调原则和方法。

（3）组织运行　就是按分担的责任完成各自的工作，规定各组织体的工作顺序和业务管理活动的运行过程。组织运行要抓好三个关键性问题：一是人员配置，二是业务接口关系，三是信息反馈。

（4）组织行为　就是指运用行为科学、社会学及社会心理学原理来研究、理解和影响组织中人员的行为、言语、组织过程、管理风格及组织变更等。

（5）组织调整　指根据工作需要、环境的变化，分析原有的组织系统的缺陷、适应性和效率性,对原组织系统进行重新组合。包括组织形式的变化、人员的变动、规章制度的修订或废止、责任系统的调整以及信息流通系统的调整等。

4.1.2 工程项目组织

1. 工程项目组织的含义

工程项目组织,是指为完成特定的工程项目任务而建立的、从事项目具体工作的系统。它包括组织系统的设计与建立、组织运行和组织调整三个方面。组织系统的设计与建立是指通过筹划、设计,建立一个可以完成工程项目管理任务的组织机构,建立必要的规章制度,划分并明确岗位、层次、部门的责任和权力,建立和形成管理信息系统及责任分担系统,并通过一定岗位和部门内人员的规范化的活动和信息流实现组织目标。

工程项目立项后,应根据项目的性质、投资来源、建设规模大小、工程复杂程度等因素,合理构建相应的项目管理组织,以对项目的建设进度、质量、资金使用等实施有效的控制与管理。

工程项目组织与项目各参与方的企业管理机构是整体与局部的关系。工程项目组织机构设立的目的是进一步充分发挥项目管理功能,提高工程项目整体管理效率,达到项目管理的最终目标。工程项目管理组织体系和组织机构的建立是项目管理成功的组织保证。

2. 工程项目组织的作用

(1) 便于集中资源,完成企业交付的项目管理任务。

(2) 可根据任务而凝聚力量,调动项目承担者的积极性。

(3) 控制方便,并能促进管理人员的合作。

(4) 协调横向关系,发挥个人作用,提高活力和竞争力。

(5) 影响和改变管理人员的观念和行为,贯彻组织文化。

(6) 便于沟通信息,落实组织责任制度,提高效率。

3. 工程项目的组织形式

国内外常见的工程项目的组织形式有以下几种。

1) 常规式

常规式的组织形式即业主自己成立项目管理机构(筹建处),负责支配建设资金,办理一切前期手续,委托设计、监理、采购设备、招标施工、验收工程等全部工作。有的业主还自行组织设计、施工队伍直接进行设计和施工(自营方式)。这是我国过去的计划经济中惯用的方式。在计划经济体制下,基本建设任务由国家统一安排,资金统一分配。常规式组织形式中业主与设计、施工单位及设备物资供应单位的关系如图4-1所示。

这种组织形式下,业主的筹建机构并非是专业化、社会化的管理机构,其人员都是临时调集而来,多数没有管理工程建设的经验,而当他们积累了一些管理经验之后,又随着工程的竣工而停止工程管理工作,改行从事其他工作。如此,其后的其他工程项目建设又在很低的管理水平上重复进行,使我国建设管理水平和投资效益难

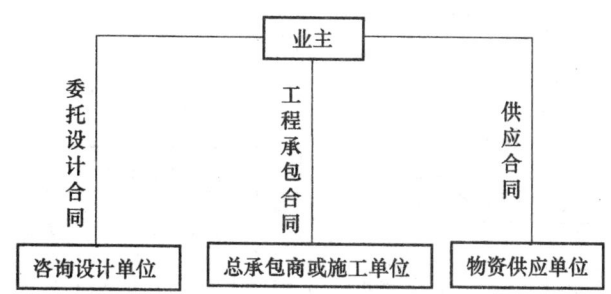

图 4-1　常规式组织形式中各方关系图

以提高。

2）工程指挥部式

一些大型工程项目和重点工程项目的管理组织采用工程指挥部式。指挥部通常由专业部门和地方高级行政领导人兼任正副指挥,用行政手段组织指挥工程建设,由所属的设计和施工队伍承担工程项目的设计与施工任务。工程指挥部式如图4-2所示。

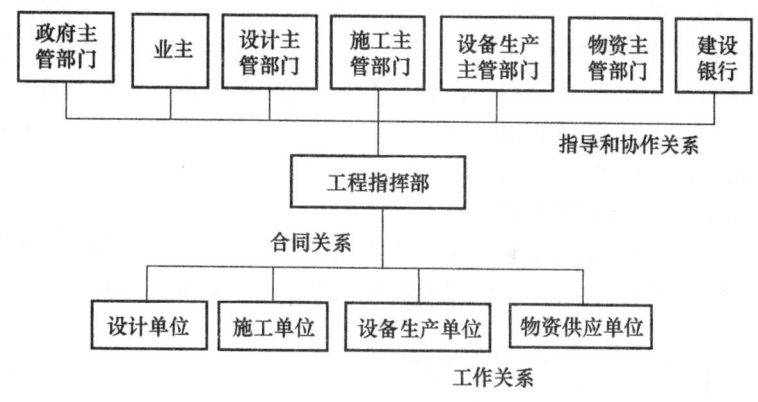

图 4-2　工程指挥部式

工程指挥部式的组织形式的优点是,能够迅速集中力量,加快施工进度。但业主在指挥部中处于次要的地位,也无明确的经济责任。设计和施工单位与建设指挥部的关系都属于行政隶属管理,无严格的承包合同,不承担履行合同的责任。这样,很容易导致投资效益难以保证。除了存在责任盲区之外,它的管理幅度也较大,相互协调比较困难。

3）项目总承包式（EPC 式）

项目总承包式也称为一揽子承包方式、交钥匙承包方式,即业主仅提出工程项目的使用要求,而将勘察设计、设备选购、工程施工、材料供应、试车验收等工作,通过招投标方式全部委托给一家承包商去做,竣工后接过钥匙即可启用。承担这种任务的承包商有的是科研、设计、施工一体化公司,有的是设计、施工、物资供应和设备制造厂家以及咨询公司等组成的联合集团。我国把这种管理形式称为"全过程承包"或工程项目总承包。这种管理形式如图 4-3 所示。

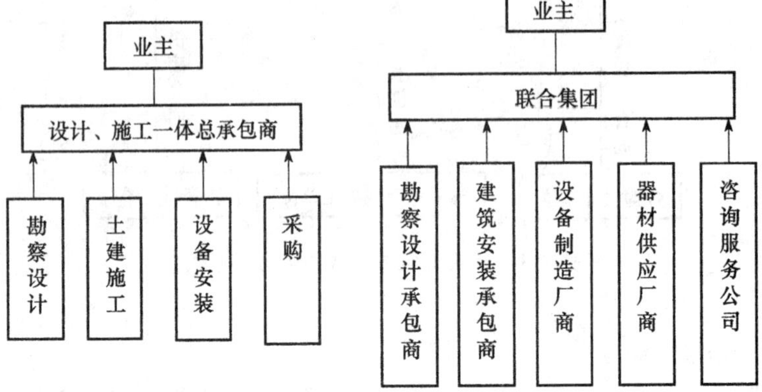

图 4-3　项目总承包式

4) 项目管理承包模式(PMC)

项目管理承包模式,也称工程托管式,即业主将整个工程项目的全部工作,包括可行性研究、场地准备、规划、勘察设计、材料供应、设备采购、施工监理及工程验收等全部任务,都委托给工程项目管理专业公司(工程监理公司或项目管理咨询公司)去做,工程项目管理专业公司派出项目经理再进行招标或组织有关专业公司共同完成整个建设项目。这种形式的优点是实施效率高,工期短,减少了设计和施工方的对立,业主可提前收回投资。如图 4-4 所示。

5) 项目管理咨询模式(PM)

这种方式由业主分别与承包单位和咨询公司签订合同,咨询公司代表业主对承包单位进行管理,是国际上通行的工程管理方式。项目管理咨询模式的三方关系如图 4-5 所示。

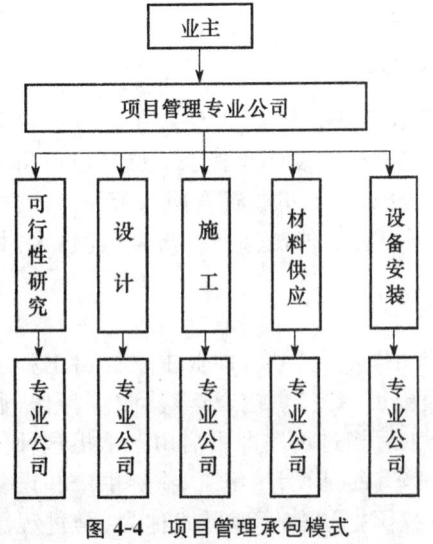

图 4-4　项目管理承包模式

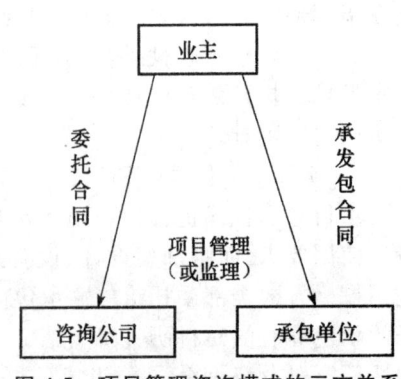

图 4-5　项目管理咨询模式的三方关系

6）代建制模式

代建制是指政府通过招标的方式,选择专业化的项目管理单位,负责项目的投资管理和建设组织实施工作,项目建成后交付使用单位的制度。代建期间,代建单位按照合同约定代行项目建设的投资主体职责。如图 4-6 所示。

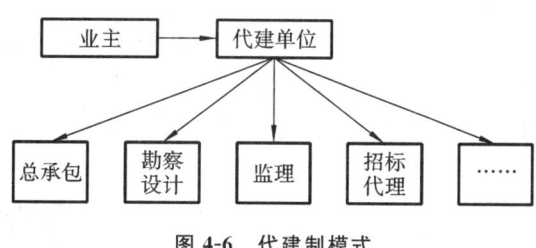

图 4-6 代建制模式

4.2 项目经理部

在工程项目实施之前,首先要做好工程项目管理的组织准备,即建立一个能完成项目管理任务,指挥灵便、运转自如、工作高效的组织机构,这便是项目经理部。

4.2.1 项目经理部设置的目的和原则

1. 项目经理部设置的目的

项目经理部设置的目的是进一步充分发挥项目管理职能,为项目管理服务,提高项目管理整体效率,以达到项目管理的最终目标。

2. 项目经理部设置的原则

1）统一命令、高效精干

项目经理部在保证统一命令、履行必要职能的前提下,要尽量简化机构,减少层次,严格控制二、三线人员,做到人员精干、一专多能、一人多职。

2）幅度合理、协调统一

项目经理部设置、人员编制是否得当合理,关键是科学地确定管理制度。同时大型项目经理部的设置,要注意适当划分管理层次,使每一层次都能保持适当的工作幅度,以便各级领导在职责范围内实施有效的管理。

3）系统管理、协作一致

项目经理部的系统化原则是由其自身的系统性所决定的。项目管理作为一个整体,是由众多子系统组成的,子系统之间存在着大量的"结合部",这就要求项目经理部必须是个完整的组织结构系统,也就说各业务科室的职能之间要形成一个封闭性的相互制约、相互联系的有机整体。协作就是指在专业分工和业务系统管理的基础上,将各部门的分目标与企业的总目标协调起来,使各级和各个机构在职责和行动上相互配合。

4) 组织制衡、恰当授权

项目经理部设置和定员编制的根本目的在于保证项目管理目标的实施。所以要因目标需要设办事机构,按办事职责范围确定人员多少。坚持因事设岗、按岗定人、以责授权,做到责任清晰、不留空白。同时在项目进行中实现制衡,加强监督。

5) 富于弹性、合理流动

项目经理部的弹性和管理人员的流动,是由工程项目的一次性、单件性所决定的。因为项目对管理人员的需求具有质和量的双重要求,所以管理人员的数量和管理的专业要随工程任务的变化而相应地变化,始终保持管理人员与管理工作相匹配。

3. 项目经理部的作用

(1) 项目经理部在项目经理的领导下,作为项目管理的组织机构,负责项目从开工到竣工的全过程管理,是企业在某一工程项目上的管理层,同时对作业层负有管理与服务的双重职能。

(2) 项目经理部是项目经理的办事机构,为项目经理决策提供信息依据,同时要执行项目经理的决策意图,向项目经理全面负责。

(3) 项目经理部是一个组织体,其作用包括:完成企业所赋予的基本任务,如项目管理和专业管理任务等;凝聚管理人员的力量并调动其积极性,促进管理人员的合作;协调部门之间、管理人员之间的关系,发挥每个人的岗位作用;贯彻目标责任制;沟通项目经理部与企业部门之间,项目经理部与作业队之间,项目经理部与建设单位、分包单位、生产要素市场等之间的关系。

(4) 项目经理部是代表企业履行工程承包合同的主体,对最终建筑产品的业主全面负责。

4.2.2 项目经理部的主要形式

项目经理部的主要形式有以下几种。

1. 直线式

这种组织形式的项目经理部中任何一个下级只接受一个上级的命令。各级部门主管人员对所属部门的问题负责,项目经理部不设置职能部门。直线式组织形式如图 4-7 所示。

(1) 特点　机构中各职位都按直线排列,项目经理直接进行单线垂直领导,职责明确,职能专一。

(2) 运用范围　适用于中小型项目。

(3) 优点　人员相对稳定,接受任务快,信息传递迅捷,人事关系容易协调。

(4) 缺点　机构不精简,横向联系困难。

2. 授权式

授权式是按照职能原则建立的项目经理部,在不打乱企业现行建制的条件下,把项目委托给企业内某一专业部门或施工队,由单一部门的领导负责组织项目实施的项目组织形式。如图 4-8 所示。

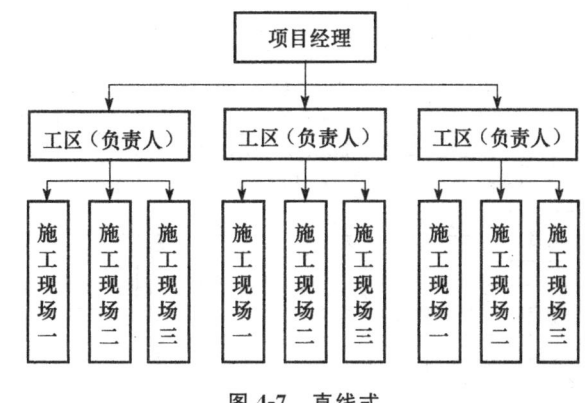

图 4-7　直线式

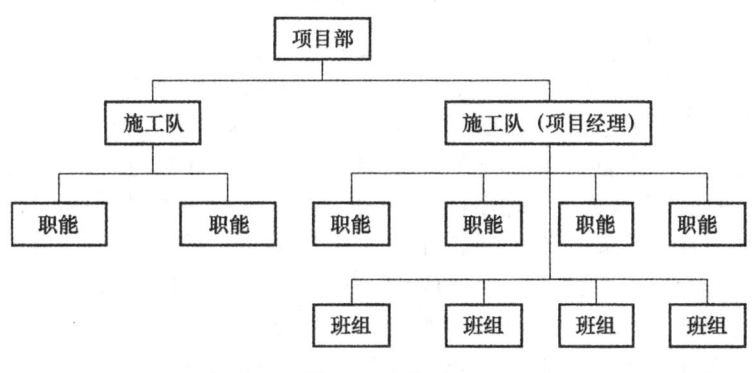

图 4-8　授权式

（1）特点　按职能原则建立项目经理部，不打乱企业现行建制。

（2）适用范围　适用于小型、专业性强、不需涉及众多部门的施工项目。例如煤气管道施工、电缆铺设等项目只涉及少量技术工种，交给某一专业施工队即可，如需要专业工程师，可以从技术部门临时抽调。该项目可以从这个施工队中指定项目经理全权负责。

（3）优点　迅速适应环境，组织机构启动快；职能明确，职能专一，关系简单，便于协调；项目经理无须专门训练便能进入状态，有利于培养人才。

（4）缺点　人员固定，不利于精简机构，不能适应大型复杂项目或者涉及多部门的项目，因而局限性较大。

3. 矩阵式

矩阵式是现代大型项目中运用最广泛的新型组织形式，是目前推行项目法施工的一种较好的组织形式。它吸收了直线式和授权式的优点，发挥职能部门的纵向优势和项目组织的横向优势，把对象原则和职能原则结合起来。从组织职能上看，矩阵式将企业职能和项目职能有机结合在一起，形成了一种纵向职能机构和横向项目机构相交叉的"矩阵"型组织形式。如图 4-9 所示。

在矩阵式组织中，企业的专业职能部门和临时性项目组织同时交互作用。纵

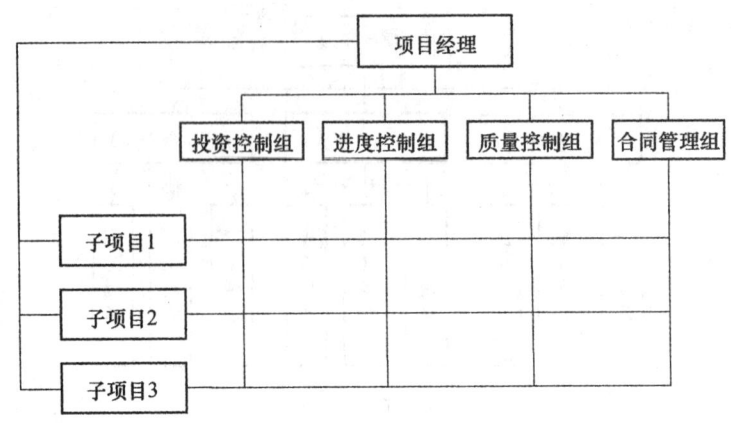

图 4-9 矩阵式

向:职能部门负责人对所有项目中的本专业人员负有组织调配、业务指导和管理的责任。横向:项目经理对参加本项目的各专业人才均负有领导责任,并按项目实施的要求把他们有效地组织协调在一起,为实现项目目标共同配合工作。矩阵中每一个成员都需要接受来自所在部门负责人和所在项目经理的双重领导。与授权式不同,矩阵组织中的专业人员参加项目,其行动不完全受控于项目经理,还要接受职能部门的领导。部门负责人有权根据不同项目的需要和忙碌程度,将本部门专业人员在项目之间进行适当调配。因为不可能所有的项目都在同一时间需要同一种专业人才,专业人员可能同时为几个项目服务。这就充分发挥了特殊专业人才的作用,特别是某种人才稀缺时,可以避免在一个项目上闲置,而在另一个项目上又奇缺的现象,从而大大提高人才的利用率。对于项目经理来说,他的主要职责是高效率地完成项目,凡是本项目组的成员他都有权调动和使用,当感到人力不足或某些成员不得力时,可以向职能部门请求支援或要求调换。这也使项目实施有了多个职能部门作后盾。矩阵式需要在纵向和横向有良好的沟通与协调,因而对整个企业组织和项目组织的管理水平、工作效率和组织渠道的畅通都提出了较高的要求。

(1)特点 将项目机构与职能部门按照矩阵式组成,矩阵式中每个结合部都接受双重领导,部门控制力大于项目控制力;项目经理工作有各职能部门支持,有利于信息沟通、人事调配、协调作战。

(2)适用范围 适用于同时承担多个项目管理的企业以及大型、复杂的施工项目。

(3)优点 项目经理部职能与企业职能部门相同,可发挥各自优势。解决了企业组织和项目组织的矛盾;项目经理无人员包袱,能以尽可能少的人力实现多个项目的高效率管理。

(4)缺点 矩阵中的部门或成员接受的指令源有两个,双重领导形成的矛盾易造成组织上的不稳定;矩阵式组织形式对企业管理水平、项目管理水平、领导者的素质、组织机构的办事效率、信息沟通渠道的畅通均有较高要求,因此要精简组织、分层授权、疏通渠道、理顺关系;由于矩阵式组织形式较为复杂,结合部多,容易造成信息沟通量膨胀和沟通渠道复杂化,信息梗阻和失真,这就要求必须有强有力的组织措施和协调办法以解除难题。为此,层次、职责、授权要明确划分,分歧难以统一时,企业领导要出面及时协调。

4. 事业部式

事业部式组织形式中,事业部在企业内作为派往项目的管理班子,在企业外具有独立法人资格。如图 4-10 所示。

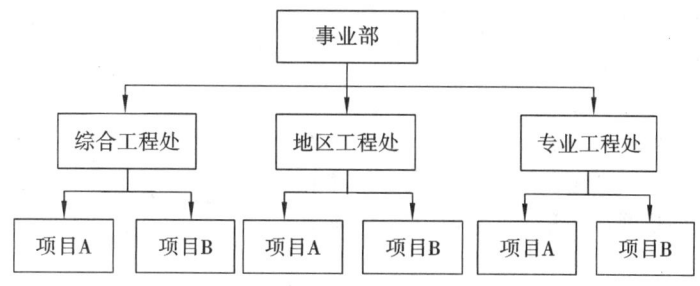

图 4-10　事业部式

(1)特点　事业部对企业内部来说是职能部门,对企业外部来说享有相对独立的经营权,可以是一个独立单位。它具有相对独立的自主权、相对独立的利益、相对独立的市场,这三者构成事业部的基本要素。事业部可以按地区设置,也可以按工程类型或经营内容设置。事业部能较迅速适应环境变化,提高企业的应变能力,调动部门积极性。当企业向大型化、智能化发展并实行作业层和经营管理层分离时,事业部式的组织形式是一种很受欢迎的选择,既可以加强经营战略管理,又可以加强项目管理;事业部(一般为企业中的工程部或开发部,对外工程公司是海外部)下设项目经理部,项目经理由事业部选派,一般对事业部负责,有的可能直接对业主负责,根据其授权程度决定。

(2)适用范围　事业部式组织形式适用于大型经营性企业的工程承包,特别是处于繁荣期的和远离公司本部的工程承包。需要注意的是,一个地区只有一个项目,没有后续工程时,不宜设立地区事业部。它适用于在一个地区有长期市场或一个企业有多种专业化施工力量时采用。在这些情况下,事业部与地区市场同寿命,地区没有项目时,该事业部应予撤销。

(3)优点　事业部式组织形式不仅有利于延伸企业的经营职能,扩大企业的经营业务,适应环境,便于开拓企业的业务领域,还有利于迅速适应环境变化以加强项目管理,全面培养人才。

(4)缺点　企业对项目经理部的约束力减弱,难以协调、指导,有时会造成企业结构松散,易产生内耗。因此,必须加强制度约束,加强企业的综合协调能力。

4.2.3　项目经理部形式的选择

选择项目经理部形式,应综合考虑企业的素质、任务、条件、基础和工程项目的规模、性质、内容、要求的管理方式等多种影响因素,据此选择最适宜的项目组织机构。各种因素对项目经理部形式的影响如表 4-1 所示。

表 4-1 选择项目经理部形式考虑因素

项目经理部形式	项目性质	施工企业类型	企业人员素质	企业管理水平
授权式	小型项目,简单项目,只涉及个别少数部门的项目	小型建筑企业,业务单一的企业,基本保持直线职能制的企业	素质较低,力量薄弱,人员构成单一	管理水平较低,基础工作较差,项目经理难找
矩阵式	多工种、多部门、多技术配合的项目,管理效率要求很高的项目	大型综合建筑企业,经营范围很宽、实力很强的建筑企业	文化素质、管理素质、技术素质很高,人员一专多能	管理水平很高,沟通渠道畅通,信息沟通灵敏,管理经验丰富
事业部式	大型项目,远离企业基地的项目,事业部制企业承揽的项目	大型综合建筑企业,经营能力很强的企业,海外承包企业,跨地区承包企业	人员素质高,项目经理强,专业人才多	经营能力强,信息手段强,管理经验丰富,资金实力雄厚

大型综合企业,人员素质好,管理基础强,业务综合性强,可以承担大型任务,宜采用矩阵式、事业部式的项目形式。

简单项目、小型项目、承包内容专一的项目,宜采用授权式项目经理部。

在同一企业内可以根据项目情况采用几种组织形式,如将事业部式与矩阵式的项目经理部结合使用,将授权式项目经理部与事业部式项目经理部结合使用等,但不能同时采用矩阵式及授权式,以免造成管理渠道和管理秩序的混乱。

4.2.4 项目经理部效果评价

项目经理部确定后,应对其进行评价。基本评价因素如下。

(1) 管理层次及管理跨度的确定是否合适,是否能产生高效率的组织。

(2) 职责分明程度 是否将任务落实到各基本组织单元。

(3) 授权程度 项目授权是否充分,授权保证的程度,授权的范围等。

(4) 精简程度 在保证工作顺利完成的前提下,项目经理部成员有多少。

(5) 效能程度 是否能充分调动人员积极性,高效完成任务。

采用加权分析法,根据所列评价因素在授权式项目经理部中的重要程度及对项目经理部的影响程度,分别给予一定的权数,然后对各因素打分,计算加权值,以作评价。

4.2.5 项目经理部的解体

项目经理部是一次性的、具有弹性的现场生产组织机构,工程临近结尾时,业务管理人员及项目经理要陆续撤走。因此,必须重视项目经理部的解体和善后工作。善后工作小组以项目经理为首,在解体前成立。项目经理部还应做好效益审计、评估,债权、债务处理和纠纷、裁决事宜。

项目经理部解体必须符合一些条件,如工程项目已竣工验收;已协助企业与业主签订工程保修书;项目管理目标责任书中所要求的有关任务已履行完毕,并经承包人审计合格;善后工作已与企业协商一致,并办理了有关手续。

项目经理部的解体和善后工作目前尚没有统一的制度,但在实践中一些企业创造了一些可行的办法供借鉴。

1. 项目经理部解体程序与善后工作

(1)企业工程管理部门是项目经理部组建和解体善后工作的主管部门,主要负责项目经理部的组建及解体后工程项目在保修期间的善后问题处理,包括因质量问题造成的返(维)修、工程剩余价款的结算等。

(2)工程项目在全部竣工交付验收签字之日起 15 天内,项目经理部要根据工作需要向企业工程管理部门提交项目经理部解体申请报告。

(3)项目经理部在解聘工作业务人员时,为使其在人才劳务市场有一个回旋的余地,要提前发给解聘人员两个月的岗位效益工资,并给予有关待遇。从解聘第 3 个月起(含解聘合同当月),其工资福利待遇在新的被聘单位领取。

(4)项目经理部解体前,应成立以项目经理为首的善后工作小组,其留守人员由主任工程师以及技术、预算、财务、材料工作部门各一人组成,主要负责剩余材料的处理、工程价款的回收、财务账目的结算等,以及解决与甲方有关的遗留事宜。善后工作一般规定为 3 个月(从工程管理部门批准项目经理部解体之日起计算)。

(5)工程项目完成后,还要考虑项目的保修问题,因此,在项目经理部解体与工程结算前,凡是未满一年保修期的竣工工程,要由经营和工程部门根据竣工时间和质量等级确定工程保修费的预留比例。保修费分别交公司工程管理部门统一包干使用。

2. 项目经理部效益审计评估和债权债务处理

(1)项目经理部剩余材料原则上转售处理给公司物资设备部,材料价格依据新旧情况按质论价,由双方商定,如双方发生争议可由经营管理部门协调裁决;对外转售必须经公司主管领导批准。

(2)项目经理部自购的通信、办公等小型固定资产,必须如实建立台账,按质论价,移交企业。

(3)项目经理部的工程成本盈亏审计以该项目工程实际发生成本与价款结算回收数为依据,由审计部门牵头,预算、财务、工程部门参加,写出审计评估报告。

（4）项目经理部的工程结算、价款回收及加工订货等债权债务的处理，由留守小组在三个月内全部完成。如三个月未能全部收回又未办理任何符合法规手续的，其差额部分作为项目经理部成本亏损额计算。

（5）工程项目综合效益审计评估除完成承包合同规定指标以外仍有盈余者，按规定比例分成，留给项目经理部的可作为项目经理部的管理奖；整个经济效益审计为亏损者，其亏损部分一律由项目经理负责，按相应奖励比例从其管理人员风险（责任）抵押金和工资中补扣。

（6）项目经理部解体善后工作结束后，项目经理离任重新投标或聘用前，必须按上述规定做到人走账清，不留任何"尾巴"。

3. 项目经理部解体时的有关纠纷裁决

项目经理部与企业有关职能部门发生矛盾时，由企业经理裁决；项目经理部与劳务、专业分公司及作业队发生矛盾时，按业务分工由企业劳动人事管理部门、经营部门和工程管理部门裁决。所有仲裁的依据原则上是双方签订的合同及有关的签证。

4.3 项目经理

4.3.1 项目经理的含义

项目经理是指受企业法定代表人委托和授权，在建设工程项目中担任项目经理岗位职责，直接负责工程项目的组织实施者，对建设工程项目实施全过程全面负责的项目管理者。

项目经理是建设工程项目的责任主体，企业法定代表人在项目上的委托代理人。项目经理在项目中是最高的责任者、组织者，是项目决策的关键人物，在项目管理中处于中心地位。

4.3.2 项目经理的任务

（1）确定项目管理组织机构的构成并配备人员，制定规章制度，明确有关人员的职责，组织项目经理部开展工作。

（2）确定管理总目标和阶段目标，进行目标分解，制订总体控制计划，并实施控制，确保项目建设成功。

（3）及时、恰当地作出项目管理决策，包括前期工作决策、招标决策（或投标报价决策）、人事任免决策、重大技术措施决策、财务工作决策、资源调配决策、进度决策、合同签订及变更决策，严格执行合同。

（4）协调本组织机构与各协作单位之间的协作配合及经济、技术关系，代表企业法定代表人进行有关签证，并进行相应监督、检查，确保质量、工期及投资的控制和实施。

（5）建立完善内部和外部信息管理系统。项目经理既作为指令信息的发布者，又处于外部信息及基层信息的集中点，同时要确保组织内部横向信息联系、纵向信息联系、本单位与外部信息联系畅通无阻，保证工作高效率地展开。

（6）实施合同，以合同管理为核心进行工程项目的全面管理。

4.3.3 项目经理的责、权、利

1. 项目经理的主要职责

项目经理的主要职责是做好工程施工现场的组织管理和协调工作，控制工程成本、工期和质量，按时竣工交验。具体内容如下。

（1）代表企业实施施工项目管理。贯彻执行国家法律、法规、方针、政策和强制性标准，执行企业的管理制度，维护企业的合法权益。

（2）履行项目管理目标责任书规定的义务。

（3）组织编制项目管理实施规划。

（4）对进入现场的生产要素进行优化配置和动态管理。

（5）建立质量管理体系和安全管理体系并组织实施。

（6）在授权范围内负责与企业管理层、劳务作业层、各协作单位、发包人、分包人和监理工程师等的协调，解决项目实施中出现的问题。

（7）按项目管理目标责任书处理项目经理部与国家、企业、分包单位以及职工之间的利益分配。

（8）进行现场文明施工管理，发现和处置突发事件。

（9）参与工程竣工验收，准备结算资料和分析总结，接受审计。

（10）处理项目经理部的善后工作。

（11）协助企业进行项目的检查、鉴定和评奖申报。

2. 项目经理应具有的权限

（1）参与企业组织的施工项目投标和签订施工合同工作，即决策参与权。

（2）经授权组建项目经理部，确定项目经理部的组织结构，选择、聘任管理人员，确定管理人员的职责，并定期进行考核、评价和奖惩，即人事选择权。

（3）在企业财务制度规定的范围内，根据企业法定代表人授权和施工项目管理的需要，决定资金的投入和使用，决定项目经理部的计酬办法，即财务使用权。

（4）在授权范围内，按物资采购程序文件的规定行使采购权，即物资采购权。

（5）根据企业法定代表人授权或按照企业的规定选择、使用作业队伍，即人力资源调度权。

（6）主持项目经理部工作，组织制定施工项目的各项管理制度，即计划制订权和日常工作管理权。

（7）根据企业法定代表人授权，协调和处理与施工项目管理有关的内部与外部

事项,即人事协调权。

3. 项目经理应享有的利益及责任

(1) 获得基本工资、岗位工资和绩效工资。

(2) 除按项目管理目标责任书可获得物质奖励外,还可获得表彰、记功、优秀项目经理等荣誉称号。

(3) 考核和审计,未完成项目管理目标责任书规定的项目管理责任目标或造成亏损的,应按其中有关条款承担责任,并接受经济或行政处罚。

4.3.4 项目经理的素质

1. 国外项目管理专家的观点

美国著名项目管理专家约翰·宾认为,项目经理应具备的素质有以下6条。

(1) 具有本专业技术知识。

(2) 有工作干劲,主动承担责任。

(3) 具有成熟而客观的判断能力。成熟是指有经验,能够看出问题;客观是指能看到最终目标,而不是只顾眼前。

(4) 具有管理能力。

(5) 诚实可靠,言行一致,答应的事就一定做到。

(6) 机警、精力充沛,能够吃苦耐劳,随时准备着应对可能发生的事情。

2. 我国项目管理实践的要求

根据我国的项目管理实践,项目经理应具备的素质可概括为以下基本条件。

1) 品格素质

项目经理的品格素质是指项目经理从行为作风中表现出来的思路、认识、品行等方面的特征,如对国家民族的忠诚,良好的社会道德品质,管理道德品质,诚实可靠、言行一致的品格。要有职业道德、敬业精神、强烈的管理愿望,任劳任怨、忠于职守,勇于正视错误,实事求是。

2) 能力素质

能力素质是项目经理整体素质体系中的核心素质。它表现为项目经理把知识和经验有机结合起来运用于项目管理的能力,对于项目经理来说,知识和经验固然十分重要,但是归根结底要落实到能力上,项目经理的能力大小直接影响和决定项目管理成功与否,概括起来,包括6个方面。

(1) 决策能力 决策能力集中体现在项目经理的战略战术决策上,即能够正确做出各项决策并实现。要有全局观,勇于承担责任和风险。要有长期、丰富的实践经验。从决策程度来看,项目经理的决策能力可分解为收集与筛选信息的能力,确定多种可行方案的能力,选优抉择的能力。

(2) 组织能力 项目经理的组织能力是指设计组织结构,配合组织成员以及确定最终规范的能力,还包括成熟的判断力、思维能力和随机应变的能力。能够运用现代管理理论,建立科学的、分工合理的、配套的高效精干的组织机构,确定一整套保证组织有效运转的规范,并能够合理配备组织成员,做到知人善任。

（3）创新能力　项目经理的创新能力可归纳为嗅觉敏锐、想象力丰富、思路开阔、设想多样、提法新颖等特征。项目经理必须具备创新能力,这是由项目活动的竞争性所决定的。

（4）协调与控制能力　项目经理作为项目的最高领导者必须具有良好的语言表达能力、协调与控制能力,而且项目的规模越大,能力要求越高。项目经理的协调与控制能力是指正确处理项目内外的各方面关系,控制项目资源配置,全面实施项目的总体目标;有良好的合作精神,能公开、公平、公正地处理事务。从项目与外部环境的关系来说,经理的协调能力还包括协调项目与政府、社会、各方面协作者之间的关系,尽可能地为项目创造有利的外部条件,减少或避免不利因素的影响。

在项目经理的协调能力中,最重要的是协调人与人之间的关系,因为项目的内外部关系很大程度上表现为人与人之间的关系。协调能力得以实施的手段是沟通,应倾听各方意见,通过沟通和交流达到相互间的理解和支持。

（5）激励能力　项目经理的激励能力可以理解为调动下属积极性的能力。从行为科学角度看,激励能力表现为项目经理所采用的激励手段使下属士气提高。

（6）社交能力　项目经理的社交能力即和企业内外、上下、左右有关人员打交道的能力。待人接物技巧高的项目经理会受到下属的欢迎,因而有助于协调与下属的关系;反之,则常常引起下属反感,造成与下属关系紧张甚至出现疏离状态。在现代社会中,项目经理仅与内部人员发生交往远远不够,还必须善于同企业外部的各种机构和人员打交道,这种打交道不应是一种被动的行为或单纯的应酬,而是在外界树立起良好形象,这关系到项目的生存和发展。注重社交并善于社交的项目经理,往往能赢得更多的投资者和合作者,使项目得到强有力的外界支持。

3）知识素质

法约尔曾经指出,构成企业领导人的专门能力有技术能力、商业能力、财务能力、管理能力、安全能力等。每一种能力都是以知识为基础的。因此,项目经理应该具备解决问题所必需的知识。项目经理应具备专业知识和广博的知识面,并懂得在实践中不断深化和完善自己的知识结构。

4）身体素质

由于项目经理担当繁重的工作,而且工作条件和生活条件都因现场性强而相当艰苦,因此项目经理必须年富力强、身体健康、精力充沛,并具有坚忍的意志。

第5章 项目管理规划

【知识点及学习要求】

知　识　点	学　习　要　求
知识点1：项目管理规划的概念及分类	了解项目管理规划的概念、分类
知识点2：项目管理规划的内容	掌握项目管理规划大纲的内容，了解项目管理实施规划
知识点3：项目管理规划的作用	了解项目管理规划的作用
知识点4：项目管理规划编制	熟悉项目管理规划内容，掌握项目管理规划的编制

5.1 项目管理规划的概念及分类

5.1.1 项目管理规划的概念

项目管理规划是对项目管理各项工作全过程中的各种管理职能、各种管理过程、各种管理活动以及各种管理要素进行的综合、完整、全面的总体计划，包含目标、政策、程序、任务分配、采取的步骤方法、使用的资源及为完成工作所需的其他因素。目的是确定项目管理的目标、依据、内容、组织、资源、方法、程序和控制措施，以保证项目正常进行和项目成功。

5.1.2 项目管理规划的分类

项目管理规划种类较多，参加项目建设各方均需编制相应的项目管理规划，以满足不同规模、不同复杂程度、不同类型的项目管理需要。按照我国《建设工程项目管理规范》(GB/T 50326—2017)(以下简称《规范》)的有关规定，项目管理规划可按项目管理组织、编制项目管理规划的范围、编制目的的不同分类。项目管理规划的分类如图5-1所示。

1. 按管理组织分类

按编制项目管理规划的组织分类，项目管理规划分为建设单位的项目管理规划，设计单位的项目管理规划，监理单位的项目管理规划，施工单位的项目管理规划，咨询单位的项目管理规划，项目管理单位的项目管理规划等。

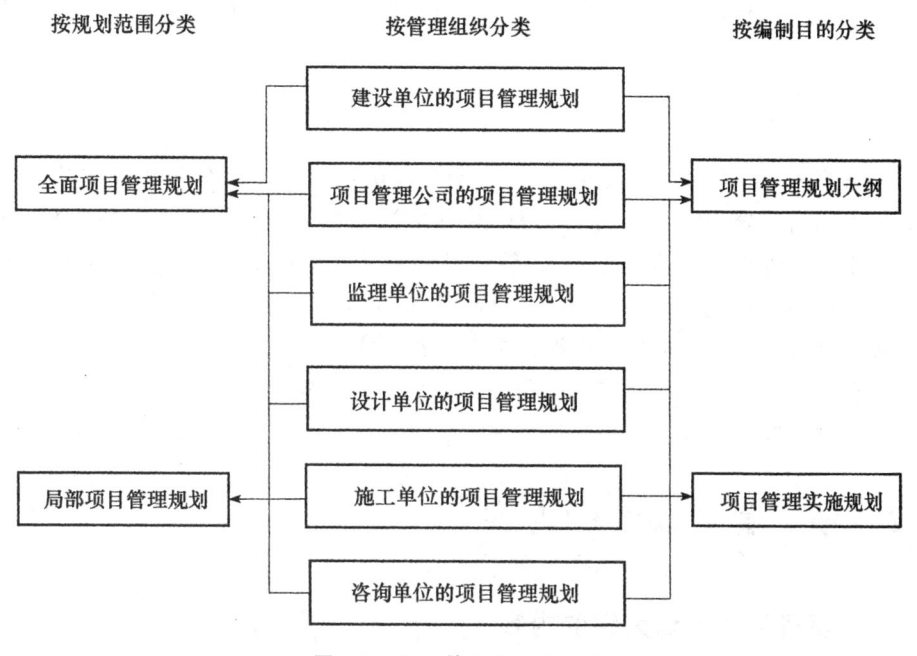

图 5-1　项目管理规划的分类

2. 按规划范围分类

按编制项目管理规划的范围分类,项目管理规划可分为局部项目管理规划和全面项目管理规划。

1）局部项目管理规划

局部项目管理规划是针对项目管理中的某个部分或某个专业的问题进行的规划,其针对性强。

2）全面项目管理规划

全面项目管理规划是对一个项目的全部范围和全部内容进行的完整的、系统的和全面的管理规划。每个项目都必须有一个全面的项目管理规划大纲和全面的项目管理实施规划。通常建设单位、项目管理公司(咨询公司)、总承包商(交钥匙承包)等需编制全面项目管理规划。

3. 按编制目的分类

按编制目的不同,项目管理规划可分为项目管理规划大纲和项目管理实施规划。

1）项目管理规划大纲

项目管理规划大纲对项目管理的全过程进行规划,为全过程的项目管理指出方向。由企业管理层或其委托的项目管理单位编制。它在项目管理工作中具有战略性、全局性和宏观性。用于满足战略上、总体控制上和经营上的需要。

参加项目建设各方均需编制项目管理规划大纲。设计单位、施工单位、监理单位等投标人通过其编制的项目管理规划大纲体现项目管理总体构想,显示技术和管理方案的可行性和先进性,指导投标工作,利于投标竞争,作为中标后签订合同的依据。此外项目管理规划大纲还是中标单位签订合同后、工程开工前编制项目管理实施规划的依据。

2) 项目管理实施规划

项目管理实施规划是在中标后、项目实施前由项目经理组织编制。它以项目管理规划大纲为指导,在此基础上加以细化,并根据项目管理的需要进行补充而形成,具体规定各项管理任务的目标要求、管理部门及管理者的职责分工、项目实施的管理方法以及项目实施的过程安排,为履行合同和完成项目管理目标责任书的任务做出明确、具体的计划,为项目管理提供具体的指导文件。

项目管理实施规划具有作业性和可操作性。除了建设单位之外,其他各单位在中标并签订合同之后都要编制项目管理实施规划,用于指导项目具体实施。

5.2　项目管理规划的内容

5.2.1　项目管理规划大纲的内容

(1) 项目概况。

项目概况包括项目基本情况描述、项目实施条件分析和项目管理基本要求等。

①项目基本情况描述包括:投资规模、工程规模、使用功能、工程结构与构造、建设地点、基本的建设条件(合同条件、场地条件、法规条件、资源条件)等。项目的基本情况描述可以用一些数据指标描述。

②项目实施条件分析包括:发包人条件,相关市场条件,自然条件,政治、法律和社会条件,现场条件,招标条件等。这些资料来自环境调查和发包人在招标过程中提供的资料。

③项目管理基本要求包括:法规要求、政治要求、政策要求、组织要求、管理模式要求、管理条件要求、管理理念要求、管理环境要求、有关支持性要求等。

(2) 项目范围管理。

项目范围管理规划要通过工作分解结构图实现,并对分解的各单元进行编码及编码说明。既要对项目的过程范围进行描述,又要对项目的最终可交付成果进行描述。项目管理规划大纲的项目工作结构分解可以粗略一些。

(3) 项目管理目标。

①项目管理的目标通常包括两个部分。

一是合同要求的目标。合同规定的项目目标是必须实现的,否则必须接受合同或法律的处罚。

二是对组织自身要完成的目标。项目管理目标规划应明确进度、质量、职业健康安全、环境、成本等的总目标,并进行可能的分解。这些目标是项目管理的努力方向,也是管理成果的体现,故必须进行可行性论证,提出纲领性的措施来。

②有时组织的总体经营战略和本项目的实施策略会产生一些项目的目标,应一并加以规划。

③项目管理的目标应尽可能定量描述,可执行、可分解,在项目实施过程中可以用目标进行控制,在项目结束后可以用目标对项目经理部进行考核。

④项目的目标水平应能够通过努力实现,不切实际的过高目标会使项目经理部失去努力的信心;过低的目标会使项目失去优化的可能,企业经营效益会降低。

⑤项目管理目标规划应满足顾客的需求,赢得顾客的信任。这里的顾客主要是发包人,也可能是分包的总包人或其他项目管理任务的提供人。

(4) 项目管理组织。

项目管理组织规划应包括组织结构形式、组织构架图、项目经理、职能部门、主要成员人选、拟建立的规章制度等。

项目的组织规划应符合本组织的项目组织策略,有利于项目管理的运作。

在项目管理规划大纲中不需要详细描述项目经理部的组成状况,仅需要原则性地确定项目经理、总工程师等人选。按照发包人招标的要求,项目经理和/或技术负责人需要在发包人的澄清会议上进行答辩,所以项目经理或技术负责人必须尽早任命,并尽早介入项目的投标过程。这是为了保证项目管理的连续性。

(5) 项目采购与投标管理。

项目采购规划应依据采购人的需求,识别与采购有关的资源过程,包括采购什么,何时采购,询价,评价并确定参加投标的分包人,分包合同结构策划,采购文件的内容和编写等。

项目投标管理应基于投标人的角度,策划项目投标与经营活动,包括围绕项目发包人需求,编制投标文件并按照约定进行投标。投标策划活动的关键是对于风险及其自身履约能力的评估。

(6) 项目成本管理。

①组织应提出完成任务的预算和成本计划。成本计划应包括项目的总成本目标,按照总成本目标进行成本分解的子目标,保证成本目标实现的技术、组织、经济和合同措施。

②成本计划目标应留有一定的余地,并有一定的浮动区间,以激发生产人员和管理者的积极性。

③成本目标的确定应反映如下因素的要求:任务的范围、特点、性质;招标文件规定的责任;环境条件;完成任务的实施方案等。

④成本目标是组织投标报价的基础,将来又会作为对项目经理部的成本目标责任和考核奖励的依据。它应反映实际开支,所以在确定成本目标时不应考虑组织的经营战略。

(7) 项目进度管理。

①项目进度管理规划应包括进度的管理体系、管理依据、管理程序、管理计划、管理实施和控制、管理协调等内容的规划。

②应说明招标文件要求的总工期目标,总工期目标的分解,主要的里程碑事件及主要工程活动的进度计划安排、进度计划表。应规划出保证进度目标实现的组织、经济、技术、合同措施来。

③项目管理规划大纲中的工期目标与总进度计划不仅应符合招标人在招标文件中提出的总工期要求,而且应考虑到各种环境条件的制约、工程的规模和复杂程度、组织可能有的资源投入强度,要有可行性。在制定总进度计划时应参考已完成的当地同类项目的实际进度状况。

④进度计划宜采用横道图的形式,并注明主要事件。

(8)项目质量管理。

①项目管理规划大纲确定的质量目标应符合招标文件规定的质量标准,应符合国家(和地方)的法律、法规、规范的要求,并体现组织的质量追求。

②项目管理工作方案、质量管理体系、质量保证措施、质量控制活动等均应进行规划,以保证质量目标的实现。

(9)项目安全生产管理。

①应对职业健康安全和安全管理体系的建立和运行进行规划。

②应对危险源进行预测,对控制方法进行粗略规划。

③应编制有战略性和针对性的安全技术措施计划和环境保护措施计划。

④对于施工项目管理组织,过程的职业健康安全和环境保护尤为重要。

建设项目管理规划大纲和设计项目管理规划大纲还应特别重视项目产品的职业健康安全性。

(10)绿色建造与环境管理。

①要对绿色建造与环境管理体系的建立和运行进行规划。

②要对环境因素进行预测,对控制方法进行设计、施工一体化规划。

③要编制有战略性和针对性的环境技术措施计划和环境保护措施计划。

④对于施工项目管理组织,过程的环境保护十分重要。

建设项目管理规划大纲和设计项目管理规划大纲还应特别重视项目产品的环境保护性。

(11)项目资源管理。

项目资源规划要识别与工程需求有关的资源和过程,包括需要什么、何时需要,询价,评价并确定参加资源提供的分包人,分包合同结构策划,资源采购文件的内容和编写等。

项目资源管理规划包括识别、估算、分配相关资源,安排资源使用进度,进行资源控制的策划等,涉及劳务、施工机具与设施、材料等,这些资源的采购与使用成为资源管理的重点工作。

（12）项目信息管理。

项目信息管理规划的内容包括：信息管理体系的建立，信息流的设计，信息收集、处理、储存、调用等的构思、软件和硬件的获得及投资等。

（13）项目沟通与相关方管理。

项目沟通管理规划的内容包括：项目的沟通关系，项目沟通体系，项目沟通网络，项目的沟通方式和渠道，项目沟通计划，项目沟通依据，项目沟通障碍与冲突管理方式，项目协调组织、原则和方式等。

（14）项目风险管理。

①应根据工程实际情况对项目的主要风险因素做出预测，并提出相应的对策措施，提出风险管理的主要原则。

②项目管理规划大纲阶段对风险的考虑较为宏观，着眼于市场、宏观经济、政治、竞争对手、合同、发包人资信等。

③在项目管理规划大纲中可选择的风险对策措施如下。

a.回避风险大的项目，选择风险小或适中的项目。对于风险超过自己的承受能力、成功把握不大的项目，不参与投标。

b.技术措施。如选择有弹性的、抗风险能力强的技术方案，而不用新的、未经过工程实践的、不成熟的方案；对地理、地质情况进行详细勘察或鉴定，预先进行技术实验、模拟，准备多套备选方案，采用各种保护措施和安全保障措施。

c.组织措施。对风险很大的项目加强计划工作，选派最得力的技术和管理人员，特别是项目经理；在同期实施的项目中提高优先级别，在实施过程中严密地控制。

d.购买保险。例如常见的工程损坏、第三方责任、人身伤亡、机械设备的损坏等，可通过购买保险的办法解决。

e.要求对方提供担保（或反担保），出具资信证明。

f.在投标报价中，根据风险的大小以及发生可能性（概率）在报价中加上一笔不可预见风险费作为风险准备金。

g.采取合作方式共同承担风险，例如通过分包、联营承包，与分包人共同承担风险。

h.通过合同条款的约定分配有关风险。

（15）项目收尾管理。

项目的收尾管理规划包括工作成果验收和移交、费用的决算和结算、合同终结、项目审计、售后服务、项目管理组织解体和项目经理解职、文件归档、项目管理总结等。

5.2.2　项目管理实施规划的内容

项目管理实施规划包括以下内容：

①项目概况；②项目总体工作安排；③组织方案；④设计与技术措施；⑤进度计

划;⑥质量计划;⑦成本计划;⑧安全生产计划;⑨绿色建造与环境管理计划;⑩资源需求与采购计划;⑪信息管理计划;⑫沟通管理计划;⑬风险管理计划;⑭项目收尾计划;⑮项目现场平面布置图;⑯项目目标控制计划;⑰技术经济指标。

5.3 工程项目管理规划的作用

与传统的计划不同,工程项目管理规划范围更大,综合性更强,表现在以下方面。

(1)它是对项目构思、项目目标更为详细的论证。总目标确定后,要分析总目标能否实现,总目标确定的工期、费用、功能要求能否保证,能否达到综合平衡。

(2)规划结果,是许多更细、更具体的目标的组合,是各个阶段的责任划分及中间决策的依据。通过项目管理规划,做好项目组织规划、工作程序规划,使项目质量管理、进度管理、成本管理、安全管理、风险管理等各项管理工作有秩序地进行,为项目管理的成功提供最基本的保证。

(3)它是项目管理实际工作的指南和项目实施控制的依据。通过项目管理规划落实各级管理者包括项目经理、技术负责人等的项目管理任务和职责,明确各级管理部门的任务和职责,使管理者和管理部门在项目管理中发挥重要作用。依据项目管理规划按部就班地实施各项具体工作,使工作的开展有章可循、有据可依。

(4)它为业主和其他方面(如投资者)提供可以了解和利用的项目管理规划信息。项目管理规划作为项目经理部工作成效的考核依据,对其起到促进和激励作用。

5.4 项目管理规划编制

5.4.1 项目管理规划编制涉及的问题

1. 项目管理规划的编制要求

(1)目标研究与分解 项目管理规划是为保证实现项目管理总目标而做的总体安排,目标显然是其灵魂,必须详细分析项目总目标、总任务,并与相关各方达成共识。

(2)符合实际 项目管理规划的制定和执行过程中应进行充分的调查研究,以保证其科学性和实用性。包括符合环境条件,反映项目自身的客观规律和相关各方的实际情况。

(3)全面性 项目管理规划应当包括项目管理各个方面和各种要素,对项目管理各方面做出安排,提供相应保证,形成一个非常周密的多维系统。

(4)内容的完备性和系统性 由于项目管理对项目实施和运营起重要作用,项目管理规划的内容必然十分广泛,涉及项目管理的各个方面。

(5)集成化 项目管理规划所涉及的各项工作之间应有很好的接口。项目管理规划体系应反映规划编制的基础工作,规划的各项工作,以及规划编制完成后的相关工作之间的系统联系。

(6)有弹性,留有余地 由于项目管理规划在执行过程中会受到许多因素的干扰,编制时需要留有余地。

(7)风险分析 项目管理规划中必须包括相应的风险分析内容,对可能发生的困难、问题和干扰做出预测,并提供预防措施。

2. 项目管理规划工作的内容

(1)目标分析 项目立项后,其总目标已经确定,通过对总目标的研究和分解即可确定阶段性的项目管理目标。

(2)实施环境分析 在规划工作中,掌握相应的项目环境信息,是开展各项工作的前提和重要依据。通过环境调查,确定项目管理规划的环境因素和制约条件,以收集影响项目实施和项目管理规划执行的环境因素资料。

(3)范围划定和工作分解结构 根据项目管理目标,分析和划定项目范围;把工作对象作为一个系统,将它们分解为相互独立、相互影响或制约、相互联系的活动(或过程)。

(4)项目实施方针和组织策略的制定 确定项目实施和管理模式总的指导思想和总体安排。

(5)实施总计划 包括实施总体时间安排、总体实施顺序及总体实施方案。

(6)项目组织设计 确定项目的管理模式和项目实施的组织模式,项目建设期项目组织的基本框架和责、权、利关系的基本思路。

3. 项目管理规划的编制依据

项目管理规划大纲的编制依据有如下内容:①招标文件及业主对招标文件的解释;②对招标文件的分析研究结果;③工程现场情况;④业主提供的工程信息和资料;⑤有关竞争信息;⑥企业决策层的投标决策意见。

项目管理实施规划的编制依据如下:①项目管理规划大纲;②项目条件和环境分析资料;③项目管理目标责任书;④合同及相关文件;⑤相关的法律、法规、规范、标准;⑥项目经理部的管理水平;⑦同类项目的历史资料;⑧项目经理部掌握的有关信息。

5.4.2 项目管理实施规划的编制

《规范》规定,项目管理实施规划应包括下列内容:①项目概况;②项目总体工作安排;③组织方案;④设计方案;⑤进度计划;⑥质量计划;⑦安全生产计划;⑧成本计划;⑨绿色建造与环境管理计划;⑩资源需求与采购计划;⑪风险管理计划;⑫信息管理计划;⑬沟通管理计划;⑭项目收尾管理计划;⑮项目现场平面布置图;⑯项目目标控制措施;⑰技术经济指标。

1. 项目概况

项目概况应包括工程概况、建筑结构概况、自然概况等。项目概况描述应具体、详细。主要内容有：

项目特点具体描述，项目预算费用和合同费用，项目规模及主要任务量，项目用途及具体使用要求，工程结构与构造，地上、地下层数，具体建设地点和占地面积，合同结构图、主要合同目标，现场情况，水、电、暖气、煤气、通信、道路情况，劳动力、材料、设备、构件供应情况，资金供应情况，说明主要项目范围的工作清单，任务分工，项目管理组织体系及主要目标。

2. 项目总体工作计划

项目总体工作计划包括项目管理工作总体目标，项目管理范围，项目管理工作总体部署，项目管理阶段划分和阶段目标，保证计划完成的资源投入、技术路线、组织路线、管理方针和路线等。

对于施工项目来说，总体工作计划近似于施工部署。在施工部署中，应明确下列内容：

①项目的质量、进度、成本及安全目标；②拟投入的最高人数和平均人数；③分包计划；④劳务供应计划；⑤物资供应计划；⑥施工项目范围内的项目专业工作；⑦工程施工区段(或单项工程)的划分及施工顺序安排。

一般用 WBS 图或表来表示承包商所承包施工项目范围内的专业工作。表中应列出工作编码、工作名称、工作范围、目标成本、质量标准或要求、完成时间、责任人等内容。WBS 示意图如图 5-2 所示。

3. 组织方案

项目管理组织与企业管理组织是局部与整体的关系。项目组织的设立是为了充分发挥项目管理职能，提高项目整体管理效率，达到项目管理最终目标。因此，组建一个配合默契的项目管理班子，是参加项目建设各方项目管理成功的关键。

项目管理实施规划中组织方案包括下列内容。

(1) 项目管理组织机构(项目经理部)设置及人员配备。

建立项目管理组织，首先考虑组织机构设置和人员配备。根据项目规模大小、项目复杂程度、项目合同结构等因素确定采用何种项目管理组织形式。项目管理组织机构通常用组织结构图并配以文字说明表达，某项目经理部组织机构如图 5-3 所示。

(2) 项目经理部的人员安排。

(3) 项目经理部各部门的责任矩阵设计。

将项目管理工作落实到项目管理组织的各个部门，形成职责分工矩阵，保证项目管理工作落实到位。表 5-1 所示为某项目责任矩阵。

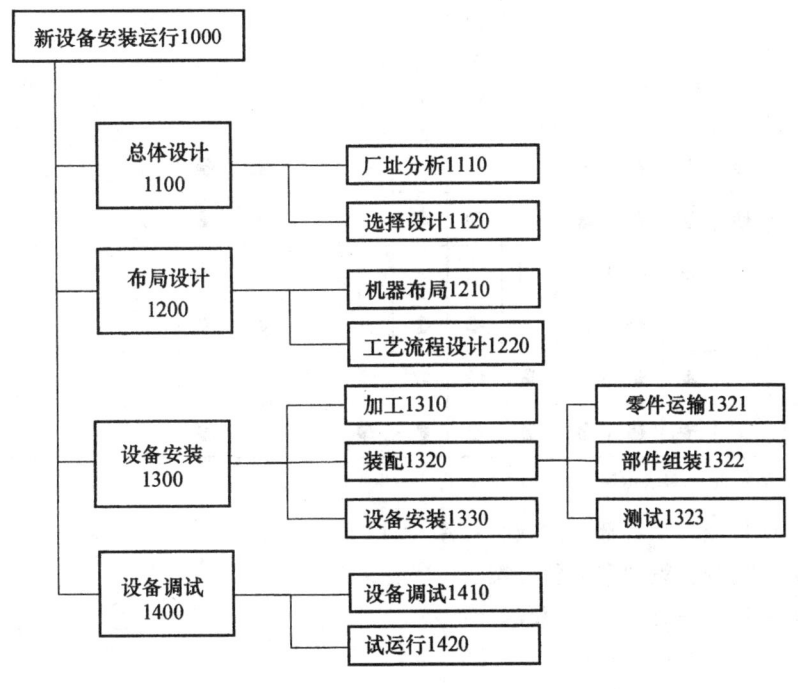

图 5-2　WBS 示意图

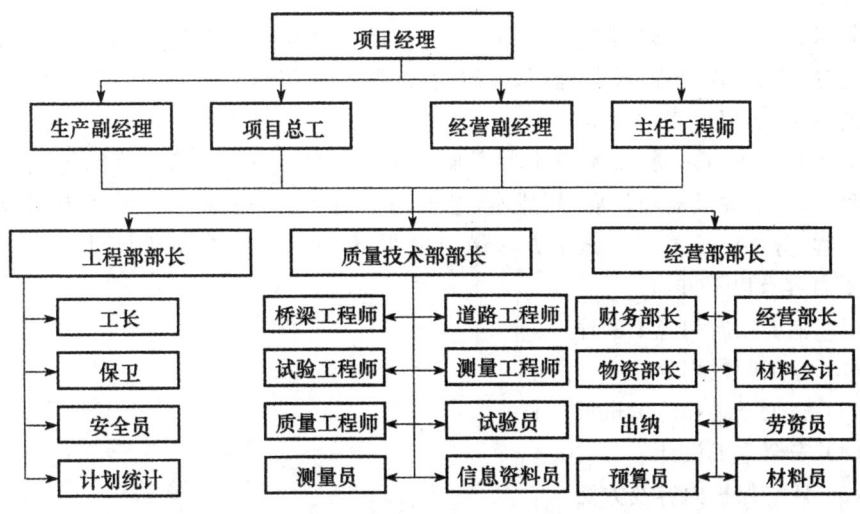

图 5-3　某项目经理部组织机构图

表 5-1　某项目责任矩阵

项目内容	项目经理	土建总工	机电总工	总会计师	工管处	财务处	计划处	机电设备处	合同	设计院	咨询专家	电力局	水电部	中技公司	工程局	施工方
设计	●	●	●	●						▲	●	□	○	□	□	□
招标	●	●	●	●		●	●			▲	●	○	□	□		
施工准备	▲	●		□	□					○	□	□			▲	□
采购	○	□	●	□	□	●	●	▲	□	●	●					
施工		▲	●	□	●	●	●	●	●		●				▲	▲
项目管理	▲	●	●	●	●	●	●	●	●		●				□	□

说明:▲表示负责;●表示辅助;□表示通知;○表示审批。

（4）项目经理部各部门的权力体系设计。

（5）工程分包策划和分包方案。

（6）项目管理总体工作流程。

（7）新设置的制度一览表。

（8）引用的企业已有制度一览表。

（9）材料供应方案。

（10）设备供应方。

4. 技术方案

技术方案指处理项目技术问题的安排,包括项目构造与结构、工艺方法、工艺流程、工艺顺序、技术处理、设备选用、能源消耗、技术经济指标等。技术方案中应辅以必要的图和表,以便表达清楚。

对于施工项目来说,技术方案就是施工方案。切实可行、优化节约的施工方案对项目的影响,尤其对项目质量、成本、进度的影响是至关重要的。施工方案应对各单位工程、分部分项工程的施工方法做出说明,包括进行安全施工设计。施工方案的主要内容有以下方面。

（1）施工流向和施工顺序。

（2）施工阶段划分。

（3）施工方法和施工机械选择。

（4）安全施工设计。

（5）环境保护内容及方法。

5. 进度计划

进度计划是项目计划体系中最重要的计划,是项目综合控制的基准,是为保证实现项目目标,对项目实施过程以及各专业开展活动做出周密、切实可行的预先安排。施工项目进度计划通常由施工总进度计划和单位工程施工进度计划组成。进度计划常用网络图、横道图编制。

（1）进度计划组成包括：①进度计划说明；②进度计划图和表。

（2）与进度计划共同构成项目计划体系的计划有：①人力计划；②材料计划；③机械设备计划；④大型机具计划；⑤计划说明；⑥准备工作计划。

（3）进度计划编制程序，如图 5-4 所示。

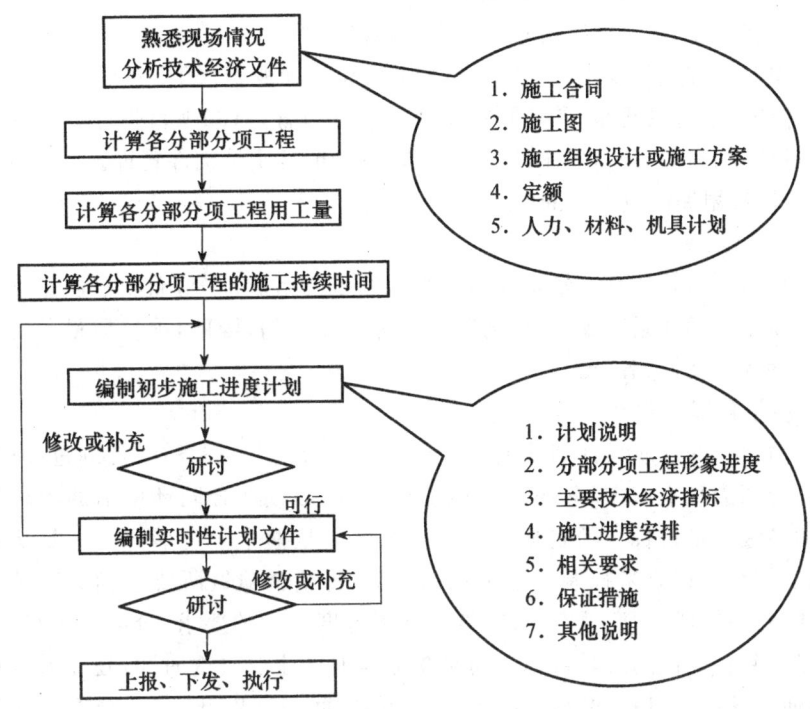

图 5-4　进度计划编制程序

（4）进度计划编制应注意的问题如下。①分级编制。进度计划应分级编制，进度计划的详细程度应满足各层次项目管理的要求或发包人的要求。②应用网络计划技术。进度计划应主要使用网络计划技术，并使用计算机绘图、计算各项工作的时间参数，根据需要输出适用的计划图和表。图应能反映出工艺关系和组织关系。③进度计划其他内容也要尽量详细具体，便于操作。

6. 质量计划

质量计划要按《质量管理体系　要求》(GB/T 19001—2016)中质量策划的要求编制并实施。

1）策划质量目标

质量目标包括满足产品要求所需的内容（产品的质量目标和要求）。质量目标应是可测量的，并与质量方针保持一致。

2）策划质量管理体系

最高管理者应确保质量体系满足质量目标及质量管理体系的总要求,在对质量管理体系的变更进行策划和实施时,要保证质量管理体系的完整性。

3）质量计划还应按《规范》的有关规定执行

(1)《规范》规定,质量计划的编制应依据下列资料:

①合同中有关产品质量要求;②项目管理规划大纲;③项目设计文件;④相关法律法规和标准规范;⑤质量管理其他要求。

(2)《规范》规定,质量计划应包括下列内容:

①质量目标和质量要求;②质量管理体系和管理职责;③质量管理与协调的程序;④法律法规和标准规范;⑤质量控制点的设置与管理;⑥项目生产要素的质量控制;⑦实施质量目标和质量要求所采取的措施;⑧项目质量文件管理。

4）质量计划编制应注意的问题

(1)一致性。

项目质量计划是项目质量管理体系文件的重要组成部分,而项目质量管理体系是在企业质量管理体系基础上,根据项目目标而建立的,因此,项目质量计划要与企业质量管理体系文件相一致。

(2)质量目标应明确具体。

确定质量目标是质量计划编制的首要内容。承包人编制质量计划过程中,应以工程承包合同为基本依据,逐级分解质量目标,以形成在合同环境下的项目质量保证体系的各级质量目标。项目质量目标分解主要从两个角度展开。一是从时间角度展开,实现全过程质量控制。通过目标分解,将整个项目所要达到的产品质量要求与总体施工进度计划联系在一起,按照施工进度计划的要求,分解质量目标,明确什么时候达到什么样的质量目标。同时在工程项目建设关键时期,建立质量目标控制点,以便考核质量目标的完成情况。二是从空间角度展开,实现全方位和全员的质量目标管理。通过目标展开,把质量目标分解到项目实施的各个方面,包括各专业部门、专业施工队、作业班组、岗位,以全面落实质量目标。

7. 安全生产计划(职业健康安全管理与环境管理计划)

项目经理部应按照《建设工程安全生产管理条例》(国务院令第 393 号)、《职业健康安全管理体系要求及使用指南》(GB/T 45001—2020)、《环境管理体系要求及使用指南》(GB/T 24001—2016)等要求,建立并持续改进项目职业健康安全与环境管理体系。项目的职业健康安全管理和环境管理要与企业的职业健康管理和环境管理体系相一致,项目经理应针对项目特点,负责现场职业健康安全管理和环境管理工作的总体策划和部署,建立相应的管理组织机构,制定并落实相应的制度和措施。

(1)职业健康安全技术措施计划编制步骤如下:①工作分类;②识别危险源;③确定风险;④评价风险;⑤制定风险对策;⑥评审风险对策的充分性。

(2)职业健康安全与环境管理计划在项目管理规划大纲中职业健康安全与环境

管理规划的基础上细化下列内容:

①项目的职业健康安全管理点;

②识别危险源,分析评估其风险等级,对不同等级的风险采取不同的对策;

③制定安全技术措施计划;

④制定安全检查计划;

⑤根据污染情况制定防治污染、保护环境的计划。

(3)职业健康安全与环境管理计划编制应注意以下几个方面。

①坚持"安全第一,预防为主"的安全管理原则。

②统筹考虑。安全施工涉及施工的各个环节,编制安全技术措施计划时应根据项目特点,从施工项目整体出发,科学地选择施工方法、施工机械、变配电设施等,可靠地架设临时用电线路,合理布置施工平面。

③重点突出、针对性强。例如,编制季节性施工的安全技术措施时,夏季施工要制定防暑降温措施;雨期施工要制定防雷电措施;冬期施工要制定防火、防大风的措施。再如,对工程施工过程中涉及的比较特殊的作业项目,在编制安全措施时要特别体现。

8. 成本计划

成本计划是在项目目标规划的基础上,结合形象进度计划、成本管理措施、市场信息等,具体确定主要费用项目的成本额以及降低成本的数额,确定成本控制措施与方法,建立成本核算体系,为项目经理部实施项目管理目标责任书提出实施方案。

(1)成本计划应包括以下内容。

①编制说明。

②项目成本计划指标。

③按成本费用构成编制的成本计划,如表 5-2 所示。

表 5-2　按成本费用构成编制的成本计划

序号	清单项目编码	清单项目名称	成本(预算成本)				
			人工费	材料费	施工机械使用费	管理费	措施费
1							
2							

④按子项目组成编制的成本计划,如图 5-5 所示。

⑤按工程进度编制的成本计划。

(2)成本计划编制步骤。

按成本费用构成编制成本计划、按子项目组成编制成本计划和按工程进度编制成本计划,这三类成本计划并不是相互独立的,而是互为基础。以按工程进度编制

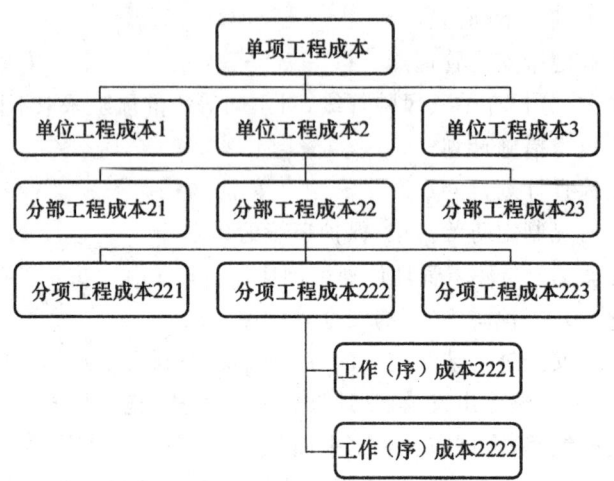

图 5-5 按子项目组成编制的成本计划

的成本计划为例,说明其编制步骤。

按工程进度编制的成本计划应在形象进度计划(横道计划或时标网络计划)确定的基础上进行编制。

①费用预算,形成按子项目组成的成本计划。

在项目工作分解结构基础上,计算确定各工作(序)、分项工程、分部工程等子项目的费用预算值,形成按子项目组成的成本计划。

②加权调整,形成加权值费用分解结构。

③成本费用分配 在形象进度计划(横道计划或时标网络计划)上,将各工作(序)、分项工程、分部工程等子项目的成本费用预算值分配到各个时间段上。费用分配时应力求均衡,尽量以均摊的方式分配。考虑到多数项目实施的实际情况,开始和结束阶段工效比较低,也可以采取梯形分配的方法。

④成本费用累计计算。成本费用累计分两步进行。首先,累计计算每个报告期(单位时间)开展的各项工作的预算值。对于大中型工程项目,按国际惯例通常以一个月为一个报告期。其次,累计计算逐个(逐月)报告期的成本费用预算值。

⑤绘制成本计划曲线。按成本费用累计计算值分别绘制出单位时间的成本计划(钟形曲线图)和累计成本计划(S形曲线图)。

(3)成本计划编制应注意的问题如下。

①收集整理资料。

广泛收集相关数据、资料并整理,以获得客观、准确的成本数据,作为成本计划的编制依据。

②预测价格变动趋势。

准确预测项目建设期间各个成本要素的市场价格变动趋势。

③确定合理的目标成本。

目标成本的高低,直接决定了成本控制的难易程度,也决定了成本目标实现的难易程度。在广泛收集资料的基础上,根据设计文件、工程承包合同、施工组织设计、施工成本预测等资料,按工程项目投入的资源要素,综合考虑各种要素变化的情况和拟采取的措施,估算项目生产费用的支出水平,进而提出项目的成本计划控制目标,确定合理的目标成本。

9. 绿色建造与环境管理计划

绿色建造与环境管理计划在项目管理规划大纲中绿色建造与环境管理规划的基础上细化下列内容。

(1)项目的绿色建造与环境管理点。

(2)识别环境因素,判别其影响等级:可忽略影响、一般环境影响、重大环境影响。对不同等级的风险采取不同的对策。

(3)制定绿色建造与环境技术措施计划。

(4)制定环境检查计划。

(5)根据污染情况制定防治污染、保护环境措施。

10. 资源需求与采购计划

项目资源包括人力、材料、机械设备、技术和资金等资源。

项目资源管理计划包括资源需求计划、资源采购计划和资源处置计划。

(1)资源管理计划编制依据包括:

①项目目标分析;

②工作分解结构(WBS);

③项目进度计划;

④项目实施中可能的制约因素;

⑤历史数据资料。

(2)资源需求计划的编制步骤如下。

①计算资源需求量。

用预算的办法得到各类资源需求量。

②列出资源计划矩阵。

资源计划矩阵如表 5-3 所示。

③列出资源数据表。结合进度计划,将资源落实到每项工作的每个时间段上,列出资源数据表,如表 5-4 所示。

④绘制资源横道图,如图 5-6 所示。

⑤绘制资源负荷图(钟形曲线图或直方图),如图 5-7 所示。

⑥绘制资源累积曲线图(S 形曲线图),如图 5-8 所示。

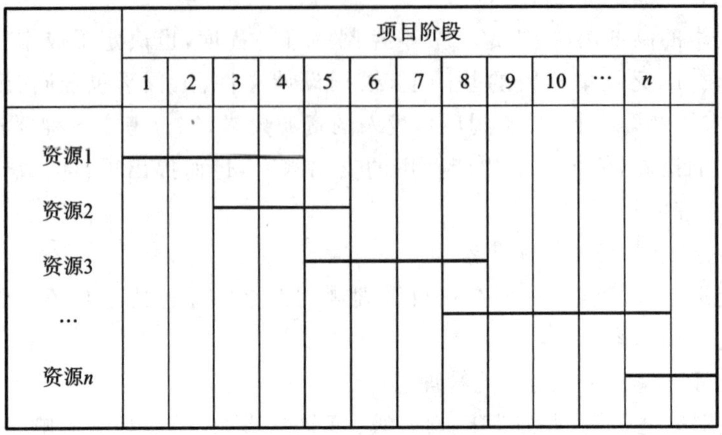

	项目阶段											
	1	2	3	4	5	6	7	8	9	10	⋯	n
资源1												
资源2												
资源3												
⋯												
资源n												

图 5-6   资源横道图

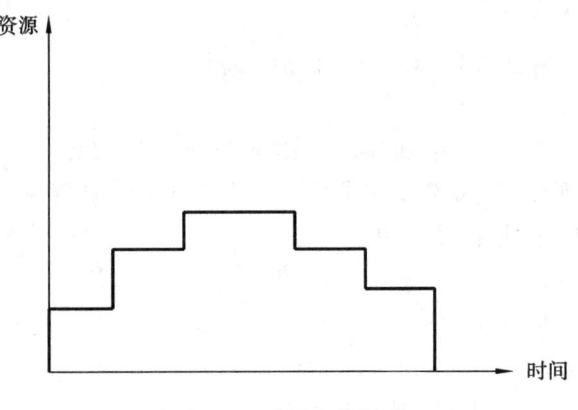

图 5-7   资源负荷图

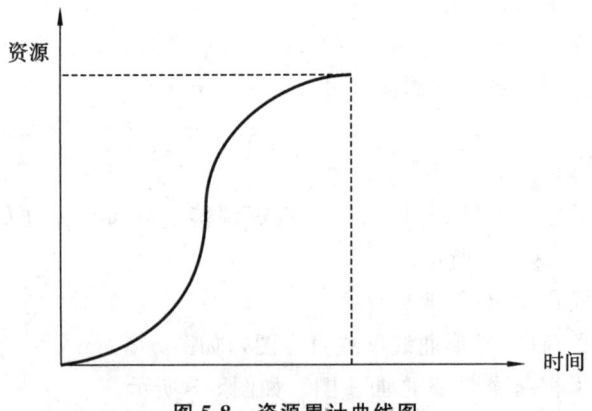

图 5-8   资源累计曲线图

表 5-3 资源计划矩阵

WBS		资源需求量				备 注
项目编码	项目名称	资源 1	资源 2	······	资源 n	
合 计						

表 5-4 资源数据表

需求资源种类	需求资源总量	项目阶段			
		1	2	······	m
资源 1					
资源 2					
······					
资源 n					

（3）资源采购计划。

资源采购计划是进度计划的支持性计划,满足项目对资源的需求。资源采购计划包括以下方面:

①劳动力的招雇、调遣、培训计划;

②材料采购订货、运输、进场、储存计划;

③设备采购订货、运输、进出场、维护保养计划;

④周转材料供应采购、租赁、运输、保管计划;

⑤预制品订货和采购计划;

⑥大型工具、器具采购计划。

（4）资源计划编制应注意的问题如下:

①资源计划与进度计划密切相关,应协调配套编制。

②计划编制过程中,资源计划与进度计划应反复优化调整,最终形成满足进度计划要求、满足资源需求并均衡使用资源的计划。

③充分利用企业现有资源,优化配置不同种类资源,使资源成本最低。

11. 风险管理计划

1）项目风险管理计划编制步骤

（1）识别风险,列出项目实施过程中可能出现的风险因素清单。

建设项目常见的风险因素有:

①环境变化导致的风险,如气候的变化、物价的上涨、不利的地质条件等;

②项目的参加者各方产生的风险,如业主风险、分包商风险、监理工程师风险、设计单位风险;

③项目工作结构分解导致的工程活动的风险。

(2)评估风险,划分风险等级。

评估风险因素形成风险的概率和发生风险后可能造成的损失量,在此基础上划分风险等级。表 5-5 为风险等级评估表。

表 5-5　风险等级评估表

发生可能性	损 失 后 果		
	轻 度 损 失	中 度 损 失	重 大 损 失
	风 险 等 级		
很大	Ⅲ	Ⅳ	Ⅴ
中等	Ⅱ	Ⅲ	Ⅳ
很小	Ⅰ	Ⅱ	Ⅲ

说明:Ⅰ—可忽略风险;Ⅱ—可容许风险;Ⅲ—中度风险;Ⅳ—重大风险;Ⅴ—不容许风险。

(3)确认风险,确定风险管理重点。

对各种风险做出确认,根据风险列出风险管理重点,或按照风险对目标的影响确定风险管理重点。

(4)制定风险对策,落实风险责任。

对主要风险提出防范措施,落实风险管理责任人。风险责任人通常与风险的防范措施相联系。应在上述内容基础上编制风险分析表(见表 5-6)。对特别大或特别严重的风险进行专门的风险管理规划。

表 5-6　风险分析表

风险编号	风险名称	风险影响范围	导致风险发生的条件	风险发生的损失	风险发生的可能性	损失期望	预防措施	责任人

12. 信息管理计划

建立信息管理体系的目的是为了及时、准确、安全地获得项目所需信息。信息管理计划应包括下列内容:①项目管理的信息需求种类;②项目管理中的信息流程;③信息来源和传递途径;④信息管理人员的职责和工作程序。

13. 沟通管理计划

沟通管理计划应包括下列内容:①项目的沟通方式和途径;②信息的使用权限规定;③沟通障碍与冲突管理计划;④项目协调方法。

14. 项目收尾管理计划

项目收尾管理计划应主要包括下列内容:①项目收尾计划;②项目结算计划;③文件归档计划;④项目创新总结计划。

15. 项目现场平面布置图

项目现场平面布置图对于各方项目管理组织都是重要的。应按照国家或行业规定的制图标准绘制,不得有随意性。现场平面布置图应包括以下内容:①在现场范围内现存的永久性建筑;②拟建的永久性建筑;③永久性道路和临时道路;④垂直运输机械;⑤临时设施,包括办公室、仓库、配电房、宿舍、料场、搅拌站等;⑥水电管网;⑦平面布置图说明。

16．项目目标控制措施

(1)项目目标控制措施种类包括:

①保证进度目标的措施;

②保证质量目标的措施;

③保证安全目标的措施;

④保证成本目标的措施;

⑤保证季节性工作的措施;

⑥保护环境的措施;

⑦文明施工措施等。

(2)项目目标控制措施编制要点有:①针对工程的具体情况,从组织、经济、技术、合同、法规等方面考虑提出技术组织措施;②每一种目标的控制措施务求可行、有效。

17．技术经济指标

项目技术经济指标是计划目标和完成情况的数量表现,用以评价组织的项目管理实施规划的水平和质量。不同的项目管理组织的技术经济指标是不同的,应分别进行设计。技术经济指标的内容一般都应包括技术的、经济的、管理的(主要是进度、质量、成本、安全、节约)、效益的。既要合理使用绝对数指标,又要善于使用相对数指标,以便于对比。必要时也可通过评分进行评价。

技术经济指标至少应包括以下方面:

(1)进度方面的指标:总工期;

(2)质量方面的指标:工程整体质量标准、分部分项工程质量标准;

(3)成本方面的指标:工程总造价或总成本、单位工程成本、成本降低率;

(4)资源消耗方面的指标:总用工量、用料量、子项目用工量、高峰人数、节约量、机械设备使用数量。

项目管理评价指标可以按照组织对项目管理的要求、项目的特殊性、发包人和监理工程师对信息的要求增加或减少。

第 3 篇

工程项目核心目标管理

第6章　工程项目进度管理

【知识点及学习要求】

知 识 点	学 习 要 求
知识点1:进度管理概述	掌握进度管理系统三大组成:管理层次、管理过程、管理方式
知识点2:进度计划	了解进度计划的分类,掌握进度计划编制程序和编制方法
知识点3:进度计划执行	掌握横道计划法、网络计划法
知识点4:进度控制	掌握进度控制的方法、横道图比较法、前锋线比较法

6.1　进度管理概述

6.1.1　进度管理的含义

《建设工程项目管理规范》(GB/T 50326—2017)第2.0.19条对项目进度管理的定义是"为实现项目的进度目标而进行的计划、组织、指挥、协调和控制等活动"。项目进度管理就是根据工程项目的决策要求,制定进度总目标及各阶段细分目标,并确定建设各阶段的工作内容、工作程序、持续时间和衔接关系,编制计划并付诸实施。在实施过程中检查进度实际执行效果,对出现的偏差情况进行分析,采取科学合理的方法和措施纠正偏差,如此循环往复,直到工程项目竣工验收交付使用。进度管理的目标是使实际进度尽可能符合计划进度,最终满足总工期的要求。

进度管理是一项系统工程,要求项目各参与方相互合作、相互配合,共同完成项目建设任务,实现项目进度管理目标。由建设单位和监理单位制定工程项目总进度目标并编制项目总进度计划,同时监理单位、设计单位和施工单位要根据各自的工作任务制定单位的实施性进度目标及计划,并按计划实施。由于工程项目的实施过程中存在许多影响进度的因素,这些因素往往来自不同部门和不同时期,对工程项目进度产生着复杂的影响。因此,进度管理人员必须事先对影响工程项目进度的各种因素进行调查分析,预测这些因素对进度的影响程度,确定合理的进度目标,编制可行的进度计划,主动控制工程项目进度计划的执行。

工程项目在实施过程中会遇到社会的、自然的、人为的等各种因素的干扰,导致工程项目实际执行情况往往会偏离原定的计划,这就要求进度管理人员必须掌握动态控制原理,在计划执行过程中不断检查工程项目的实际进展情况,并将实际情况与计划安排进行对比,从中得出偏离计划的信息,然后在分析偏差及其产生原因的基础上,通过采取组织、技术、经济、沟通协调等措施,使原计划尽可能正常实施。

有时,虽然采取了科学合理的措施,但实际执行情况仍不能维持原计划,这就需要对原计划进行调整或修改,再按新的进度计划实施,确保工程项目在科学合理的施工条件下进行,保证工程项目的安全和质量。

6.1.2 进度管理的重要性

进度管理是工程项目三大控制的管理核心,是工程项目其他各项管理工作的基础。在市场经济条件下,时间就是金钱,效率就是生命。一个工程项目能否在预定的工期内竣工并交付使用,是投资者最关心的问题之一,也是项目管理工作的重要内容。工程进度失控,必然导致人力、物力的浪费,甚至可能影响工程质量和安全。因此,按期建成投产是早日收回投资、提高经济效益的关键。

但是,控制项目的进度并不意味着一味追求进度,还要满足项目质量、安全和经济的要求。延误工期固然会导致经济损失,但盲目地、不协调地加快工程进度,也是不可取的,不仅会增加大量的非生产性支出,还会对工程的质量和安全带来很大隐患。进度控制、成本控制和质量控制三者的目标是对立和统一的关系。控制进度不仅仅要考虑施工单位的施工速度,还要在各个阶段与各个单位紧密配合和协作。只有对有关单位的进度都进行控制,才能有效地控制建设项目进度。

6.1.3 进度管理系统

随着现代工程项目建设的大型化、复杂化、综合化,要求我们用系统优化的理论和方法解决项目管理问题。进度管理系统是项目管理系统的一个分系统,它是由进度管理组织与计划层次、进度管理过程、进度管理方式三个部分组成。进度管理系统构成如图 6-1 所示。

1. 进度管理组织与计划层次

工程项目目标可由总目标逐层向下分解成各作业的细分目标。根据责任分工、分散递阶控制原理,一般可将进度管理组织按目标层次划分为三个层次,即决策层、管理层和作业层。每一层次编制相对独立的计划,并开展相应的进度管理工作,如图 6-2 所示。

决策层主要是指制定总体决策型计划和战略规划的组织系统,包括业主项目经理(含监理工程师)、总承包商项目经理及其职能机构与人员。管理层是指编制执行性或阶段性管理型计划与政策措施的组织系统,包括驻地工程师、现场施工经理及其职能机构与人员。作业层是指贯彻管理型计划及编制作业型计划并进行有效控制的组织系统,包括施工队、施工分包商、设计分包商等人员。这样从组织结构上划分层次,逐层合理分工,既简化了控制系统,又实现了专业化协作,优化了职能分配。

2. 进度管理过程

进度管理活动贯穿整个项目建设过程。从建设过程的开始到结束,一项项工作

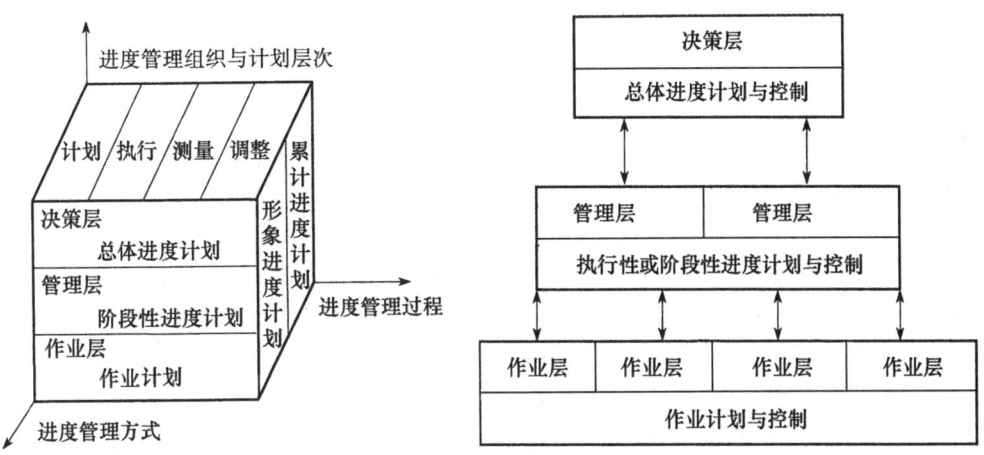

图 6-1　进度管理系统构成示意图　　　　图 6-2　进度管理组织与计划层次示意图

展开并完成,每一项工作在对象、内容等方面都不一样。然而从管理过程看,每一项工作的进行都要经历计划(制定目标基准)、执行、测量分析、偏差调整再到下一次计划的控制这样一个循环过程。可见进度管理的循环过程渗透到每一项具体的建设工作之中,在建设全过程中不停地循环往复,以实现每个控制目标,如图 6-3 所示。

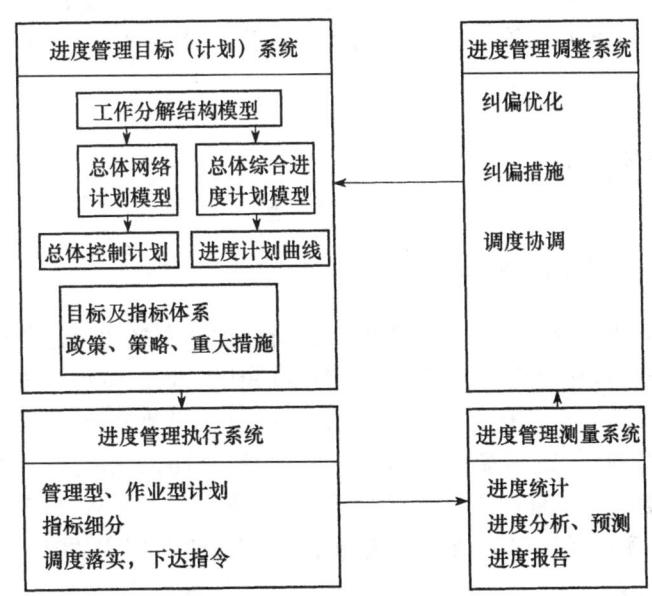

图 6-3　进度管理过程示意图

进度管理目标(计划)系统是围绕总进度目标(总工期),分解形成不同层次、不同期限的控制分目标的总和。以工作分解结构、形象进度计划和累计进度计划为主体。形象进度计划包括总体网络计划、管理型网络计划和横道图作业计划。累计进度计划是以列表加曲线的形式表达,主要包括加权调整后的累计进度图表和各层次计划累计进度曲线,如 S 形曲线计划。

进度管理执行系统的作用是保证各个目标的实现。计划的顺利实施应具备两方面的条件:一是计划应简单化、指标化,具有较好的可操作性和可调整性;二是有健全的计划执行保证体系,包括制约机制和激励机制等。

进度管理测量系统的主要是:测量网络节点、控制点的到达情况(形象进度测量);测量累计进度的完成情况;测量实际消耗的工时数或费用数;预测下个计划期内工作量的变化情况。对测量得到的进度数据进行统计、分析和预测。

由于客观环境的巨大变化和建设中诸多因素的影响,实际情况中需要对进度目标(计划)进行调整,才能保证进度管理系统的功能与进度目标的要求彼此适应。否则,计划与实际情况相差甚远,就失去了指导意义。但并不是一出现偏差就调整,一般只有当偏差超过正常波动幅度,或对总工期影响甚大时才进行调整。调整的紧迫性要根据控制点级别、偏差大小、偏差趋势等情况而定。一般由调度协调机构遵照纠偏计划和调度协调程序实施调整。

3. 进度管理方式

进度计划管理中主要运用两种管理方式:一是形象进度管理系列(形象进度计划、控制点指标等),用以控制管理工程形象进度;二是累计进度管理系列(累计进度计划曲线、实际进度曲线等),用以控制管理工程总体进度,即全部工作量的完成情况。

6.2 进度计划

6.2.1 进度计划的重要性

进度计划是为了保证实现项目进度目标而对项目实施的全过程做出周密和切实可行的预先安排,它明确了工程项目所包含的具体内容、按照科学的方法确定各个施工工序的先后顺序及相互之间的逻辑关系,根据劳动定额、机械台班定额及实物工程量计算各施工工序所需时间,确定整个工程项目的工期安排。

进度计划是工程进度控制的重要保证。它引导项目各种管理职能的实现,对进度管理的执行、测量、纠偏等后续工作起到指导作用,也是制定质量计划和成本计划的基础。

进度计划明确了各个管理层次的任务和职能,对劳动力安排、施工机械安排及资金安排都有非常重要的作用,是工程项目各个目标实现的前提。

6.2.2 进度计划的分类

进度计划可按不同的方法分类。按项目建设的主体分类,进度计划可分为建设单位的进度计划系统、监理单位的进度计划系统、设计单位的进度计划系统、施工单位的进度计划系统等。

按计划层次分类,进度计划可分为决策层总体进度计划、管理层各阶段或实施性进度计划、作业层作业型进度计划等。

按计划管理方式分类,进度计划可分为形象进度计划和累计进度计划。

按计划表达方式分类,进度计划可分为横道图计划、网络图计划、S 形曲线计划等。

按计划期长短分类,进度计划可分为总进度计划、年度进度计划、月进度计划、旬进度计划、三月滚动进度计划等。

6.2.2.1　建设单位的计划系统

建设单位编制的进度计划系统包括工程项目前期工作计划、工程项目建设总进度计划和工程项目年度计划。

1. 工程项目前期工作计划

工程项目前期工作计划是指对工程项目可行性研究、项目评估及初步设计的工作进度安排,如表 6-1 所示。

表 6-1　工程项目前期工作计划

项目名称	建设性质	建设规模	可行性研究		项目评估		初步设计	
			进度要求	负责单位负责人	进度要求	负责单位负责人	进度要求	负责单位负责人

2. 工程项目建设总进度计划

工程项目建设总进度计划是指初步设计批准后,在编报工程项目年度计划之前,根据初步设计,对工程项目从开始建设(设计、施工准备)至竣工投产(使用)全过程的统一部署。其主要目的是安排各单位工程的建设进度,合理分配年度投资,组织各方协作,保证初步设计所确定的各项建设任务完成。工程项目建设总进度计划对于保证工程项目建设的连续性,增强工程建设的预见性,确保工程项目按期投产(使用)具有十分重要的作用。

工程项目建设总进度计划是编报工程项目年度计划的依据,其主要内容包括文字和表格两部分。

1) 文字部分

文字部分说明工程项目的概况和特点,安排建设总进度的原则和依据,建设投资来源和资金年度安排情况,技术设计、施工图设计、设备交付和施工力量进场时间的安排,道路、供电、供水等方面的协作配合及进度的衔接,计划中存在的主要问题及采取的措施,需要上级及有关部门解决的重大问题等。

2) 表格部分

(1) 工程项目一览表　工程项目一览表将初步设计中确定的建设内容,按照单位工程归类并编号,明确其建设内容和投资额,以便各部门按统一的口径确定工程项目投资额,并以此为依据进行管理,如表 6-2 所示。

表 6-2　工程项目一览表

单位工程名称	工程编号	工程内容	概算额(万元)						备注
			合计	建筑工程费	安装工程费	设备工程费	工器具购置费	工程建设其他费用	

(2) 工程项目总进度计划　工程项目总进度计划根据初步设计中确定的建设工期和工艺流程,具体安排单位工程的开工日期和竣工日期,如表 6-3 所示。

表 6-3　工程项目总进度计划

工程编号	单位工程名称	工程量		××年				××年				……
		单位	数量	一季度	二季度	三季度	四季度	一季度	二季度	三季度	四季度	……

(3) 投资计划年度分配表　投资计划年度分配表是根据工程项目总进度计划安排各个年度的投资,以便预测各个年度的投资规模,为筹集建设资金或与银行签订合同及制订分年度用款计划提供依据,如表 6-4 所示。

表 6-4　投资计划年度分配表

工程编号	单位工程名称	投资额(万元)	投资分配(万元)					
			××年	××年	××年	××年	××年	……
…… ……								
	合计 其中: 建安工程投资 设备投资 工器具投资 其他投资							

(4) 工程项目进度平衡表　工程项目进度平衡表用来明确各种设计文件交付日期、主要设备交货日期、施工单位进场日期、水电及道路接通日期等,以保证工程建设中各个环节相互衔接,确保工程项目按期投产或交付使用,如表 6-5 所示。

表 6-5　工程项目进度平衡表

工程编号	单位工程名称	开工日期	竣工日期	要求设计进度				要求设备进度			要求施工进度			协作配合进度				
				交付日期			设计单位	数量	交货日期	供货单位	进场日期	竣工日期	施工单位	道路通行日期	供电		供水	
				技术设计	施工图	设计清单									数量	日期	数量	日期

3. 工程项目年度计划

工程项目年度计划是依据工程项目建设总进度计划和批准的设计文件进行编制的。该计划既要满足工程项目建设总进度计划的要求，又要与当年可能获得的资金、设备、材料、施工力量相适应。应根据分批配套投产或交付使用的要求，合理安排本年度建设的工程项目。工程项目年度计划主要包括文字和表格两部分内容。

1）文字部分

文字部分说明编制年度计划的依据和原则，建设进度，本年度计划投资额及计划建造的建筑面积，施工图、设备、材料、施工力量等建设条件的落实情况，动力资源情况，外部协作配合项目建设进度的安排或要求，需要上级主管部门协助解决的问题，计划中存在的其他问题，以及为完成计划而采取的各项措施等。

2）表格部分

（1）年度计划项目表　年度计划项目表用于确定年度施工项目的投资额和年末形象进度，并阐明建设条件（图纸、设备、材料、施工力量）的落实情况，如表 6-6 所示。

表 6-6　年度计划项目表

投资：　　万元；　面积：　　m²

工程编号	单位工程名称	开工日期	竣工日期	投资额	投资来源	年初完成			本年计划						年末形象进度	建设条件落实情况			
						投资额	建安投资	设备投资	投资			建筑面积				施工图	设备	材料	施工力量
									合计	建安	设备	新开工	续建	竣工					

（2）年度竣工投产交付使用计划表　年度竣工投产交付使用计划表用于阐明各单位工程的建筑面积、投资额、新增固定资产、新增生产能力等建筑总规模及本年度

计划完成情况,并阐明其竣工日期,如表 6-7 所示。

表 6-7　年度竣工投产交付使用计划表

投资:　　万元;　面积:　　m²

工程编号	单位工程名称	总规模				本年度计划完成				
		建筑面积	投资	新增固定资产	新增生产能力	竣工日期	建筑面积	投资	新增固定资产	新增生产能力

(3)年度建设资金平衡表　年度建设资金平衡表如表 6-8 所示。

表 6-8　年度建设资金平衡表

单位:万元

工程编号	单位工程名称	本年计划投资	使用内部资金	储备资金	本年度计划需要资金	资金来源				
						预算拨款	自筹资金	基建贷款	国外贷款	……

(4)年度设备平衡表　年度设备平衡表如表 6-9 所示。

表 6-9　年度设备平衡表

工程编号	单位工程名称	设备名称规格	要求到货		自制		已订货		要求到货
			数量	时间	数量	时间	数量	时间	

6.2.2.2　监理单位的计划系统

监理单位除受建设单位委托编制建设单位的进度计划外,还要编制有关监理工作的进度计划系统,以便更有效地控制建设工程的实施进度。监理单位的计划系统包括监理总进度计划和监理总进度分解计划。

1. 监理总进度计划

在对建设工程实施全过程监理的情况下,监理总进度计划是依据工程项目可行性研究报告、工程项目前期工作计划和工程项目建设总进度计划编制的,其目的是对建设工程进度控制总目标进行规划,明确建设工程前期准备、设计、施工、使用前准备及项目使用等各个阶段的进度安排,如表 6-10 所示。

2. 监理总进度分解计划

(1)按工程进展阶段分解　包括设计准备阶段进度计划、设计阶段进度计划、施工阶段进度计划和使用前准备阶段进度计划。

(2)按时间分解　包括年度进度计划、季度进度计划、月度进度计划等。

表 6-10 监理总进度计划

建设阶段	各阶段进度																……
	××年				××年				××年				××年				
	1	2	3	4	1	2	3	4	1	2	3	4	1	2	3	4	
前期准备																	
设计																	
施工																	
使用前准备																	
项目使用																	

6.2.2.3 设计单位的计划系统

设计单位的计划系统包括设计总进度计划、阶段性设计进度计划和设计作业进度计划。

1. 设计总进度计划

设计总进度计划主要用来安排自设计准备开始至施工图设计完成的总设计时间内所包含的各阶段工作的开始时间和完成时间,以确保设计进度控制总目标的实现,如表 6-11 所示。

表 6-11 设计总进度计划

阶段名称	进度(月)																
	1	2	3	4	5	6	7	8	9	10	11	12	13	14	15	16	17
设计准备																	
方案设计																	
初步设计																	
技术设计																	
施工图设计																	

2. 阶段性设计进度计划

阶段性设计进度计划包括设计准备工作进度计划、初步设计(技术设计)工作进度计划和施工图设计工作进度计划。通过这些计划来控制各阶段的设计进度,从而实现阶段性设计进度目标。在编制阶段性设计进度计划时,必须考虑设计总进度计划对各个设计阶段的时间要求。

(1)设计准备工作进度计划 设计准备工作进度计划中一般要考虑规划设计条件的确定、设计基础资料的提供及委托设计等工作的时间安排,如表 6-12 所示。

(2)初步设计(技术设计)工作进度计划 初步设计(技术设计)工作进度计划要考虑方案设计、初步设计、技术设计、设计的分析评审、概算的编制、修正概算的编制以及设计文件审批等工作的时间安排,一般按单位工程编制,如表 6-13 所示。

表 6-12　设计准备工作进度计划

工作内容	进度(周)														
	2	4	6	8	10	12	14	16	18	20	22	24	26	28	30
确定规划设计条件															
提供设计基础资料															
委托设计															

表 6-13　××单位工程初步设计(技术设计)工作进度计划

工作内容	进度(周)																	
	1	2	3	4	5	6	7	8	9	10	11	12	13	14	15	16	17	18
方案设计																		
初步设计																		
编制概算																		
技术设计																		
编制修正概算																		
分析评审																		
审批设计																		

（3）施工图设计工作进度计划　施工图设计工作进度计划主要考虑各单位工程的设计进度及其搭接关系，如表 6-14 所示。

表 6-14　××施工图设计工作进度计划

工程名称	建筑规模	设计工日定额(工日)	设计人数	进度(天)								
				1	2	3	4	5	6	7	8	9
××工程												
××工程												
××工程												
××工程												
××工程												

3. 设计作业进度计划

为了控制各专业的设计进度，并作为设计人员承包设计任务的依据，应根据施工图设计工作进度计划、单位工程设计工日定额及所投入的设计人员数编制设计作业进度计划，如表 6-15 所示。

表 6-15　××工程设计作业进度计划

工作内容	工日定额	设计人数	进度（天）												
			2	4	6	8	10	12	14	16	18	20	22	24	26	28
工艺设计															
建筑设计															
结构设计															
给排水设计															
通风设计															
电气设计															
审查设计															

6.2.2.4　施工单位的计划系统

施工单位的进度计划系统包括：施工准备工作进度计划、施工总进度计划、单位工程施工进度计划及分部分项工程进度计划。

1. 施工准备工作进度计划

施工准备工作的主要任务是为建设工程施工创造必要的技术和物质条件，统筹安排施工力量和施工现场。施工准备工作的内容通常包括：技术准备、物资准备、劳动组织准备、施工现场准备和施工场外准备。为落实各项施工准备工作，加强检查和监督，应根据各项施工准备工作的内容、时间和人员，编制施工准备工作计划。如表 6-16 所示。

表 6-16　施工准备工作进度计划

序号	施工准备项目	简要内容	负责单位	负责人	开始日期	完成日期	备注

2. 施工总进度计划

施工总进度计划是根据施工部署中施工方案和工程项目的开展程序，对全工地所有单位工程作出时间上的安排。其目的在于确定各单位工程及全工地性工程的施工期限及开竣工日期，进而确定施工现场劳动力、材料、成品、半成品、施工机械所需数量和调配情况，以及现场临时设施数量、水电供应量和能源交通需求量。因此，科学合理地编制施工总进度计划，是保证整个建设工程按期交付使用、充分发挥投资效益、降低建设工程成本的重要条件。施工总进度计划通常用横道图或网络图表示。

3. 单位工程施工进度计划

单位工程施工进度计划是在既定施工方案的基础上，根据规定的工期和各种资源供应条件,遵循各施工过程的合理施工顺序,对单位工程中的各施工过程作出时间和空间上的安排,并以此为依据,确定施工作业所必需的劳动力、施工机具和材料供应计划。因此,合理安排单位工程施工进度,是保证在规定工期内完成符合质量要求的工程任务的重要前提。同时,为编制各种资源需要量计划和施工准备工作计划提供依据。单位工程施工进度计划通常用横道图或网络图表示。

4. 分部分项工程进度计划

分部分项工程进度计划是在施工方案确定的基础上,针对工程量较大或施工技术比较复杂的分部分项工程,对各施工过程作出的时间安排。例如,大型基础土方工程、复杂的基础加固工程、大体积混凝土工程、大型桩基工程、大面积预制构件吊装工程等,均应编制详细的进度计划,以保证单位工程施工进度计划的顺利实施。分部分项工程进度计划通常用网络图表示。

6.2.3　进度计划编制程序

工程项目进度计划的编制应根据项目决策要求,首先编制项目前期工作进度计划,再依次编制工程项目总进度计划、单位工程进度计划、分部分项工程进度计划。应用网络计划技术编制工程项目进度计划时,其编制程序一般包括 4 个阶段、10 个步骤,如表 6-17 所示。

表 6-17　工程项目进度计划编制程序

编制阶段	编制步骤	编制阶段	编制步骤
Ⅰ.计划准备阶段	1. 调查研究	Ⅲ.计算时间参数及确定关键线路阶段	6. 计算工作持续时间
	2. 确定网络计划目标		7. 计算网络计划时间参数
Ⅱ.绘制网络图阶段	3. 进行项目分解		8. 确定关键线路和关键工作
	4. 分析逻辑关系	Ⅳ.网络计划优化阶段	9. 优化网络计划
	5. 绘制网络图		10. 编制优化后的网络计划

1. 计划准备阶段

1) 调查研究

调查研究的目的是掌握足够充分、准确的资料,从而为确定合理的进度目标、编制科学的进度计划提供可靠的依据。调查研究的内容包括:工程任务情况、实施条件、设计资料;有关标准、定额、规程、制度;资源需求与供应情况;资金需求与供应情况;有关统计资料、经验总结及历史资料等。

2) 确定网络计划目标

网络计划目标由工程项目目标所决定,一般可分为以下三类。

(1) 时间目标。

时间目标,即工期目标,是指建设工程合同中规定的工期或有关部门要求的工期。工期目标的确定应以建筑设计周期定额和建筑安装工程定额为依据,同时考虑工程实际情况、气候条件以及工程难易程度和建设条件的落实情况等因素。建筑设计周期定额和建筑安装工程定额宜作为工程设计和施工进度安排的最高时限。

（2）时间-资源目标。

资源是指在工程建设过程中需要投入的劳动力、原材料及施工机具等。一般情况下，时间-资源目标分为两类。

①资源有限，工期最短。即在一种或几种资源供应能力有限的情况下，寻求工期最短的计划安排。

②工期固定，资源均衡。即在工期固定的前提下，寻求资源需用量尽可能均衡的计划安排。

（3）时间-成本目标。

时间-成本目标是指以限定的工期寻求最低成本或寻求最低成本时的工期安排。

2. 绘制网络图阶段

1）进行项目分解

将工程项目构成由粗到细进行分解，是编制网络计划的前提。而工作划分的粗细程度直接影响网络图的结构。一般对控制性网络计划，其工作可划分得粗一些，而对于实施性网络计划，工作应划分得细一些。工作划分的粗细程度，应根据实际需要来确定。此项工作依据 WBS 完成。

2）分析工作之间的逻辑关系

工作之间的逻辑关系通常由施工程序及工艺技术关系决定，同时也要考虑组织安排及资源调配需要。一般考虑的因素有：施工工艺要求、施工方法和施工机械要求、施工组织要求、施工质量要求、当地气候条件、安全技术要求等。分析逻辑关系的主要依据是施工方案、有关资源供应情况和施工经验等。

3）绘制网络图

根据已确定的逻辑关系即可按绘图规则绘制出网络图。网络图有单代号网络图、双代号网络图及双代号时标网络图。

3. 计算时间参数即确定关键线路阶段

1）计算工作持续时间

计算工作持续时间是预算工作的基本任务，可利用时间定额或产量定额并考虑工作面及合理的劳动组织来进行。

时间定额是指某种专业的施工班组或个人，在合理的劳动组织与合理使用材料的条件下，完成符合质量要求的单位产品所必需消耗的工作时间。其单位为工日，一工日按 8 h 计算。

产量定额是指在合理的劳动组织与合理使用材料的条件下，某种专业的施工班组或个人在单位工日中所应完成的质量合格的产品数量。产量定额与时间定额成反比，二者互为倒数。

2)计算网络计划时间参数

网络计划时间参数一般包括两类:工作时间参数和节点时间参数。工作时间参数有 6 个,分别是最早开始时间、最迟开始时间、最早完成时间、最迟完成时间、总时差、自由时差。节点时间参数有 2 个,分别是节点最早时间与节点最迟时间。此外,还有相邻两项工作之间的时间间隔、计算工期等参数。

3)确定关键线路和关键工作

在计算网络图时间参数的基础上,根据判断规则确定关键线路和关键工作。

4. 网络计划优化阶段

1)优化网络计划

当初始网络计划的计算工期超过规定工期或合同工期的要求,资源需求量不能得到满足时,必须对初始网络计划进行调整。

根据所追求目标不同,网络计划的优化包括工期优化、费用优化、资源优化三种。

2)编制优化后的网络计划

根据网络计划的优化结果,可绘制优化后的网络计划,同时编制网络计划说明书。网络计划说明书的内容应包括编制原则和依据、主要计划指标一览表、执行计划的关键问题、需要解决的主要问题及主要措施及其他需要说明的问题。

6.2.4 进度计划表达方法

进度计划的表达方法有多种,常用的有横道图计划和网络图计划两种。

6.2.4.1 横道图

横道图计划,又称为条形图计划,也称为甘特计划。一般包括两个部分,即左侧的工作名称、工作代号及工作持续时间等基本数据部分和右侧的横道线及时间坐标部分。横道图是用横向线条在时间坐标上表示出各项工作的起点、结束点和先后顺序,整个计划由一系列横道线组成。某基础工程的横道图进度计划如图 6-4 所示。

工作代号	工作内容	施工进度(周)												
		1	2	3	4	5	6	7	8	9	10	11	12	13
A	平整场地													
B	挖基槽													
C	混凝土基础													
D	钢结构安装													
E	砌砖墙													

图 6-4 某基础工程的横道图进度计划

1. 横道图的优点

横道图的优点有如下几点。

(1) 编制方法简单,表达形式直观、易懂。

(2) 直观地反映出各项工作的起止时间、持续时间和项目的总工期。

(3) 能反映出各项工作的时间顺序。

(4) 可清楚地表示出流水作业情况。

(5) 若将实际进度以横道形式标于横道计划图中,可明显地看出各项工作是提前还是延迟于计划,以及提前时间或延迟时间。

(6) 可用于表达人力、资金等资源的配置情况和需求情况。据图累加也便于对资源的计算。

2. 横道图的缺点

横道图的缺点如下。

(1) 反映不出关键工作,看不出工作重点所在,管理人员无法抓住主要矛盾。

(2) 不能清楚反映各项工作之间的逻辑关系。横道图虽然是根据前后工作的相互内在联系安排时间进度的,但图上显示的却是各自独立的线条,因而不易表达清楚工作间相互的逻辑关系。

(3) 当项目规模比较大、相关工作多、关系复杂时,不能直接用横道图编制进度计划。此时,应先编制网络计划,根据网络计划再编制横道计划。

(4) 反映不出计划的潜力所在,不能直接在横道图上进行优化调整。

3. 横道图的应用

横道图由于编制简单、快捷、易懂等优点,广泛应用于中小项目的进度计划编制。对于大型复杂的项目(进度计划编制)而言,应用网络计划技术编制出项目进度计划后,再将其转化为横道计划,以便于进行进度控制。若再配上各种资源参数,即可据图累加,得出累计进度指标,作为编制累计进度计划的依据。

业主、承包商的总体进度计划、各大阶段进度计划、承包商的短期计划,均可用横道图的形式表达。

6.2.4.2　网络计划

1. 网络计划的种类

网络计划可分为确定型和非确定型两类。确定型网络计划是指网络计划中各项工作及其持续时间和各工作之间的相互关系都是确定的,而非确定型则相反。如计划评审技术(PERT)、图示评审技术(GERT)、风险评审技术(VERT)等均属于非确定型网络计划。在工程项目进度管理中主要应用确定型网络计划。常用的有双代号网络计划和单代号网络计划,除此之外,还有时标网络计划、搭接网络计划、有时限的网络计划、多级网络计划等。

2. 网络计划的特点

(1) 网络计划把项目建设中各项有关的工作组成了一个有机整体,能全面而明确地表达出各项工作之间的先后顺序和它们之间相互依赖、相互制约的关系。

(2) 能进行各种时间参数的计算,在错综复杂的计划中找出关键工作和关键线路,便于管理人员抓住主要矛盾,掌握工作重点,以确保工期。

(3) 通过时间参数的计算,可对网络计划进行调整优化,更好地调配人力、物力和财力,使资源科学合理配置,以保证工期,降低成本。

(4) 可以利用计算机对复杂的计划进行编制、计算、调整和优化。能够从众多的可行方案中选出最优方案。

3. 网络计划的应用

网络计划技术广泛应用于工农业、建筑业、国防和科研项目的计划管理中,尤其适用于编制大型复杂工程项目的进度计划。随着计算机技术的发展与项目管理软件的开发,对于工作构成繁多、逻辑关系复杂的工程项目,借助计算机及项目管理软件可以方便、快捷地编制各种类型的网络计划。

4. 双代号网络图

1) 双代号网络图的组成及表示方法

双代号网络图又称为箭线式网络图,在一条箭线的两端连接两个节点,用箭线及两端节点的编号表示一项工作,节点表示工作的开始或结束,如图 6-5 所示。

网络图中工作有三种类型:①需要消耗一定资源,也需要一定时间才能完成的工作,用实箭线表示;②不消耗资源(或消耗资源极少可忽略不计),但需要消耗一定时间的工作,如土建工程中的混凝土养护、涂料干燥、抹灰层硬化等,用实箭线表示;③既不消耗资源,也不消耗时间的工作,即虚工作,用虚箭线表示。

虚箭线的作用在于表明工作与工作之间正确的逻辑关系,指明工作进行的方向。例如,有 A、B、C、D 四项工作,它们之间的关系是:A 工作必须在 B、C 工作之前完成,B、C 工作平行进行,B、C 都完成后,D 工作才能开始。上述工作关系用双代号网络图表达,如图 6-6 所示。虚箭线的应用是双代号网络图中不可缺少的,特别是在分段流水施工计划中,虚箭线的应用尤为重要。

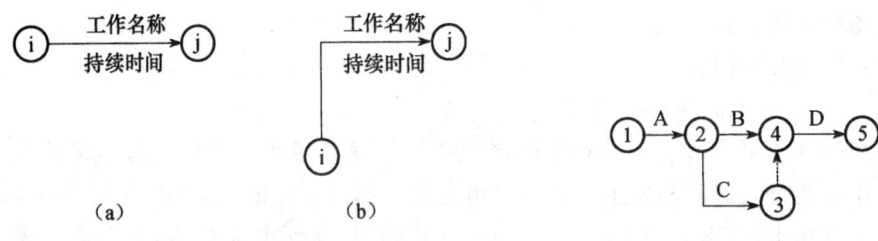

(a)	(b)

图 6-5 双代号网路图的表示方法 　　图 6-6 虚箭线的作用

2) 工作之间的关系

(1) 工艺关系和组织关系　生产性工作之间由工艺过程决定的、非生产性工作由工作程序决定的先后关系称为工艺关系。工作之间由组织安排需要或劳动资源(劳动力、原材料、施工机具等)调配需要而规定的先后顺序称为组织关系。如图 6-7

所示,支模 1→扎筋 1→混凝土 1 为工艺关系,支模 1→支模 2、扎筋 1→扎筋 2 等为组织关系。

(2)紧前、紧后、平行关系　相对于某工作而言,紧排在该工作之前的工作为紧前工作,紧排在该工作之后的工作为紧后工作,而与该工作平行进行的工作为平行工作。如图中扎筋 1 是扎筋 2 和混凝土 1 的紧前工作,扎筋 2 是扎筋 1 和支模 2 的紧后工作,扎筋 1 和支模 2 互为平行工作。

(3)先行和后续关系　相对于某工作而言,从起始工作到本工作之前的所有工作均为本工作的先行工作,从本工作之后到终止工作的所有工作均为本工作的后续工作。支模 1、支模 2、扎筋 1 都是扎筋 2 的先行工作,扎筋 2、混凝土 2 都是支模 2 的后续工作,如图 6-7 所示。

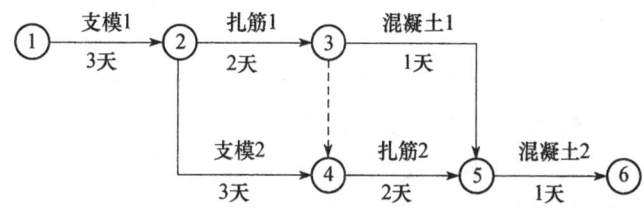

图 6-7　某混凝土工程双代号网络图

3)线路、关键线路、关键工作

(1)线路　线路是指从起始节点开始,顺着箭头所指的方向,连续不断地到达终止节点的一条通路。

(2)关键线路和关键工作　在网络图中总持续时间最长的线路称为关键线路。关键线路上的工作称为关键工作。关键线路的长度就是网络计划的总工期。如图 6-7 所示,①→②→④→⑤→⑥为关键线路,支模 1、支模 2、扎筋 2、混凝土 2 均为关键工作。

4)网络图的绘制

(1)网络图绘制的基本规则。

①在一个网络图中,只允许有一个起始节点和一个终止节点。

②在网络图中,不允许出现闭合回路(或称循环回路)。

③网络图中不允许出现无箭头的线段和双向箭线。

④网络图中不允许出现相同编号的工作,工作开始节点编号小于工作完成节点编号。

(2)绘制方法。先绘制没有紧前工作的工作箭线,并使其具有相同的开始节点,再依次绘制其他工作箭线。按下列原则进行。

①当所要绘制的工作只有一项紧前工作时,则将该工作箭线直接画在其紧前工作箭线之后即可。

②当所要绘制的工作有多项紧前工作时,如果在其紧前工作之中存在一项只作

为本工作紧前工作的工作,则应将本工作箭线直接画在该工作箭线之后,然后用虚箭线将其他紧前工作与本工作相连。

③如本工作的所有紧前工作都同时作为其他工作的紧前工作,应将这些工作的箭头合并后,再从合并后的节点开始画出本工作箭线。

④如果①②③三种情况都不存在,则应将本工作箭线单独画在其紧前工作箭线之后的中部,然后用虚箭线将其各紧前工作与本工作相连。

最后将各结束工作合并,以保证网络图只有一个终止节点,编号按从前往后、自上而下顺序编排,可连续也可不连续。

【例题一】已知各工作之间的逻辑关系如表 6-18 所示,绘制其双代号网络图。

表 6-18   工作逻辑关系表

工作	A	B	C	D	E
紧前工作	—	—	A	A、B	B

解:(1)按①绘制 A、B 工作箭线。如图 6-8(a)所示。

(2)按②绘制 C 和 E 工作箭线。如图 6-8(b)所示。

(3)按②、④绘制 D 工作箭线,将工作 CDE 合并为一个终止节点。如图 6-8(c)所示。

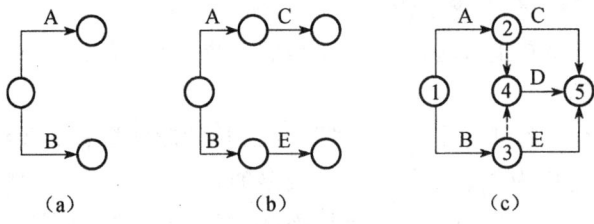

（a）　　　　　　　　（b）　　　　　　　　（c）

图 6-8   网络图绘制过程示例

5)网络计划时间参数的计算

(1)工作持续时间和工期   工作持续时间是指一项工作从开始到完成的时间在双代号网络计划中,工作 $i-j$ 的持续时间用 D_{i-j} 表示。

工期泛指完成一项任务所需要的时间。在网络计划中,工期一般有以下三种:

①计算工期   计算工期是根据网络计划时间参数计算而得到的工期,用 T_c 表示。

②要求工期   要求工期是任务委托人所提出的指令性工期,也称规定工期,用 T_r 表示。

③计划工期   计划工期是根据要求工期和计算工期综合确定的作为实施目标的工期,用 T_p 表示。

当已规定了要求工期时,计划工期不应超过要求工期,即:

$$T_p \leqslant T_r \tag{6-1}$$

当未规定要求工期时,可令计划工期等于计算工期,即:

$$T_p = T_c \tag{6-2}$$

(2)工作时间参数　网络图中工作时间参数有三类六个,分别是最早开始时间、最早完成时间;最迟开始时间、最迟完成时间;总时差、自由时差。

①最早开始时间和最早完成时间　也称为最早可能开始时间和最早可能完成时间。

工作最早开始时间是指各紧前工作全部完成后,本工作有可能开始的最早时刻。工作最早完成时间是各紧前工作全部完成后,本工作有可能完成的最早时刻。

工作最早开始时间的计算从网络图的起始节点开始,顺着箭线方向依次逐项计算。

最初工作如未规定其最早开始时间,则其最早开始时间为零。

其他工作的最早开始时间等于其各紧前工作最早开始时间与其持续时间之和的最大值,也是各紧前工作最早完成时间的最大数,即:

$$ES_{i-j} = \max\{ES_{h-i} + D_{h-i}\} = \max\{EF_{h-i}\} \tag{6-3}$$

式中:ES_{i-j}——工作 $i-j$ 的最早开始时间;

ES_{h-i}——工作 $i-j$ 的紧前工作 $h-i$ 的最早开始时间;

EF_{h-i}——工作 $i-j$ 的紧前工作 $h-i$ 的最早完成时间;

D_{h-i}——工作 $i-j$ 的紧前工作 $h-i$ 的持续时间。

工作最早完成时间,即:

$$EF_{i-j} = ES_{i-j} + D_{i-j} \tag{6-4}$$

网络计划的计算工期应等于最终工作的最早完成时间的最大值,即

$$T_c = \max\{EF_{i-n}\} = \max\{ES_{i-n} + D_{i-n}\} \tag{6-5}$$

式中:T_c——网络计划的计算工期;

EF_{i-n}——以网络计划终点节点 n 为完成节点的工作的最早完成时间,即最终工作的最早完成时间;

D_{i-n}——以网络计划终点节点 n 为完成节点的工作的持续时间,即最终工作的持续时间。

②最迟开始时间和最迟完成时间　也称为工作最迟必须开始时间和最迟必须完成时间,它是指在不影响整个任务按期完成的前提下,本工作最迟必须开始和完成的时间。其计算应从网络计划的终点节点开始,逆着箭线的方向依次进行。

以网络计划终点节点为完成节点的工作,称为最终工作,其最迟完成时间等于网络计划的计划工期,即:

$$LF_{i-n} = T_p \tag{6-6}$$

式中:LF_{i-n}——以网络计划终点节点 n 为完成节点的工作的最迟完成时间,即最终工作的最迟完成时间;

T_p——网络计划的计划工期。

其他工作的最迟完成时间可按下式(6-7)进行计算：

$$LF_{i-j} = \min\{LF_{j-k} - D_{j-k}\} = \min\{LS_{j-k}\} \tag{6-7}$$

式中：LF_{i-j}——工作 $i-j$ 的最迟完成时间；

　　LF_{j-k}——工作 $i-j$ 紧后工作 $j-k$(非虚工作)的最迟完成时间；

　　LS_{j-k}——工作 $i-j$ 紧后工作 $j-k$(非虚工作)的最迟开始时间；

　　D_{j-k}——工作 $i-j$ 紧后工作 $j-k$(非虚工作)的持续时间。

③总时差和自由时差　总时差是指在不影响总工期的情况下，工作可以机动使用的最大时间。它等于本工作最迟开始时间与最早开始时间之差，或该工作最迟完成时间与最早完成时间之差，即：

$$TF_{i-j} = LS_{i-j} - ES_{i-j} = LF_{i-j} - EF_{i-j} \tag{6-8}$$

式中：TF_{i-j}——工作 $i-j$ 的总时差。其余符号同前。

自由时差是指在不影响其紧后工作按最早时间开工的条件下，本工作可以机动使用的时间。它等于紧后工作的最早开始时间与本工作最早完成时间之差的最小值，即：

$$FF_{i-j} = \min\{ES_{j-k} - EF_{i-j}\} \tag{6-9}$$

对于无紧后工作的工作，也就是以网络计划终点为完成节点的工作，其自由时差等于计划工期与本工作最早完成时间之差，即：

$$FF_{i-n} = T_p - EF_{i-n}$$

6) 确定关键工作和关键线路

在网络计划中，总时差最小的工作为关键工作。当网络计划的计划工期等于计算工期时，总时差等于零的工作就是关键工作。

找出关键工作后，将这些关键工作首尾相连，便可构成至少一条从起始节点到终止节点的通路，即为关键线路。关键线路一般用粗箭线或双箭线表示。

7) 节点时间参数

节点时间参数有节点最早时间和节点最迟时间。

(1) 节点最早时间 ET_i　节点最早时间表示自该节点开始的各项工作最早可能开始时刻，它是一个时间界限。它既控制外向工作最早开始，也约束内向工作最早完成。节点最早时间的计算应从网络计划的起点节点开始，顺着箭线方向依次进行。

起始节点的最早开始时间如无规定，其值等于零。即：

$$ET_i = 0$$

其他节点的最早时间按下式计算：

$$ET_j = \max\{ET_i + D_{i-j}\} \tag{6-10}$$

式中：ET_j——工作 $i-j$ 的完成节点 j 的最早时间；

　　ET_i——工作 $i-j$ 的开始节点 i 的最早时间；

　　D_{i-j}——工作 $i-j$ 的持续时间。

(2) 节点最迟时间 LT_i　节点最迟时间是该节点前各内向工作的最迟完成时

间。它是一个时间界限。它控制内向工作最迟完成,又约束外向工作最迟开始。节点最迟时间的计算应从网络计划的终点节点开始,逆着箭线方向依次进行。

终点节点的最迟完成时间如无规定,其值等于网络计划的计划工期。即:

$$LT_n = T_p$$

式中:LT_n——网络计划终点节点 n 的最迟时间;

　　T_p——网络计划的计划工期。

其他节点的最迟时间按下式计算:

$$LT_i = \min\{LT_j - D_{i-j}\} \tag{6-11}$$

式中:LT_j——工作 $i-j$ 的完成节点 j 的最迟时间;

　　LT_i——工作 $i-j$ 的开始节点 i 的最迟时间;

　　D_{i-j}——工作 $i-j$ 的持续时间。

【例题二】如图 6-9 所示的网络图,若计划工期等于计算工期,试计算各工作时间参数,并用双箭线标出关键线路。

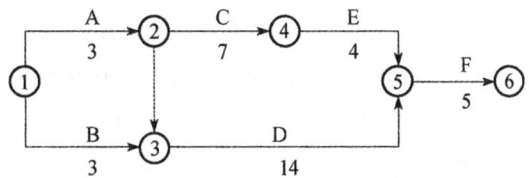

图 6-9　双代号网络图

解:(1) 计算各项工作的最早开始时间和最早完成时间。

按规则,本网络图最初工作未规定其最早开始时间,则其值为零。即:

$$ES_{1-2} = ES_{1-3} = 0$$

按公式 $ES_{i-j} = \max\{ES_{h-i} + D_{h-i}\} = \max\{EF_{h-i}\}$ 计算其他工作最早开始时间;

按公式 $EF_{i-j} = ES_{i-j} + D_{i-j}$ 计算工作最早完成时间。

$$EF_{1-2} = ES_{1-2} + D_{1-2} = 0 + 3 = 3$$

$$EF_{1-3} = ES_{1-3} + D_{1-3} = 0 + 3 = 3$$

$$ES_{2-3} = ES_{1-2} + D_{1-2} = 0 + 3 = 3$$

$$EF_{2-3} = ES_{2-3} + D_{2-3} = 3 + 0 = 3$$

$$ES_{2-4} = ES_{1-2} + D_{1-2} = 3$$

$$EF_{2-4} = ES_{2-4} + D_{2-4} = 3 + 7 = 10$$

$$ES_{3-5} = \max\{EF_{1-3}, EF_{2-3}\} = \max\{3, 3\} = 3$$

$$EF_{3-5} = ES_{3-5} + D_{3-5} = 3 + 14 = 17$$

$$ES_{4-5} = EF_{2-4} = 10$$

$$EF_{4-5} = ES_{4-5} + D_{4-5} = 10 + 4 = 14$$

$$ES_{5-6} = \max\{EF_{4-5}, EF_{3-5}\} = \max\{14, 17\} = 17$$

$$EF_{5-6} = ES_{5-6} + D_{5-6} = 17 + 5 = 22$$

本网络图计算工期为：

$$T_c = EF_{5-6} = 22$$

（2）计算各项工作的最迟开始时间和最迟完成时间。

本网络图计划工期等于计算工期。

按规则，$LF_{5-6} = T_c = 22$；

按公式 $LF_{i-j} = \{LF_{j-k} - D_{j-k}\} = \min\{LS_{j-k}\}$ 计算其他工作最迟完成时间；

按公式 $LS_{i-j} = LF_{i-j} - D_{i-j}$ 计算工作最迟开始时间；

$$LS_{5-6} = LF_{5-6} - D_{5-6} = 22 - 5 = 17$$

$$LF_{4-5} = LF_{3-5} = LS_{5-6} = 17$$

$$LS_{4-5} = LF_{4-5} - D_{4-5} = 17 - 4 = 13$$

$$LS_{3-5} = LF_{3-5} - D_{3-5} = 17 - 14 = 3$$

$$LF_{2-3} = LS_{3-5} = 3$$

$$LS_{2-3} = LF_{2-3} - D_{2-3} = 3 - 0 = 3$$

$$LF_{2-4} = LS_{4-5} = 13$$

$$LS_{2-4} = LF_{2-4} - D_{2-4} = 13 - 7 = 6$$

$$LF_{1-2} = \min\{LS_{2-4}, LS_{3-5}\} = \min\{6, 3\} = 3$$

$$LS_{1-2} = LF_{1-2} - D_{1-2} = 3 - 3 = 0$$

$$LF_{1-3} = LS_{3-5} = 3$$

$$LS_{1-3} = LF_{1-3} - D_{1-3} = 3 - 3 = 0$$

（3）计算各项工作的总时差和自由时差。

按下面两个公式计算总时差和自由时差：

$$TF_{i-j} = LS_{i-j} - ES_{i-j} = LF_{i-j} - EF_{i-j}$$

$$FF_{i-j} = \min\{ES_{j-k} - EF_{i-j}\}$$

$$TF_{1-2} = LS_{1-2} - ES_{1-2} = 0 - 0 = 0$$

$$FF_{1-2} = \min\{ES_{2-4} - EF_{1-2}, ES_{3-5} - EF_{1-2}\} = \min\{3 - 3, 3 - 3\} = 0$$

$$FF_{2-3} = ES_{3-5} - EF_{2-3} = 3 - 3 = 0$$

$$TF_{2-3} = LS_{2-3} - ES_{2-3} = 3 - 3 = 0$$

$$TF_{1-3} = LS_{1-3} - ES_{1-3} = 0 - 0 = 0$$

$$FF_{1-3} = ES_{3-5} - EF_{1-3} = 3 - 3 = 0$$

$$TF_{2-4} = LS_{2-4} - ES_{2-4} = 6 - 3 = 3$$

$$FF_{2-4} = ES_{4-5} - EF_{2-4} = 10 - 10 = 0$$

$$TF_{3-5} = LS_{3-5} - ES_{3-5} = 3 - 3 = 0$$

$$FF_{3-5} = ES_{5-6} - EF_{3-5} = 17 - 17 = 0$$

$$TF_{4-5} = LS_{4-5} - ES_{4-5} = 13 - 10 = 3$$

$$FF_{4-5} = ES_{5-6} - EF_{4-5} = 17 - 14 = 3$$

对于工作 5-6 按公式：

$$FF_{i-n} = T_p - EF_{i-n}$$

$$TF_{5-6} = 22 - 22 = 0$$

计算结果如图 6-10 所示,通常可将计算结果直接标示在图上。

因本网络计划的计算工期等于计划工期,故总时差为 0 的工作即为关键工作,如计划工期与计算工期不相等,则总时差最小的工作即为关键工作,将关键工作从前往后依次连接起来即为关键线路。本题关键线路见图 6-10 中的粗线。

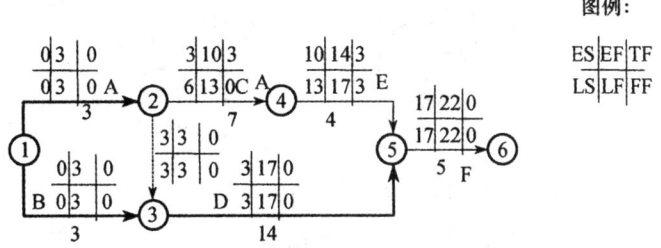

图 6-10　双代号网络图

节点时间参数的计算如图 6-11 所示。

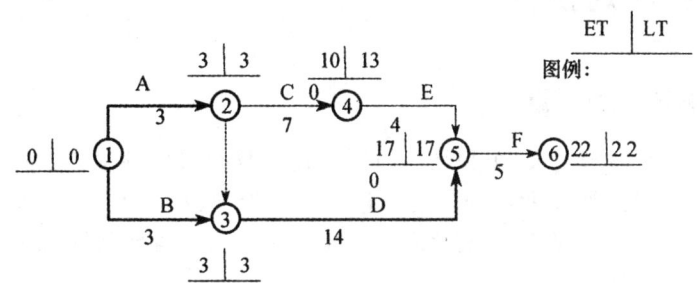

图 6-11　双代号网络图

其结果标在图中,计算过程略。

5. 单代号网络图

单代号网络图又称节点式网络图,它以节点及其编号表示工作,箭线表示工作之间的逻辑关系,如图 6-12 所示。图 6-10 所示双代号网络图用单代号网络图表示,如图 6-13 所示。

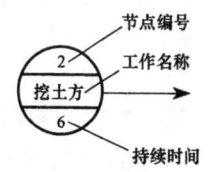

图 6-12　单代号网络图示例

单代号网络图时间参数的计算方法同双代号网络图,只是多了相邻两项工作之间的时间间隔 LAG_{i-j}。

相邻两项工作之间的时间间隔是指本工作最早完成时间与其紧后工作最早开始时间的差值,即

$$LAG_{i-j} = ES_j - EF_i$$

式中:LAG_{i-j}——工作 i 与其紧后工作 j 之间的时间间隔;

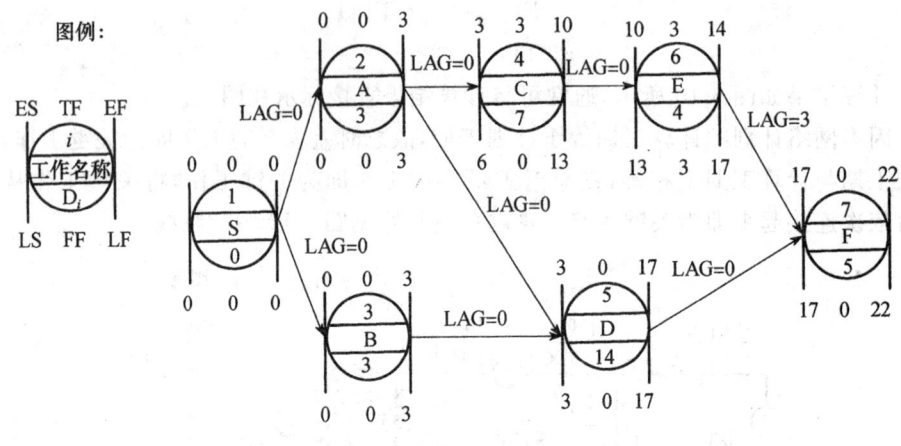

图例：

图 6-13　单代号网络图

ES$_j$——工作 i 的紧后工作 j 的最早开始时间；

EF$_j$——工作 i 的最早完成工作。

6.3　进度计划执行

6.3.1　影响进度的因素

工程项目建设规模庞大、工程结构与工艺技术复杂、建设周期长等特点，决定了建设工程进度将受到许多因素的影响。包括人为因素、技术因素、设备材料及构配件因素、机具因素、资金因素、水文地质与气象因素及其他自然与社会环境等方面的因素。常见影响因素有以下几个：

（1）业主因素　业主在工程项目建设中对各方目标的确定、变更都有决定权，在提供资金、场地、设备材料等方面都对工程项目建设进度有着绝对的影响。

（2）勘察设计因素　如：勘察资料不准确，特别是地质水文资料错误或遗漏；设计内容不完善，规范应用不恰当，设计有缺陷或错误；施工图纸供应不及时等。

（3）施工技术因素　如：施工工艺错误；施工方案不科学、不合理；施工安全措施不当；施工技术不成熟等。

（4）自然环境因素　如：不可预见的恶劣气候条件，复杂的工程地质条件，未探明的地下管网，以及地下埋藏的文物等。

（5）社会环境因素　如：相邻施工工地的干扰，节假日交通、市容整顿的限制；临时停水停电、断路；国外工程项目还受到项目所在国法律及制度变化、经济制裁、战争、骚乱、罢工等影响。

（6）组织管理因素　如：有关部门造成各种申请审批手续的延误；合同签订时条款的遗漏、表达失当；计划安排不周密、组织协调不力，导致停工待料、相关作业脱节；领导不力、指挥失当，使参加工程建设的各个单位、各个专业、各个施工过程之间交接和配合发生矛盾等。

（7）材料、设备因素 如：材料、构配件、机具和设备供应环节的差错，品种、规格、质量、数量与时间不能满足工程需要；特殊材料及新材料的不合理使用；施工设备不配套等。

（8）资金因素 如：拖欠工程进度款、资金不到位、资金短缺；汇率浮动和通货膨胀等。

6.3.2 进度计划的细化

进度计划按照计划的编制深度和所发挥的功能可分为项目总进度规划（计划）、项目子系统进度规划（计划）、项目子系统中的单项工程进度计划和控制性进度规划、指导性进度规划、实施性进度计划。这个划分就是进度计划不断细化的过程。

为保证工程项目按期建成交付使用，首先要按照进度计划由粗到细将施工进度总目标从不同角度进行分解，形成施工进度管理目标体系，作为执行进度计划的依据。

建设工程施工进度管理目标分解体系如图 6-14 所示。

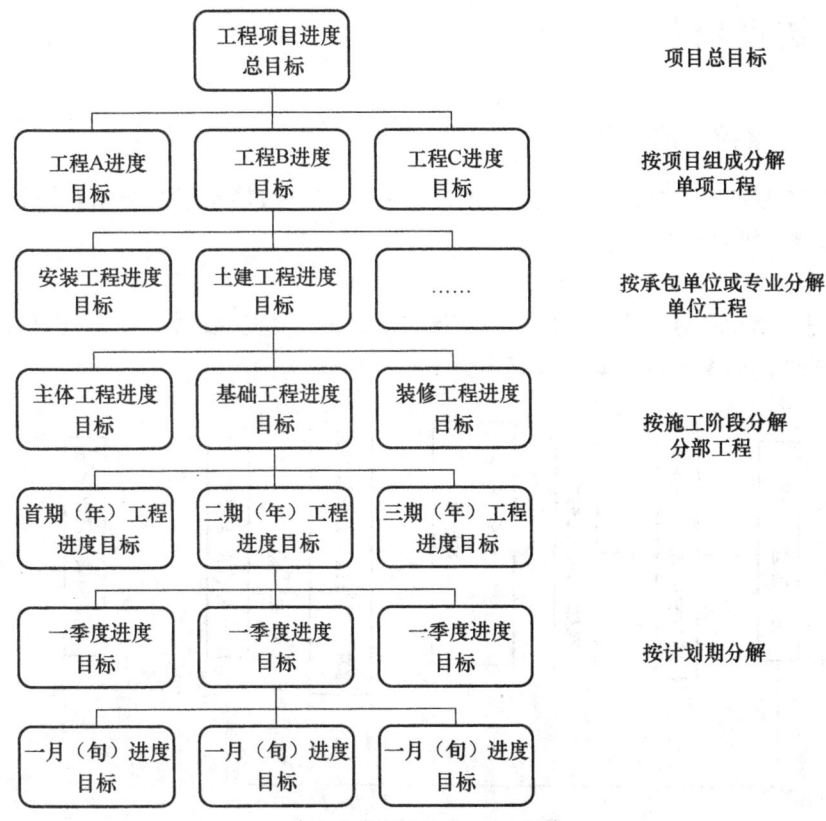

图 6-14 建设工程施工进度管理目标分解体系

1. 按项目组成分解

单项工程是工程项目的组成部分,具有独立的设计文件,建成后可以独立发挥生产能力或使用效益。在施工中应根据建设工程总进度目标,明确各单项工程的进度目标,以确保施工总进度目标的实现。

2. 按承包单位分解,明确分工条件和承包责任

一个单项工程按专业不同可分解为不同的单位工程。若由不同的施工单位承包,应按承包单位将单项工程的进度目标分解,确定各分包单位的进度目标,列入分包合同,落实分包责任,并根据各专业工程交叉施工方案和前后衔接条件,明确不同承包单位工作面交接的条件和时间。

3. 按施工阶段分解,划定进度控制分界点

一个单位工程可按施工先后顺序分解,如土建工程可分为基础工程施工、主体工程施工、装修工程施工等。

4. 按计划期分解

一个分部工程可按计划期长短分解,如月度计划、旬计划、周计划等。

6.4 进度控制

6.4.1 进度控制的方法

进度控制就是在进度计划实施过程中,对实际进度进行监测、分析,针对进度偏差采取调整、纠偏措施的过程。

1. 进度监测

进度监测就是对进度计划的执行情况进行跟踪、检查、数据统计、分析和比较的过程。进度监测系统过程如图 6-15 所示。

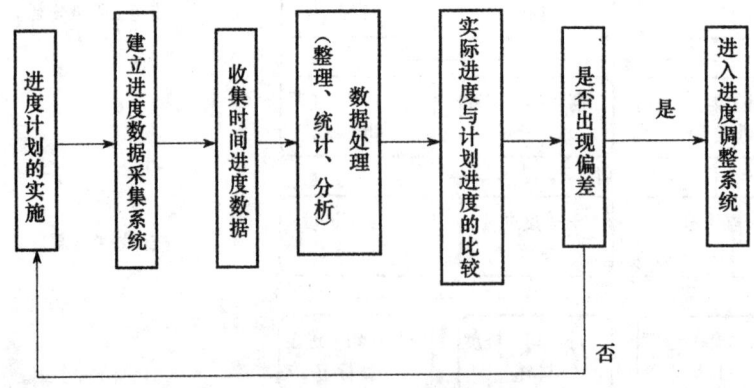

图 6-15 进度监测系统过程

1）进度数据采集

进度数据采集是进度跟踪检查的信息来源，是进度分析调整的依据，其主要工作是定期收集反映工程实际进度的有关数据。收集的数据应全面、真实、可靠。一是定期收集进度报表资料。施工部门应在规定时间按规定内容认真填写进度报表，并呈报进度管理部门，以便掌握进度实际执行情况的第一手资料。二是现场实地检查工程进展情况。三是定期召开现场会议。进度管理人员通过与进度计划执行部门人员进行面对面交流，既可以了解工程实际进度状况，也可以协调有关方面的进度关系。

2）数据处理加工、分析

为了进行实际进度与计划进度的比较，必须对收集到的时间进度数据进行加工处理，形成与计划进度具有可比性的数据。如土石方立方米与管道安装延长米必须转化为人工时、费用等可比的数据。再如本期累计完成的工作量、本期已完成工作量占计划总工作量的百分比等，都必须经统计处理才能比较。

3）实际进度与计划进度的对比分析

将实际进度数据与计划进度数据进行比较，可以确定建设工程实际执行状况与计划目标之间的差距。为了直观反映实际进度偏差，通常用表格或图形进行实际进度与计划进度的对比分析，常用的方法有横道图比较法，前锋线比较法、S 形曲线比较法等。

2. 进度调整

通过进度监测过程，当发现实际进度偏离计划进度时，必须认真分析产生偏差的原因及对后续工作和总工期的影响，必要时采取有效的进度计划调整措施，确保进度总目标的实现。进度调整过程如图 6-16 所示。

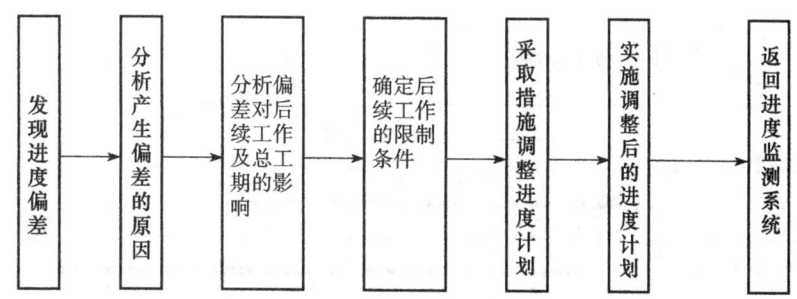

图 6-16　进度调整过程

（1）分析进度偏差产生的原因　实际进度与计划进度产生偏差、只有认真分析偏差产生的原因，才能有的放矢、对症下药，措施才能得力。

（2）分析进度偏差对后续工作和总工期的影响　实际进度与计划进度产生偏差，并不是都要进行调整，只有对后续工作和总工期的影响程度达到必须调整时才进行调整。

（3）确定后续工作和总工期的限制条件　当出现的进度偏差影响到后续工作或总工期而必须要采取进度调整措施时,应当首先确定可调整进度的范围,主要指关键节点、后续工作的限制条件以及总工期允许变化的范围。这些限制条件往往与合同条件有关,需认真分析后确定。

（4）采取措施调整进度计划　采取进度调整措施,应以后续工作和总工期的限制条件为依据,确保要求的进度目标得以实现。

3. 实施调整后的进度计划

进度计划调整后,应采取相应的组织、经济、技术措施执行,并继续监控其执行情况。

6.4.2　横道图比较法

横道图比较法是指将工程项目实际执行过程中的进度数据经加工整理后,直接用横道线平行绘于原计划的横道线处,进行实际进度与计划进度比较的方法。这种方法直观、明了、简单、易操作,常用在施工形象进度控制中。

根据每项工作在单位时间内完成的任务量是否相等横道比较法分为:匀速进展横道图比较法和非匀速进展横道图比较法。

匀速进展横道图比较法中,线段长度按比例表示完成工程量的多少。

【例题三】某任务由 ABCD 四项工作组成。A 工作计划工期 5 天,从第一天到第五天;B 工作计划工期 6 天,从第二天到第七天;C 工作计划工期 5 天,从第四天到第八天;D 工作计划工期 3 天,从第六天到第八天。测量检查日期为第四天末。实际执行情况为:A 工作比计划进度慢 0.5 天,B 工作与计划进度同步,C 工作超前 0.5 天,D 工作尚未开始。试用横道图比较法表示。该任务的实际进度与计划进度。

解

上述工作实际执行效果如图 6-17 所示。

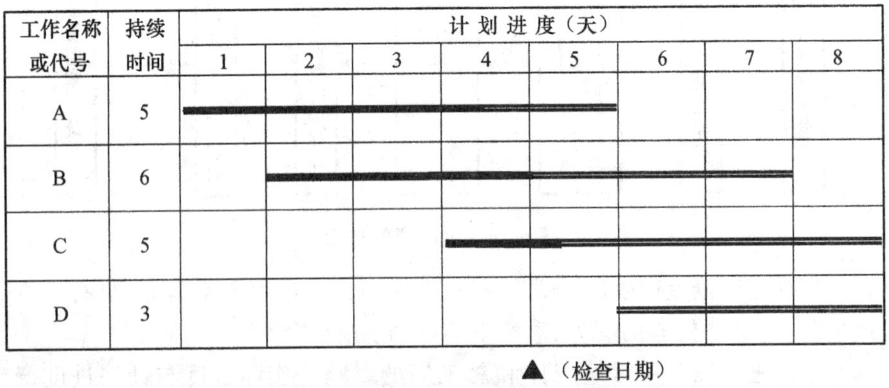

工作名称 或代号	持续 时间	计划进度（天）							
		1	2	3	4	5	6	7	8
A	5								
B	6								
C	5								
D	3								

▲（检查日期）

图 6-17　某工程实际进度与计划进度比较图(匀速进展横道图)

非匀速进展横道图中,各项工作累计完成工作量与时间的关系不是线性关系,其长度不代表完成工作量的多少,在进行实际进度与计划进度比较时,在线段上方要表示出计划进度对应时刻完成任务量的百分比,在线段下方要表示出实际进度对应时刻完成任务量的百分比。如图 6-18 所示,在横道线上方标出该工作每天计划累计完成任务量的百分比,分别为 10%、25%、45%、65%、80%、90% 和 100%;在横道线下方标出该工作每天实际累计完成任务量的百分比,分别为 8%、22%、42%、60%。

1	2	3	4	5	6	7	8	（周）
10	25	45	65	80	90	100		(%) 计划累计完成百分比
8	22	42	60					(%) 实际累计完成百分比

▲（检查日期）

图 6-18　某工程实际进度与计划进度比较图(非匀速进展横道图)

从图中可看出,该工作在第一天实际进度比计划进度落后 2%,至第 4 天末,实际累计进度落后于计划进度 5%。

6.4.3　前锋线比较法

前锋线比较法是用前锋线将测量检查时的实际形象进度直接表示在计划形象进度图上,一般可表示在时标网络图和横道计划图上。

1. 前锋线组成及表示方法

前锋线由竖线、尖点及竖线和尖点的连线组成。如图 6-19 所示。

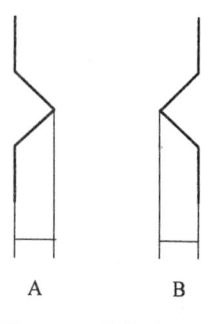

(1) 竖线表示的时间为测量时间和测量时计划进度点。

(2) 尖点表示测量时的实际完成进度(工作量)点。

(3) 竖线与尖点连线的水平距离表示测量时间计划进度和实际进度的差值,即形象进度偏差值。

图 6-19　前锋线组成

2. 前锋线作图方法

(1) 在对应于测量的日历时间位置处作一条竖线。

(2) 当实际形象进度统计出来后,在竖线与每一条横道计划表示出超前及超前时间、滞后与滞后时间。

采用前锋线比较法进行形象进度控制的特点是简单明了、内容详细。前锋线不仅能显示出计划进度和实际进度,而且显示了超前、滞后的时间。

如图 6-20 所示,某任务由 A、B、C、D 四项工作组成,计划进度用横道图表示。测量时间为第 6 个月末。从图中可看出,实际执行情况为:A 工作已完成;B 工作超前于计划,超前时间半月;C工作滞后于计划,滞后时间1个月;D工作比计划提前半个月开始。

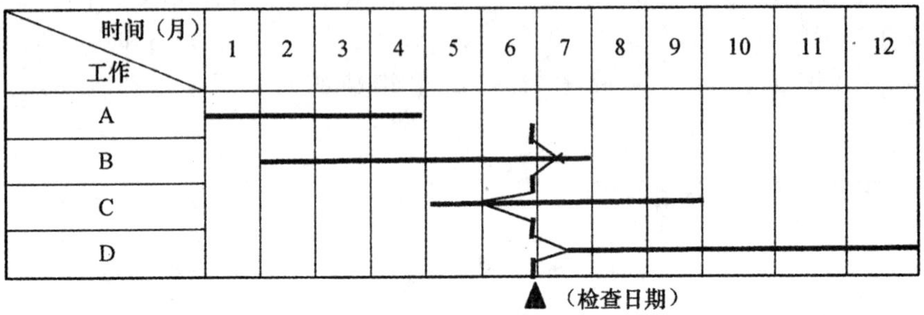

时间（月） 工作	1	2	3	4	5	6	7	8	9	10	11	12
A												
B												
C												
D												

▲（检查日期）

图 6-20　某工程前锋线比较图

第7章 工程项目成本管理

【知识点及学习要求】

知　识　点	学　习　要　求
知识点 1:成本管理概述	了解成本管理的作用;熟悉成本管理的任务;掌握成本组成
知识点 2:成本计划	了解成本计划的类型;熟悉进度计划与成本计划的关系;掌握成本计划的编制方法
知识点 3:成本控制	熟悉工程费用主要结算方式、工程变更价款的确定;掌握成本控制的程序、工程价款的结算、成本控制的方法
知识点 4:成本分析	掌握成本分析的方法

7.1 成本管理概述

成本是企业在生产经营过程中发生的有关费用支出。费用是企业为销售商品、提供劳务等日常活动所发生的经济利益的流出,表现为资产的减少或负债的增加。

工程项目成本是指工程项目从设想开始到全部建成投产为止,这期间所需全部费用的总和。工程项目成本包括基础投资、前期各种费用、项目建设贷款利息、管理费及其他各种费用等。准确估算项目投资额、科学制订资金筹措方案是降低项目成本、提高投资效益的重要途径。只有依据现行的经济法规和价格政策,准确地估算有关财务数据,才能有效控制项目成本,提高投资效益。成本管理是每一个项目经理必须关注的重要工作,追求效益最大化是项目经理进行项目管理的主要目标之一。工程项目成本主要包括以下内容。

(1) 决策期成本　决策期是项目形成的第一个阶段,对项目建成后的经济效益与社会效益产生重要影响。为对项目进行科学决策,在这一阶段要进行市场调查、机会研究、可行性研究、项目评估等工作。完成这些工作所耗用的资金构成了项目的决策期成本。

(2) 招标费用　投资者自行招标或委托招标所发生的费用开支。

(3) 勘察设计成本　勘察、设计工作耗用的费用总和构成勘察设计成本。

(4) 施工成本　施工成本是指在施工过程中,为完成项目的建筑安装施工所耗用的各项费用总和。工程项目施工成本包括施工生产过程中所耗费的生产资料转移的价值和劳动耗费所创造的价值中以工资和附加费的形式分配给劳动者的个人消费金。它具体包括人工费、材料费、机械使用费、其他直接费和施工管理费。其中前四项称为"直接费或直接成本",施工管理费称为"间接或间接成本"。

项目施工成本是项目总成本的主要组成部分,且在正确决策和勘察设计条件下,施工成本一般在总成本中占比较高。因此,工程项目成本管理实际上是施工成本的管理。

7.1.1 成本管理的含义

成本管理是将成本支出限制在预先确立的标准和计划之内的一种管理方法,是企业为实现项目成本目标,在项目实施过程中对所发生的成本支出系统地进行预测、计划、控制、核算、分析、考核等一系列工作的总称。它通过制订成本目标和计划,对成本形成过程中的一切耗费进行严格的计量,对脱离成本目标和计划差异进行分析,找出原因,及时调整,纠正偏差,确保成本控制在标准范围之内。

工程项目成本管理是根据开发商或投资商的总体目标和工程项目的具体要求,在工程项目建设过程中,对有关活动进行有效的组织、实施、控制、跟踪、分析和考核等管理活动,以达到强化经营管理、完善成本管理制度、提高成本核算水平、降低开发建设和经营管理成本、实现目标利润、创造良好经济效益的目的。

工程项目管理的最终目标是建成质量高、安全可靠、工期短、成本低的工程产品,而成本是各项经济效果的综合反映,是对工程项目建设过程中发生的资本运动及其结果进行的全员、全过程、全方位的科学管理,因此成本管理是工程项目管理的核心内容之一。

7.1.2 成本管理的任务

工程项目成本管理的内容包括:成本预测、成本计划、成本控制、成本核算、成本分析和成本考核检查等。每一个环节都是相互联系和相互作用的。成本预测是成本计划的前提。成本计划是开展成本控制和核算的基础。成本控制是成本计划实施的监督。成本分析和成本核算又是成本计划是否实现的最后检验,其所提供的成本信息又对下一个项目成本预测和决策提供基础资料。成本考核是实现成本目标责任制的保证和实现决策目标的重要手段。工程项目成本管理的任务具体包括以下几方面。

(1)通过成本预测和决策,争取企业项目经营效益的最优化。

(2)根据成本决策,制订企业的目标成本,编制成本计划,作为成本控制、分析和考核的依据。

(3)根据成本计划、相应的消耗定额和有关的法规、制度,控制各项成本、费用,防止浪费和损失,促使企业执行成本计划,节约费用,降低成本。

(4)正确地、及时地进行成本核算,反映成本计划的执行情况,为企业生产经营决策提供成本信息,并按规定为国民经济管理提供必要的成本数据。

（5）分析和考核各项消耗定额和成本计划的执行情况和结果，调动企业职工生产经营的积极性，促使企业改进生产经营管理。

7.2　成本计划

成本计划是在成本预测的基础上，以货币形式编制的项目实施过程中必须支出的费用计划，是项目目标成本的具体化。施工成本计划是施工项目从开工到竣工计划必须支出的施工生产费用，是指导施工项目降低成本的技术经济文件。施工项目成本计划一经颁布，便具有约束力，可以作为计划期施工项目成本工作的目标，并作为检查计划执行情况、考核施工项目成本管理工作业绩的依据。

施工项目成本计划工作是成本管理和项目管理的一个重要环节，是企业生产经营计划工作的重要组成部分，是对施工项目成本进行计划管理的有效工具，是对生产耗费进行分析和考核的重要依据，是建立企业成本管理责任制、开展经济核算的基础，是挖掘降低成本潜力的有效手段，也是检验施工企业技术水平和管理水平的重要手段。

7.2.1　成本计划的类型

对于一个项目而言，成本计划的编制是一个不断深化的过程。在这一过程的不同阶段形成深度和作用不同的成本计划，按其作用可分为三类。

（1）竞争性成本计划　即工程项目投标及签订合同阶段的估算成本计划。这类成本计划以招标文件中的合同条件、投标者须知、技术规程、设计图纸或工程量清单等为依据，以有关价格条件说明为基础，结合调研和现场考察获得的情况，根据本企业的工料消耗标准、水平、价格资料和费用指标等，对本企业完成招标工程所需要支出的全部费用的估算。在投标报价过程中，虽也着力考虑降低成本的途径和措施，但总体上较为粗略。

（2）指导性成本计划　即选派项目经理阶段的预算成本计划，是项目经理的责任成本目标。它以合同标书为依据，按照企业的预算定额标准制订的设计预算成本计划，且一般情况下以此确定责任总成本指标。

（3）实施性成本计划　即项目施工准备阶段的施工预算成本计划，它以项目实施方案为依据，以落实项目经理责任目标为出发点，采用企业的施工定额通过施工预算的编制而形成的实施性施工成本计划。

7.2.2　成本计划与进度计划的关系

工程项目具有投资周期长、投资额大的特点，工程的时间变化会对工程成本产生一定的影响。为此，项目成本管理与项目进度管理密不可分。

1. 基于时间的联系

项目成本不仅是一笔总金额，而且存在着在时间刻度上分配的问题。随着项目的实施,工作中任务按时间序列展开,成本就不只是一个总金额,而是发生在各个工作和任务中。因此,一切工作与任务都会通过时间坐标与成本建立联系。

2. 基于资源的联系

成本与进度不仅存在着时间分布上的联系,还存在着相互制约、相互转化的关系。资源是活动开展的基本条件,它包括人、设备、材料、技术等。何时、何地获取资源将直接影响到进度计划的制定,离开了资源计划,进度计划只是纸上谈兵,毫无意义。而成本的产生,是随着资源的使用与消耗发生的,需要多少资源就对应多少成本,因此,在项目计划阶段,成本与进度通过资源产生不可分割的联系。随着项目的开展,资源不断消耗,成本也不断产生,成本与进度可通过资源发生相互转换。当进度落后时,可以投入更多的材料、效率更高的人员、更先进的设备来加快进度,此时成本上升。当成本超支时,可以通过减少人员,降低耗材等手段削减成本,但此时工作时间延长、进度放慢。可见,成本与进度可以通过资源相互制约、相互转化,这也正是成本-进度管理的基础。

成本的产生是为了保证工程进度的实施,因此,成本计划通常是在进度计划的基础上,根据物资消耗水平、企业生产效率、市场调查等多重因素综合考虑编制,并随进度计划的调整进行资源优化,进而调整对应的成本计划,为进度计划的执行提供保障。同时,成本计划对进度计划的执行具有影响及监督作用,通过成本计划的执行为工程项目争取最大的经济效益。

7.2.3 成本计划编制方法

成本计划的编制以成本预测为基础,关键是确定目标总成本。计划的制订需结合施工组织设计的编制过程,通过不断优化施工技术方案和合理配置生产要素,进行工、料、机消耗分析,制定一系列节约成本和挖潜的措施,确定施工成本计划。一般情况下,施工成本计划总额应控制在目标成本范围内,并使成本计划建立在切实可行的基础上。

施工总成本目标确定之后,还需通过制定详细的实施性施工成本计划把目标成本层层分解,落实到施工过程的每个环节,以便有效地进行成本控制。

1. 按成本组成编制成本计划

目前我国建筑安装工程费由直接费、间接费、利润和税金组成施工成本可以按成本组成分解为人工费、材料费、施工机具使用费、措施费和间接费,如图 7-1 所示。在此基础上,编制按成本组成分解的施工成本计划。

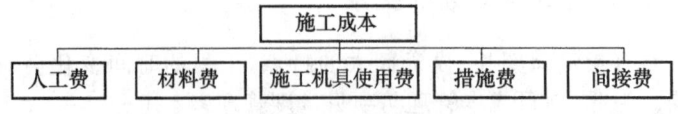

图 7-1 施工成本按成本组成分解

2. 按项目结构编制成本计划

大中型工程项目通常是由若干单项工程构成的,而每个单项工程包括了多个单位工程,每个单位工程又由若干个分部分项工程所构成。因此,首先要把项目总施工成本分解到单项工程和单位工程中,再进一步分解到分部工程和分项工程中,如图 7-2 所示。

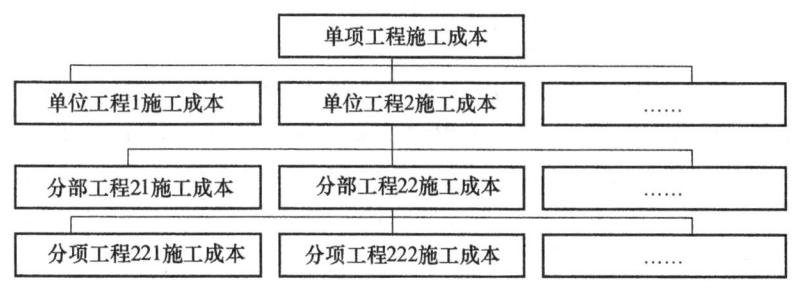

图 7-2　成本按项目结构分解

在完成施工项目成本目标分解之后,接下来就要具体地分配成本,编制分项工程的成本支出计划,从而得到详细的成本计划表。

在编制成本支出计划时,要在项目总体方面上考虑总的预备费,也要在主要的分项工程中安排适当的不可预见费,避免在具体编制成本计划时,可能发现个别单位工程或工程量表中某项内容的工程量计算有较大出入,使原来的成本预算失实,并在项目实施过程中对其尽可能地采取一些措施。

3. 按工程实施阶段编制成本计划

按工程实施阶段编制成本计划,可以按实施阶段,如基础、主体、安装、装修等或按月、季、年等实施进度进行编制。按工程实施进度编制施工成本计划,通常可利用控制项目进度的网络图扩充得到。即在绘制网络图时,一方面确定完成各项工作所需要花费的时间,另一方面确定完成这一工作合适的施工成本支出计划。在实践中,将工程项目分解为既能方便地表示时间,又能方便地表示施工成本支出计划的工作是不容易的,通常如果项目分解程度对时间控制合适的话,则对施工成本支出计划可能分解过细,以至于不能确定每项工作的施工成本支出计划。因此,在编制网络计划时,应在充分考虑进度控制对项目划分要求的同时,考虑确定施工成本支出计划对项目划分的要求,做到两者兼顾。

以上三种编制施工成本计划的方式并不是相互独立的,在实践中将这几种方式结合起来使用,往往可以取得取长补短的效果。例如,将按项目分解总施工成本与按成本构成分解总施工成本两种方式相结合,横向按施工成本构成分解,纵向按子项目分解,或相反。这种分解方式有助于检查各分部分项工程施工成本构成是否完整,有无重复计算或漏算;同时有助于检查各项具体的施工成本支出的对象是否明确或落实,并且可以从数字上校核分解的结果有无错误。

7.3 成本控制

7.3.1 成本控制的含义和程序

施工项目成本控制,是指项目经理部在项目成本形成的过程中,为控制人、机、材的消耗和费用支出,降低工程成本,达到预期的项目成本目标所进行的成本预测、计划、实施、核算、分析、考核、整理成本资料、编制成本报告等一系列活动。

从建设单位的角度看,项目成本控制贯穿工程项目建设全过程,即在项目建设全过程中,通过综合运用技术、经济、合同、法律等手段,对工程成本进行合理的确定和有效的控制,使人力、物力、财力能够得到有效使用,并取得良好的经济效益和社会效益。

从建设程序来看,建设单位成本控制包括:投资决策阶段成本控制;设计阶段成本控制;施工发承包阶段成本控制;施工阶段成本控制及竣工验收阶段成本控制。

施工项目成本控制以合同文件、成本计划、进度报告、工程变更与索赔资料、各种资源的市场信息等为依据,对施工过程和成本计划进行实时监控,严格审查各项费用支出是否符合标准,计算实际成本和计划成本之间的差异并进行分析。

在确定了施工项目成本计划之后,必须定期进行计划值与实际值的比较,当实际值偏离计划值时,要分析原因,采取适当的纠偏措施,以确保施工成本控制目标的实现。

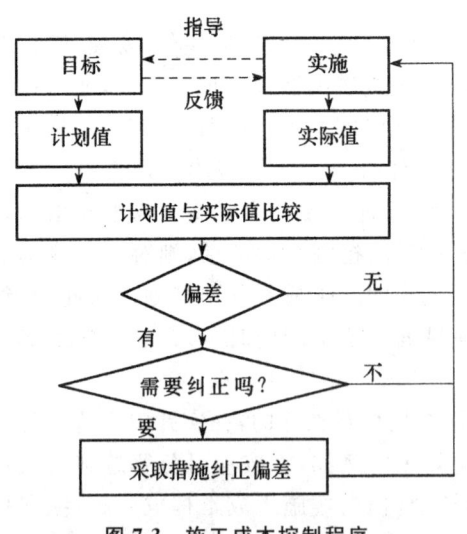

图7-3 施工成本控制程序

施工项目成本控制的程度如图7-3所示。

(1)确定项目成本管理分层次目标 根据公司与项目签订的项目承包合同确定项目的成本管理目标,并根据工程进度计划确定月度成本计划目标。

(2)采集成本数据、监测成本形成过程 定期收集反映成本支出情况的数据,并将实际值与计划值进行对比。

(3)找出偏差、分析原因 及时分析偏差产生的原因,分清是客观因素还是人为因素。

(4)制定对策、纠正偏差 过程控制的目的就是不断纠正成本形成过程中的偏差,保证成本的发生在预定范围内。

（5）调整改进成本管理方法　将各岗位人员的成本管理行为与成本目标相结合，才能保证成本管理工作有序地、富有成效地进行。

7.3.2　工程变更价款的确定

1. 建设工程施工合同（示范文本）中约定的工程变更价款的确定方法

承包商在工程变更确定后的 14 天内，提出变更工程价款的报告，经工程师确认后调整合同价款。变更合同价款按下列方法确定。

（1）合同中已有适用于变更工程的价格，按合同已有的价格计算变更合同价款。

在变更合同价款的确定上，首先应当考虑合同中已有的、能够使用或者能够参照适用的价格。这是因为合同中已有的单价或价格由承包商在投标时提供，较为合理，而且更容易被业主、承包商以及监理工程师所接受。

（2）合同中只有类似于变更工程的价格，可参照类似价格确定变更合同价款。

（3）合同中没有适用或类似于变更工程的价格，由承包方提出适当的变更价格，经工程师确认后执行。

2.《建设工程工程量清单计价规范》（GB50500—2013）中规定的工程变更价款的确定方法

合同中综合单价因工程量变更，除合同另有约定外，应按照下列办法确定。

（1）工程量清单漏项或由于设计变更引起新的工程量清单项目，其相应综合单价由承包人提出，经发包人确认后作为结算的依据。

（2）由于设计变更引起工程量数量偏差或增减，属于合同约定幅度内的，应执行原有的综合单价；属于合同约定幅度以外的，其增加部分的工程量或减少后剩余部分工程量的综合单价应由承包人提出，经发包人确认后作为结算的依据。

7.3.3　建筑安装工程费用结算

7.3.3.1　主要结算方式

建筑安装工程费用的结算方式有多种，可以根据工程的不同情况选用。

1. 按月结算

即实行旬末或月中预支，月终结算，竣工后清算的办法。跨年度竣工的工程，在年终进行工程盘点，办理年度结算。我国现行建筑安装工程价款结算中，相当一部分实行按月结算方式。这种结算方式是按分部分项工程，即以"假定建筑安装产品"为对象按月先预付部分工程进度款，待工程竣工后再办理竣工结算，一次结清，找补余款。

2. 竣工后一次结算

对于建设项目或单项工程全部建筑安装工程建设期在 12 个月以内，或者工程承包合同价值在 100 万元以下的工程，可以实行工程价款每月月中预支，竣工后一次结算。

3. 分段结算

对于当年开工、当年不能竣工的单项工程或单位工程,可按照工程形象进度,划分不同阶段进行结算。分段结算可以按月预支工程款。分段标准由各部门或省、自治区、直辖市、计划单列市规定。

4. 结算双方约定的其他结算方式

实施竣工后一次结算和分段结算的工程,当年结算的工程款应与分年度的工作量一致,年终不另清算。

7.3.3.2 工程价款的结算

1. 工程预付款

工程预付款是施工合同订立后由业主按照合同约定,在正式开工前预先支付给承包商的工程款,用作施工准备费用和备料周转金(习惯上称为预付备料款)。工程预付款的具体事宜由承发包双方根据有关规定,结合工程款、工期和包工包料等情况在合同中约定。

一般建筑工程预付款不应超过当年建筑工作量(包括水、电、暖)的 30%;安装工程预付款按年度安装工作量的 10% 支付;材料占比重较大的安装工程按年计划产值的 15% 左右拨付预付款。

发包单位拨付给承包单位的工程预付款属于预支性质,随着工程的实施,所需主要材料的储备会逐渐减少,预付款应以充抵工程价款的方式陆续扣回,扣回的方法由双方在合同中约定。工程预付款常见的扣回方法有以下两种。

(1)当未完工程尚需的主要材料及构件费等于工程预付款数额时起扣,从每次结算的工程价款中,按材料费比重抵扣工程价款,竣工前全部扣清。其基本表达式是:

$$T = P - \frac{M}{N} \tag{7-1}$$

式中:T——起扣点,即预付款开始扣回时的累计完成工作量金额;

M——工程预付款总额;

N——主要材料、构件费所占比例;

P——承包工程合同价款总额。

(2)当承包方累计完成工作量金额达到合同总价的一定比例后,发包方从每次应付给承包方的工程款中扣回工程预付款,发包方至少应在合同规定的完工日期前将预付款全部逐次扣回。

如实际情况比较复杂,工期短、造价低的工程预付款无须分期扣回;如工期长、跨年度工程,当年可以扣回部分预付款,将未扣回部分转入次年,直到竣工年度全部扣回。

【例题一】某工程合同金额 360 万元,合同工期 5 个月,按合同款的 15% 支付工程预付款,主要材料费所占比例 60%,前四个月每月完成工程量 70 万元,第五个月完成工程量 80 万元,合同约定按 5% 扣留保修金,工程完工前工程预付款如何扣回?

解:

(1) 预付款起扣点:

$$工程预付款 = 360 \times 15\% = 54(万元)$$

$$T = P - \frac{M}{N} = 360 - \frac{54}{60\%} = 270(万元)$$

即当累计完成工程量达到 270 万元时,开始扣预付款。

(2) 预付款扣回时间及数额:

第 1 个月至第 4 个月分别完成工程量 70 万元,则前 3 个月累计完成工程量为 210 万元;

由于 210 万元小于 270 万元,故在前三个月的进度款中不扣预付款;

前 4 个月累计完成工程量为 280 万元,大于 270 万元,所以,应从第 4 个月开始扣预付款,数额为 $(280 - 270) \times 60\% = 6(万元)$;

第 5 个月抵扣预付款数额为 $80 \times 6\% = 48(万元)$;

保修金 $= 360 \times 5\% = 18(万元)$;

工程结算款为 $80 - 48 - 18 = 14(万元)$。

具体如表 7-1 所示。

表 7-1　预付款扣回时间及数额　　　　　(单位:万元)

月份	第 1 个月	第 2 个月	第 3 个月	第 4 个月	第 5 个月
完成工程量	70	70	70	70	80
扣预付款数额				6	48
保留金					18
进度款支付额	70	70	70	64	14

2. 工程进度款的支付

工程发承包双方应当按照合同约定,定期或者按照工程进度进行工程款的结算。在工程建设过程中,承包方按结算期内完成的工程数量计算各项费用,向发包方办理工程进度款的支付(即中间结算)。按约定时间应扣回的预付款,与工程进度款同期结算。符合约定范围调整的合同价款、工程变更调整的合同价款及其他条款中约定的追加合同价款,也应与工程进度款同期支付。

3. 保修金

一般规定,在工程承包合同中应将工程总造价的 3% ~ 5% 作为质量保修金,又称为尾留款,在工程保修期结束后拨付。在工程实践中,一般可采取两种扣款方式:一是当工程款累计拨付达到工程造价一定比例时,停止拨付工程款,余款作为尾留款;二是从发包方向承包方第一次支付工程款开始,每次从承包方应得的工程款中扣留规定比例的保修金,直到保修金总额达到投标书附录中规定的限额为止。

发包方在质量保修期满 14 天内,将剩余保修金和利息返还给承包方。

4. 竣工结算

竣工结算是指承包方按照合同规定的内容全部完成所承包的工程,经验收质量合格,并符合合同要求之后,向发包方进行的最终工程价款结算。

工程价款竣工结算的一般公式为:

$$\text{竣工结算工程款} = \text{合同价款} + \text{合同价款调整额} \qquad (7\text{-}2)$$
$$- \text{预付及已结算工程款} + \text{保修金}$$

7.3.3.3 费用动态结算方法

所谓动态结算是指把各种动态因素渗透到结算过程中,使结算价大体能反映实际的消耗费用。我国现行的工程价款结算方法基本上是以预算定额单价和地方定额站不定期公布的调价文件为依据进行的,被称为调价文件结算法,该方法在结算中对价格变动因素考虑不足。为了克服这个缺点,实行完善的工程价款动态结算尤为必要。

根据国际惯例,对建设项目已完成投资费用的结算,一般采用调值公式法,又称为动态结算公式法。调值公式的形式由承发包双方在合同中明确规定。

建筑安装工程费用调值公式一般包括固定部分、材料部分和人工部分三项,但当建筑安装工程的规模和复杂性增大时,公式也变得更为复杂。调值公式一般为:

$$P = P_0 \left(a_0 + a_1 \frac{A}{A_0} + a_2 \frac{B}{B_0} + a_3 \frac{C}{C_0} + a_4 \frac{D}{D_0} + \cdots \right) \qquad (7\text{-}3)$$

式中:P——调值后合同价款或工程实际结算款;

P_0——合同价款中工程预算进度款;

a_0——固定因素,代表合同支付中不能调整的部分;

a_1、a_2、a_3、a_4、$\cdots$——代表有关各项费用(如人工费用、钢材费用、水泥费用、运输费用等)在合同总价中所占的比重,$a_1 + a_2 + a_3 + a_4 + \cdots = 1$;

A_0、B_0、C_0、D_0、$\cdots$——签订合同时与 a_1、a_2、a_3、a_4、$\cdots$对应的各种费用的基期价格指数或价格;

A、B、C、D、$\cdots$——在工程结算月份与 a_1、a_2、a_3、a_4、$\cdots$对应的各种费用的现行价格指数或价格。

各部分费用的比重系数在施工标书中要求承包方在投标时即提出,并在价格分析中予以论证。但也有发包方(业主)在标书中规定一个允许范围,由投标人在此范围内选定的情况。

【例题二】某 200 万美元工程,其组成为:土方工程费 20 万美元,占 10%;砌体工程费 80 万美元,占 40%;钢筋混凝土工程费 100 万美元,占 50%。这三个组成部分的人工费和材料费占工程价款的 85%,人工费和材料费之间比例如下:

(1) 土方工程:人工费 60%,材料费 40%;

（2）砌体工程：人工费 55％，材料费 45％；

（3）钢筋混凝土工程：人工费 47％，材料费 53％。

该工程其他费用（即不调值费用）占工程价款的 15％。假定该合同的原始报价日期为 2007 年 1 月，2008 年 6 月完成的工程价款占合同总价的 10％，有关工资物价指数如表 7-2 所示。计算 2008 年 6 月经过调值后的工程价款数据。

表 7-2　工资物价指数

费用名称	代　号	2007 年 1 月指数	代　号	2008 年 6 月指数
人工费	A_0	100	A	118.0
材料费	B_0	152.0	B	176.0

解：首先计算人工费与材料费占整个工程价款的比例：

人工费比例：$(60％×10％+55％×40％+47％×50％)×85％=0.438=43.8％$

材料费比例：$(40％×10％+45％×40％+53％×50％)×85％=0.412=41.2％$

2008 年 6 月的工程款经调值后为：

$$P=P_0\left(0.15+0.438×\frac{A}{A_0}+0.412×\frac{B}{B_0}\right)$$

$$=10％×200×\left(0.15+0.438×\frac{118.0}{100}+0.412×\frac{176.0}{152.0}\right)$$

$$≈22.88（万美元）$$

2008 年 6 月实得工程款 22.88 万美元，由于该月工程价款占合同总价的 10％，调值后比原合同价 20 万美元多了 2.88 万美元。

7.3.4　成本控制的方法

成本控制的方法有很多，只要在满足质量、工期、安全的前提下，能够达到成本控制目的的方法都是好方法。但是，什么样的情况应该采取什么样的方法，是由控制内容所确定的。因此，要根据不同的情况，选择与之相适应的控制手段和控制方法。

7.3.4.1　按成本组成内容控制

按成本组成内容控制项目成本是比较常用而有效的方法之一，是在项目成本控制中，根据项目经理部制定的目标成本控制成本支出，实行"以收定支"或者"量入为出"。具体的处理方法如下。

1. 人工费的控制

在双方签订合同后，承包商应根据工程特点和施工范围确定劳务队伍。劳务分包队伍一般应通过招投标的方式确定。一般情况下，应按定额工日单价或平方米包干方式，以便管理。在施工过程中，必须严格地按合同核定劳务分包费用，严格控制支出，并每月预结一次，发现超支现象应及时分析原因。同时，在施工过程中要加强预控管理，防止合同外用工现象的发生。

2. 材料费的控制

对材料费的控制主要是通过控制消耗量和进场价格来进行的。

1) 材料消耗量的控制

(1) 材料需用量计划编制的适时性、完整性、准确性控制　在工程项目施工过程中,每月应根据施工进度计划,编制材料需用量计划。计划的适时性是指材料需要计划的提出和进场要适时。材料需用量计划至少应包括工程施工两个月的需用量,特殊材料的需用计划更应提前提出,以便给采购供应留有充裕的市场调查和组织供应时间。另外,材料需用计划不应该只是提出一个总量,各项材料均应分时段列出需用数量。常用大宗材料的提前进场时段不应过长。材料进场储备时段过长,必定导致占用的仓储面积增大和占用的资金量增大,材料保管损耗也会增大,无疑加大了材料成本。

计划的完整性是指材料需用量计划中的材料品种必须齐全,不能丢三落四。材料的型号、规格、性能、质量要求等要明确,避免因临时采购和错误采购造成损失。

计划的准确性是指材料需用量的计算要准确,绝不能粗估冒算。需用量计划应包括需用量和供应量。需用量是控制限额领料的依据,供应量等于需用量加损耗,是采购的依据。

(2) 材料领用控制　材料领用的控制是通过实行限额领料制度来控制的。这里有两道控制。一是工长给班组签发领料单的控制,二是材料发放对工长签发领料单的控制。超计划领料必须检查原因,经项目经理或授权代理人认可方可发料。

(3) 材料计量控制　混凝土、砂浆的配制计量不准确,必定造成水泥超用。以长度计量的材料,如钢筋、型钢、钢管等若超标准,质量必定超出,从而加大成本。因此,计量器具要按期检验、校正,必须受控;计量过程必须受控;计量方法必须全面准确并受控。

(4) 工序施工质量控制　前道工序的施工质量往往影响后道工序的材料消耗量。土石方的超挖,必定增加支护或回填工程量;模板的正偏差和变形必定增加混凝土的用量。因此施工质量必须受控,以分清成本责任。从每道工序的施工来讲,则应时时受控,一次合格,避免返修而增加材料消耗。

2) 材料进场价格的控制

材料进场价格控制的依据是工程投标报价和市场信息。材料采购价加运杂费构成的材料进场价应尽量控制在工程投标报价以内。由于市场价格是动态的,企业的材料管理部门,应利用现代化信息手段,广泛收集材料价格信息,定期发布当期材料最高限价和材料价格趋势,控制项目材料采购和提供采购参考信息。项目部也应逐步提高信息采集能力,优化采购。

3. 施工机具使用费的控制

凡是在确定目标成本时单独列出租赁的机械,应按使用数量、使用时间、使用单价逐项进行控制。小型机械及电动工具购置及修理费采取由劳务队包干使用的方法进行控制,包干费应低于目标成本的要求。

4．措施费的控制

措施费内容多,人为因素多,不易控制,超支现象较为严重。控制的办法是根据现场经费的收入,实行全面预算管理。对某些不易控制的项目(如交通差旅费)等可实行包干制。对一些不宜包干的项目(如业务招待费)可通过建立严格的审批手续来进行控制。

7.3.4.2　按工程组成内容控制

按工程组成内容控制成本可结合进度计划,利用横道图对工程组成内容各阶段的成本进行控制,这种方法也是偏差分析中常用的方法之一。

用横道图法进行施工成本偏差分析,是用不同的横道表示已完工程计划施工成本、拟完工程计划施工成本和已完工程实际施工成本,横道的长度与其金额成正比例。

如图 7-4 所示,在某筑路工程施工过程中,于某检查期进行进度及成本统计得到在路基工程施工中,已完工程实际施工成本与已完工程计划施工成本一致,没有成本偏差,同时拟完工程计划施工成本与已完工程计划施工成本一致,没有进度偏差;在基层工程施工中,已完工程实际施工成本大于已完工程计划施工成本,产生超支10 万元,拟完工程计划施工成本小于已完工程计划施工成本,又滞后 10 万元工程进度;而在面层工程中,已完工程实际施工成本大于已完工程计划施工成本,同样产生超支 10 万元,但由于拟完工程计划施工成本与已完工程计划施工成本一致,实际进度与计划进度一致。

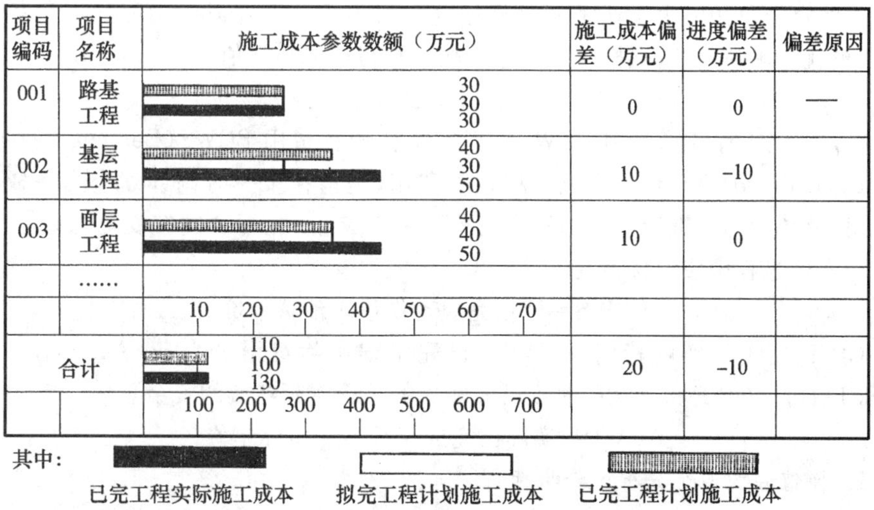

项目编码	项目名称	施工成本参数数额（万元）		施工成本偏差（万元）	进度偏差（万元）	偏差原因
001	路基工程		30 30 30	0	0	—
002	基层工程		40 30 50	10	-10	
003	面层工程		40 40 50	10	0	
	……					
		10　20　30　40　50　60　70				
	合计		110 100 130	20	-10	
		100　200　300　400　500　600　700				

其中：■ 已完工程实际施工成本　　□ 拟完工程计划施工成本　　▥ 已完工程计划施工成本

图 7-4　横道图法的成本偏差分析

横道图法具有形象、直观、一目了然等优点,不仅能够准确表达出施工成本的偏差,而且能直观地反映出偏差的严重性。但这种方法反映的信息量少,一般在项目较高的管理层中应用。

7.3.4.3 成本进度综合控制

长期以来,承包企业编制施工进度计划是为了安排施工进度和组织流水作业,很少与成本控制结合。实际上,成本控制与施工进度计划管理、成本与进度之间有必然的同步关系。成本是伴随着施工的进行而发生的,施工到什么阶段应该发生多少成本。如果成本与进度不对应,则必然会出现虚盈或虚亏等假象,如某项工程计划第一个月完成150万元的工作量,检测结果表明第一个月实际完成了158万元的工作量。这种情况有可能是进度正常,费用超支了8万元;也有可能是费用支出正常,进度提前超额完成了8万元的工作量;或是其他更为复杂的情况。因此,有必要研究费用偏差和进度偏差之间的关系,需引入成本进度综合度量指标,此即挣值法。挣值法也称赢得值法,是一种能全面衡量工程费用或进度整体状况的偏差分析法。挣值法实质是用价值指标代替工程量来测定工程进度的一种项目监控方法。

目前挣值法的概念在国际上被广泛采用。另外,挣值法既可应用于承包商的成本控制,也可应用于业主的费用控制。

1. 挣值法的三个基本参数

挣值法主要运用三个基本费用参数进行分析,它们都是时间的函数,这三个参数分别是已完工程预算费用 BCWP、拟完工程预算费用 BCWS 和已完工程实际费用 ACWP。

(1) 已完工程预算费用 BCWP 已完工程预算费用 BCWP(Budgeted Cost for Work Performed)是指在某一时间已经完成的工程,以批准认可的预算单价为标准所需要的资金总额。由于业主正是根据这个值为承包商完成的工程量支付相应的费用,也就是承包商获得(挣得)的金额,故称赢得值或挣得值(Earned Value)。

$$BCWP=实际已完成工程量×预算单价 \tag{7-4}$$

(2) 拟完工程预算费用 BCWS 拟完工程预算费用 BCWS(Budgeted Cost for Work Scheduled)也称计划完成工程预算费用,是指在某一时刻计划应当完成的工程,以预算单价为标准所需要的资金总额。一般来说,除了合同有变更之外,BCWS 在工作实施过程中应保持不变。

$$BCWS=计划完成工作量×预算单价 \tag{7-5}$$

(3) 已完工程实际费用 ACWP 已完工程实际费用 ACWP(Actual Cost for Work Performed)是指在某一时刻已经完成的工程实际花费的资金总额。

$$ACWP=实际已完成工程量×实际单价 \tag{7-6}$$

2. 挣值法的四个分析评价指标

在这三个费用参数的基础上,可以确定挣值法的四个分析评价指标。

(1) 费用偏差(Cost Variance,CV) CV 是指检查期间 BCWP 与 ACWP 之间的差异,其计算公式为 CV=BCWP−ACWP。当 CV<0 时,表示执行效果不佳,实际费用超出预算值,即超支。反之,当 CV>0 时,表示实际费用低于预算值,即有节余或效率高。当 CV＝0 时,实际费用与预算值一致,表明项目费用按计划执行。

（2）进度偏差(Schedule Variance,SV)　SV 是指检查期间 BCWP 与 BCWS 之间的差异。其计算公式为 SV＝BCWP－BCWS。当 SV＜0 时,表示进度延误,即实际进度落后于计划进度;当 SV＞0 时,表示进度提前;当 SV＝0 时,实际进度与计划进度一致,表明项目进度按计划执行。

（3）费用绩效指标(Cost Performed Index,CPI)　CPI 是指挣得值与实际费用值之比,即 CPI＝BCWP/ACWP。当 CPI＜1 时,表示实际费用超出预算;当 CPI＞1 时,表示实际费用低于预算;当 CPI＝1 时,实际费用与预算费用吻合,表明项目费用按计划进行。

（4）进度绩效指标(Schedule Performed Index,SPI)　SPI 是指项目挣得值与计划值之比,即 SPI＝BCWP/BCWS。当 SPI＜1 时,表示实际进度比计划进度拖后;当 SPI＞1 时,表示实际进度比计划进度提前;当 SPI＝1 时,表明实际进度与计划进度一致。

【例题三】某工程项目预算费用 800 万元,工期 5 个月,每月计划支出 160 万元。第三个月检查计划时,累计应完工程预算费用 480 万元,累计已完工程预算费用 500 万元,累计已完工程实际费用 510 万元。项目费用完成情况如表 7-3 所示。试计算出第三个月末的费用偏差、进度偏差、费用绩效指标及进度绩效指标,并分析其偏差情况。

表 7-3　项目费用完成情况表　　　　　　　　　　　　　（单位:万元）

费用项目	第 1 个月	第 2 个月	第 3 个月	第 4 个月	第 5 个月
BCWS	160	160	160	160	160
BCWP	160	170	170		
ACWP	160	170	180		

到第 3 个月末,累计工程进展状况如下:

$$CV＝\sum_{i=1}^{3}(BCWP_i－ACWP_i)＝500－510＝－10,费用超支 10 万元。$$

$$SV＝\sum_{i=1}^{3}(BCWP_i－BCWS_i)＝500－480＝20,进度提前的工程量为 20 万元。$$

$$CPI＝\sum_{i=1}^{3}(BCWP_i/ACWP_i)＝500/510＝0.98,表明费用超支,实际支出费用$$
应降低到 98％才可与计划费用保持一致。

$$SPI＝\sum_{i=1}^{3}(BCWP_i/BCWS_i)＝500/480＝1.04,表明进度提前,实际进度超出计$$
划进度的 4％。

7.4 成本分析

成本分析是根据有关成本资料,对成本指标所进行的分析。分析的目的不同,所需的资料不一样,所采取的分析方法也不相同,其中包括事前、事中、事后分析三个阶段。这三个阶段是相辅相成的,各自发挥着不同的作用。成本的事前分析可使企业在成本计划的执行过程中有成本控制的目标;事中分析则可以使成本控制目标得以实现;事后分析可以总结经验教训,以便开展下一个循环的成本控制。三者之间也有主次之分。一般情况下,事前分析和事中分析的作用大于事后分析,但事后分析对于检查成本计划的执行情况、评价工作业绩等方面都有着事前成本分析和事中成本分析所不可替代的作用。

7.4.1 成本分析的含义

成本分析是成本管理的一项重要工作,它主要以成本核算提供的资料为基础,并结合其他有关资料,按照一定的原则采取一定的方法,对影响成本的各种因素进行计算分析,找出成本升降的主要原因,并根据企业目前的实际情况和各种条件,制定出切实可行的降低成本的方案,以较少的生产投入取得较大的经济利益。

施工成本分析揭示了施工项目成本变化情况及其变化原因。它在成本形成过程中,对其进行的对比评价和剖析总结工作,贯穿施工项目成本管理的全过程。主要利用施工项目的成本核算资料,与计划成本、预算成本以及类似施工项目的实际成本等进行比较,了解成本的变动情况,同时分析主要技术经济指标对成本的影响,系统地研究成本变动原因,检查成本计划的合理性,深入揭示成本变动的规律,以便有效地进行成本管理。

影响施工项目成本变动的因素有两个方面,一是外部的属于市场经济的因素,二是内部的属于企业经营管理的因素。作为项目经理,应该了解这些因素,但应将施工项目成本分析的重点放在影响施工项目成本升降的内部因素上。

7.4.2 成本分析的方法

成本分析可采用比较法、因素分析法、差额分析法和比率法等基本方法;也可采用分部分项成本分析、年季月(或周、旬等)度成本分析、竣工成本分析等综合成本分析方法。

成本分析的方法可以单独使用,也可结合使用。尤其是在进行成本综合分析时,必须使用基本方法。为了更好地说明成本升降的具体原因,必须依据定量分析的结果进行定性分析。

7.4.2.1 指标对比分析法

指标对比分析法又称为比较法,是通过技术经济指标的对比,检查目标的完成情况,分析产生差异的原因,进而挖掘内部潜力的方法。这种方法具有通俗易懂、简便易行、便于掌握的特点,因而得到了广泛的应用,但在应用时必须注意各项技术经济指标的可比性。比较法的应用通常有以下几种形式。

(1)将实际指标与目标指标对比。通过这种对比,可以检查目标的完成情况,分析影响目标完成的原因,以便及时采取措施,保证成本目标的实现。在进行实际指标与目标指标对比时,还应注意目标本身有无问题,如果目标本身出现问题,则应调整目标,重新正确评价实际工作,以免打击员工的积极性。

(2)本期实际指标与上期实际指标对比。通过这种对比,可以看出各项技术经济指标的动态情况,反映施工项目管理水平的提高程度。一般情况下,一项技术经济指标只能代表施工项目管理的一个方面,只有成本指标才是施工项目管理水平的综合反映。因此,成本指标的对比尤为重要,一定要真实可靠,而且要有深度。

(3)与本行业平均水平、先进水平对比。通过这种对比,可以反映本项目的技术管理和经济管理水平与行业平均水平和先进水平的差距,进而采取措施赶超先进水平。

以上三种对比可以在一张表上反映出来。

【例题四】某项目本年节约"三材"的目标为150万元,实际节约了160万元;上年节约138万元;本企业先进水平节约167万元。根据上述资料编制项目成本对比分析表。

解:项目成本对比分析表,如表7-4所示。

表7-4 项目成本对比分析表　　　　　　　　　　(单位:万元)

指 标	本年计划数	上年实际数	企业先进水平	本年实际数	差异数(±)		
					与计划比	与上年比	与先进比
"三材"节约额	150	138	167	160	10	22	−7

由上述比较得出:本年成本控制总体是比较好的。在完成计划目标成本的前提下还多节约了10万元,与上年比多节约了22万元;但也有差距,与企业先进水平比成本高出了7万元。

7.4.2.2　因素分析法

因素分析法又称为连环置换法或连环替代法。可用这种方法分析各种因素对成本的影响程度。在进行分析时,首先要假定众多因素中的一个因素发生了变化,而其他因素不变,然后逐个替换,并分别比较其计算结果,以确定各个因素的变化对成本的影响程度。

连环替代法的计算分析步骤如下:

(1)确定分析对象(即所分析的技术经济指标),并计算出实际与目标(或预算)数的差异。

(2)确定该指标是由哪几个因素组成的,并按其相互关系进行排序(排序规则是:先实物量,后价值量;先绝对值,后相对值)。

(3)以目标(或预算)数为基础,将各因素的目标(或预算)数相乘,作为分析替代的基数。

(4)将各个因素的实际数按照上面的排列顺序进行替换计算,并将替换后的实际数保留下来。

(5)将每次替换计算所得的结果,与前一次的计算结果相比较,两者的差异即为该因素对成本的影响程度。

(6)各个因素的影响程度之和,应与分析对象的总差异相等。

必须说明,在应用"连环替代法"时,各个因素的排列顺序应该固定不变。否则,就会得出不同的计算结果,也会产生不同的结论。

【例题五】某施工企业承包住宅工程,计划砌砖工程量 2 000 m³。按预算定额规定,每立方米耗用空心砖 510 块,每块空心砖计划价格为 0.18 元;而实际砌砖工程量为 1 990 m³,每立方米实耗空心砖 515 块,每块空心砖实际购入价为 2.00 元。试用连环代替法进行成本分析。

解:

砌砖工程的空心砖成本计算公式为:

空心砖成本＝砌砖工程量×每立方米空心砖消耗量×空心砖价格

采用连环替代法对上述三个因素分别对空心砖成本的影响进行分析,计算结果如表 7-5 所示。

表 7-5 砌砖工程空心砖成本分析表

计算顺序	砌砖工程量	每立方米空心砖消耗量	空心砖价格/元	空心砖成本/元	差异数/元	成本差异的原因
计划数	2000	510	0.18	183 600		（计划成本）
第一次代替	1990	510	0.18	182 682	−918	由于工程量减少而降低
第二次代替	1990	515	0.18	184 473	1791	由于空心砖消耗量增加而提高
第三次代替	1990	515	2.00	204 970	20 497	由于价格上涨而提高
合计					21 370	计划成本与实际成本总量差异

以上分析结果表明,实际空心砖成本比计划超了21370元,主要原因是由于空心砖市场价格上涨及消耗量增加而引起,尤其是空心砖市场价格的上涨影响最大;另外,由于工程量减少,成本减少,应该总结经验,加强现场管理,密切关注市场价格的变化。

7.4.2.3 差额计算法

差额计算法是连环替代法的一种简化形式,它利用各个因素的目标值与实际值的差额来计算其对成本的影响程度。

【例题六】某施工项目在某月对实际成本进行了统计,与计划成本比较。根据表

7-6 中资料,应用"差额计算法"分析预算成本和成本降低率对成本降低额的影响程度。

表 7-6　降低成本目标与实际对比表

项　目	单　位	目　标	实　际	差　异
预算成本	万元	660	690	＋30
成本降低率	％	3	3.2	＋0.2
成本降低额	万元	19.8	22.08	＋2.28

解:(1) 预算成本增加对成本降低额的影响程度

$$(690-660)\times3\%=0.90(万元)$$

(2) 成本降低率提高对成本降低额的影响程度

$$(3.2\%-3\%)\times690=1.38(万元)$$

以上两项合计:0.90＋1.38＝2.28(万元),即实际成本降低额比目标值提高了 2.28 万元。

7.4.2.4　比率法

比率法是指用两个以上指标的比例进行分析的方法。它的基本特点是:先把对比分析的数值变成相对数,再观察其相互之间的关系。常用的比率法有以下几种。

1. 相关比率法

由于项目经济活动的各个方面是相互联系、相互依存、又相互影响的,因而可以将两个性质不同但又相关的指标加以对比,求出比率,并以此考查经营成果的好坏。例如:产值和工资是两个不同的概念,但它们的关系又是投入与产出的关系。在一般情况下,都希望以最少的工资支出完成最大的产值。因此,用产值工资率指标来考核人工费的支出水平,就很能说明问题。

2. 构成比率法

构成比率法又称比重分析法或结构对比分析法。通过构成比率,可以考查成本总量的构成情况及各成本项目占成本总量的比重,同时也可看出量、本、利的比例关系(即预算成本、实际成本和降低成本的比例关系),从而为寻求降低成本的途径指明方向。

【例题七】某施工企业有关分析资料如表 7-7 所示。请用构成比率法对其目前承包的工程项目进行成本分析。

表 7-7　成本构成比例分析表　　　　　(单位:万元)

成本项目	预算成本		实际成本		降低成本		
	金额	比例/(％)	金额	比例/(％)	金额	占本项/(％)	占总量/(％)
一、直接成本	1263.79	93.20	1200.31	92.38	63.48	5.05	4.68
1. 人工费	113.36	8.36	119.28	9.18	−5.92	−5.22	−0.44

续表

成本项目	预算成本		实际成本		降低成本		
	金额	比例/(%)	金额	比例/(%)	金额	占本项/(%)	占总量/(%)
2. 材料费	1006.56	54.23	939.67	72.32	66.89	6.65	4.93
3. 机械使用费	87.60	6.46	89.65	6.90	−2.05	−2.34	−0.15
4. 措施费	56.27	4.15	51.71	3.98	4.56	8.10	0.34
二、间接成本	92.21	6.80	99.01	7.62	−6.80	−7.37	−0.50
成本总量	1356.00	100.00	1299.32	100.00	56.68	4.18	4.18
量本利比例/(%)	100.00	—	95.82	—	4.18	—	—

分析:实际成本中直接成本是构成工程成本的主要支出项目,占成本总量的92.38%,其中材料费又是重中之重,占成本总量的72.32%。从本期计划执行的情况看,材料费实际成本比目标值降低了66.89万元,占材料费目标值(1 006.56万元)的6.65%,是总成本目标值的4.93%,对当期成本节约的贡献作用最大。应对材料费的降低进行具体原因分析,并在以后的工作中继续发扬。

3. 动态比率法

动态比率法是将同类指标不同时期的数值进行对比,求出比率,用以分析该项指标的发展方向和发展速度。动态比率的计算通常采用基期指数和环比指数两种方法。

【例题八】某施工企业采用基期指数和环比指数两种方法对本年各季度成本进行分析,编制指标动态比较表,如表7-8所示。

表7-8 指标动态比较表

指标	单位	第一季度	第二季度	第三季度	第四季度
降低成本	万元	26.00	32.00	28.00	27.00
基期指数(一季度=100)	%	—	123.08	107.69	103.85
环比指数(上一季度=100)	%	—	123.08	87.5	96.43

分析:基期指数法:第二季度成本指数=32÷26=123.08%;第三季度成本指数=28÷26=107.69%;第四季度成本指数=27÷26=103.85%。说明在同等条件下第二季度成本控制最好,比第一季度降低了23.08%。

环比指数法:第二季度成本指数=32÷26=123.08%;第三季度成本指数=28÷32=87.5%;第四季度成本指数=27÷28=96.43%。说明与前期比较第二季度成本降低了23.08%,而第三季度及第四季度都比前期成本有不同程度的提高,分别提高了12.5%和3.57%。

7.4.2.5 综合分析法

所谓综合成本,是指涉及多种生产要素,并受多种因素影响的成本费用,如分部分项工程成本,月(季)度成本、年度成本等,都是随着项目施工的进展而逐步形成的,与生产经营有着密切的关系。因此,做好上述成本的分析工作,无疑将促进项目的生产经营管理,提高项目的经济效益。

1. 分部分项工程成本分析

分部分项工程成本分析是施工项目成本分析的基础。其对象为已完工的分部分项工程。分析的方法是:进行预算成本、目标成本和实际成本的"三算"对比,分别计算实际偏差和目标偏差,分析偏差产生的原因,为今后的分部分项工程成本寻求节约途径。分部分项工程成本分析的资料来源分别是:预算成本来自投标报价成本,目标成本来自施工预算,实际成本来自施工任务单的实际工程量、实耗人工和限额领料单的实耗材料。

由于施工项目包括很多分部分项工程,不可能也没有必要对每一个分部分项工程都进行成本分析。但对于那些主要的分部分项工程,必须进行成本分析,而且要做到从开工到竣工进行系统的成本分析。这是一项很有意义的工作,因为通过主要分部分项工程成本的系统分析,可以基本上了解项目成本形成的全过程,为竣工成本分析和今后的项目成本管理提供宝贵的参考资料。

分部分项工程成本分析表的格式如表 7-9 所示。

表 7-9　分部分项工程成本分析表

单位工程:＿＿＿＿＿＿＿＿＿＿

分部分项工程名称:＿＿＿＿＿　工程量:＿＿＿＿＿　施工班组:＿＿＿＿＿　施工日期:＿＿＿＿＿

工料名称	规格	单位	单价	预算成本		目标成本		实际成本		实际与预算比较		实际与目标比较	
				数量	金额	数量	金额	数量	金额	数量	金额	数量	金额
合 计													
实际与预算比较(预算＝100)/(%)				—	—	—	—	—	—			—	—
实际与计划比较(计划＝100)/(%)				—	—	—	—	—	—	—	—	—	—
节超原因说明													

编制单位:　　　　　　　　　　成本员:　　　　　　　　　填表日期:

2. 月(季)度成本分析

月(季)度的成本分析,是施工项目定期的、经常性的中间成本分析。通过月(季)度成本分析,可以及时发现问题,以便按照成本目标指示的方向进行监督和控制,保证项目成本目标的实现。

月(季)度成本分析的依据是当月(季)的成本报表。分析的方法,通常包括以下几个方面。

(1) 通过实际成本与预算成本的对比,分析当月(季)的成本降低水平,通过累计实际成本与预算成本的对比,分析累计成本降低的水平,预测实现工程项目成本目标的前景。

(2) 通过实际成本与目标成本的对比,分析目标成本的落实情况,以及目标管理中的问题和不足,进而采取措施,加强成本管理,保证成本目标的落实。

(3) 通过对各成本项目的成本分析,可以了解成本总量的构成比例和成本管理的薄弱环节。以采取对应措施增收节支。

(4) 通过主要技术经济指标的实际与目标的对比,分析产量、质量、"三材"节约率、机械利用率等对成本的影响。

(5) 通过对技术组织措施执行效果的分析,寻求更加有效的措施。

(6) 分析其他有利条件和不利条件对成本的影响。

3. 年度成本分析

企业成本要求一年结算一次,不得将本年度成本转入下一年度。而项目成本以项目的寿命周期为结算期,要求从开工到竣工直至保修期结束连续计算,最后结算出成本总量及其盈亏。由于项目的施工周期一般较长,除进行月(季)度成本核算和分析外,还要进行年度成本的核算和分析。通过年度成本的综合分析,可以总结一年来成本管理的成绩和不足,为今后的成本管理提供经验和教训,从而对项目成本进行更有效的管理。

年度成本分析的依据是年度成本报表。年度成本分析的内容,除了月(季)度成本分析的六个方面以外,重点是针对下一年度的施工进展情况提出切实可行的成本管理措施,以保证施工项目成本目标的实现。

4. 竣工成本的综合分析

凡是有几个单位工程而且是单独进行成本核算(即成本核算对象)的施工项目,其竣工成本分析应以各单位工程竣工成本分析资料为基础,再加上项目经理部的经营效益(如资金调度、对外分包等所产生的效益)进行综合分析。如果施工项目只有一个成本核算对象(单位工程),就以该成本核算对象的竣工成本资料作为成本分析的依据。

单位工程竣工成本分析,应包括以下三方面内容。

(1) 竣工成本分析。

(2) 主要资源节超对比分析。

(3) 主要技术节约措施及经济效果分析。

通过以上分析,可以全面了解单位工程的成本构成和降低成本的来源,为今后同类工程的成本管理提供有用的参考价值。

第8章　工程项目质量管理

【知识点及学习要求】

知　识　点	学　习　要　求
知识点1:工程项目质量管理概述	了解质量及质量管理相关概念;熟悉质量管理的原则及程序
知识点2:质量计划	了解质量计划编制依据;熟悉质量计划的内容
知识点3:质量控制	熟悉质量的影响因素及施工阶段质量控制;掌握设计阶段质量控制
知识点4:质量验收	熟悉施工过程质量验收规定;掌握工程项目竣工质量验收规定
知识点5:ISO质量管理体系简介	了解质量管理体系、质量管理体系及质量管理体系文件

8.1　工程项目质量管理概述

8.1.1　质量及质量管理的含义

1. 质量

《质量管理体系　基础和术语》(GB/T19000—2016)对质量的定义是:客体的一组固有特性满足要求的程度。

质量定义从以下几方面理解。

(1)质量不仅是指产品质量,也可以是某项活动或过程的工作质量,还可以是质量管理体系运行的质量,质量由一组特性组成。这些特性是指满足顾客和其他相关方的要求特性,并由其满足要求的程度加以表征。

(2)特性是指区分的特征。特性可以是固有的或赋予的,可以是定性的或定量的。质量特性是产品固有的特性,也指产品通过体系设计和开发后形成的属性。固有的意思是指在某事或某物中本来就有的,尤其是永久的特性。

(3)满足要求就是应满足明示的、通常隐含的或必须履行的需要和期望。与要求相比较,满足要求的程度才反映为质量的好坏。对质量的要求除考虑满足顾客的需要外,还应考虑其他相关方即组织自身利益、提供原材料的零部件等供方的利益和社会的利益等多种需求。

（4）顾客和其他相关方对产品、过程或体系的质量要求是动态的、发展的和相对的。质量要求随着时间、地点、环境的变化而变化,应定期评定质量要求、修订规范标准,不断开发新产品、改进老产品,以满足已变化的质量要求。

2. 工程项目质量

工程项目质量是指建筑工程适合一定用途,满足用户要求所具备的自然属性,它是通过国家现行的有关法律、法规、技术标准、设计文件及工程合同中对工程的安全、适用、经济、美观等特性的综合要求来体现的。实质上是指通过建设过程所形成的工程项目,既要满足用户从事生产、生活所需功能和使用要求,又要符合国家有关法律、法规、技术标准和工程合同的规定。工程项目质量的具体内涵主要包括以下三个方面。

1）工程项目实体质量

任何工程项目都由分项工程、分部工程和单项工程所构成,工程项目的建设过程,又是由一系列相互联系、相互制约的工序所构成的,而工序质量是创造工程项目实体质量的基础。因此,工程项目的实体质量应包括工序质量、分部工程质量和单项工程质量。

2）功能和使用价值

从建筑工程的功能和使用价值看,工程项目质量又体现在性能、工程寿命、可靠性、安全性、经济性和与环境的协调性等方面。

（1）性能　性能是指工程项目满足使用要求所具备的各种功能。

（2）工程寿命　工程寿命是指建筑工程在规定的条件下,能正常发挥其设计功能的工程总和,即建筑工程的服务年限。

（3）可靠性　可靠性是指工程在规定的时间内和规定的条件下,完成规定功能的能力大小和程度,符合设计质量要求的工程不仅要求在工程竣工验收时要达到规定的标准,而且在一定的时期内要保持正常功能。

（4）安全性　安全性是工程在使用的过程中的安全程度,各类工程在规定的荷载条件下,应满足强度和稳定性的要求,并具有足够的安全系数。

（5）经济性　经济性是指工程在寿命周期内的费用大小,建筑工程对经济性的要求,一是工程造价要低,二是使用维修费用要少。

（6）与环境的协调性　与环境的协调性是指工程与其周围生态环境协调,与所在地区经济环境协调以及周围已建工程相协调,以适应可持续发展的要求。

上述六方面质量特性彼此相互依存,都是必须达到的基本要求,缺一不可,但对于不同的工程,可根据其所处的地域环境条件、技术经济条件的差异,有不同的侧重。此外,工程建设活动是应业主的要求而进行的,因此,工程项目的质量除必须符合规范、标准、法规的要求外,还必须满足工程合同条款的有关规定。

3）工作质量

工作质量是建筑企业的经营管理工作、技术工作、组织工作和后勤工作等达到提高工程质量的保证程度。工作质量可以概括为生产过程质量和社会工作质量两个方面。生产过程质量是指思想工作质量、管理工作质量、技术工作质量、后勤工作质量等,最终反映在工序质量上,而工序质量受到人、设备、工艺、材料和环境五个因素的影响。社会工作质量主要是指社会调查、质量回访、市场预测、维修服务等方面的工作质量。

工作质量和工程质量是两个不同的概念,既有区别又有密切的联系。工程质量保证的基础是工作质量,工程质量又是企业各方面工作质量的综合反映。工作质量不像工程质量那样直观、明显、具体,但它体现在整个施工企业的一切生产技术和经营活动中,并且通过工作效率、工作成果、工程质量和经济效益表现出来,所以,要保证和提高工程质量,不能孤立地、单纯地提高质量,而必须从提高工作质量入手,把工作质量作为质量管理的主要内容和工作重点。在实际工作中,人们往往只重视工程质量,看不到在工程质量背后掩盖了大量的工作质量问题。仔细分析出现的各种工程质量事故,都不难看出是多方面工作质量欠佳造成的。所以要保证和提高工程质量,必须狠抓每项工作质量。

3. 质量管理

质量管理是指确立质量方针及实施质量方针的全部职能及工作内容,并对其工作效果进行评价和改进的一系列工作。

质量管理是用科学的方法把工程质量在形成过程中的各种矛盾统一起来,各种工作协调起来。施工企业质量管理的目的是建成安全、适用、经济、美观的工程,以我为主,尽量做好各自的工作,充分发挥企业中的技术工作、管理工作、组织工作、后勤工作等各方面的作用,采取各种有效的保证质量措施,把可能造成工作质量问题的因素、环节和部位,在整体工作中全面加以控制和消除,以达到按质、按量、按期完成计划,建造出用户满意的工程。

8.1.2　质量管理的原理及程序

质量管理受人、料、机、方法工艺及环境等诸多因素的综合影响,同时受各工程参与方的工作质量的影响,而工程质量管理必须遵循工程建设的规律,执行建设过程中工艺程序及技术规范的要求。

8.1.2.1　质量管理的原则

在工程质量管理过程中,应遵循以下原则。

1. 质量第一的原则

工程质量不仅关系到工程的适用性和建设项目投资效果,而且关系到人民群众生命财产的安全。所以,在进行进度、成本、质量等目标控制及在处理这些目标关系时,应坚持质量第一,在工程建设中自始至终把质量作为对工程质量控制的基本原则。

2. 以人为核心的原则

人是工程建设的决策者、组织者、管理者和操作者。工程建设中各企业、各部门、各岗位人员的工作质量水平直接和间接地影响工程质量,所以在工程质量管理中要以人为核心,重点控制人的素质和人的行为,充分发挥人的积极性和创造性,以人的工作质量保证工程质量。

3. 以预防为主的原则

工程质量管理应该是积极主动的,应事先对影响质量的各种因素加以控制,而不能是消极被动的,等出现质量问题再进行处理,则早已造成了不必要的损失。所以要重点做好质量的事前、事中控制,以预防为主,加强过程和中间工程的控制。

4. 质量标准的原则

质量标准是评价工程质量的尺度,工程质量是否符合合同规定的质量标准要求,应通过质量检验并与各质量标准对照,对不符合质量标准要求的工程,必须返工处理。因此必须熟悉相应的质量标准,严格按标准要求进行工程施工及验收。

5. 科学、公正、守法的职业道德规范

在工程质量控制中,项目管理人员必须坚持科学、公正、守法的职业道德规范,要尊重科学、尊重事实,要坚持原则、遵纪守法、秉公办事,要以数据资料为依据客观、公正地处理质量问题。

8.1.2.2 质量管理的程序

工程质量管理应以计划为龙头,以管理为重心,按照 PDCA 循环原理展开。

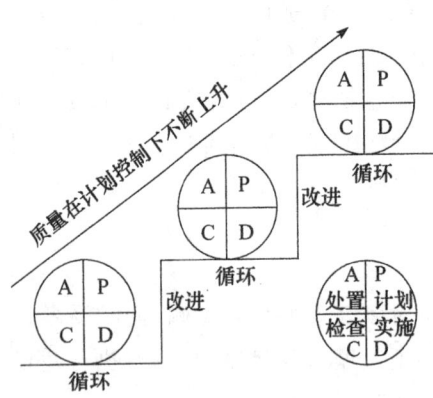

图 8-1 PDCA 循环示意图

从实践论的角度看,管理就是确定任务目标,并按照"计划→实施→检查→处置"循环原理来实现预期目标。PDCA 循环(见图 8-1),是人们在管理实践中形成的基本理论方法。

1. 计划

计划 P(Plan)可以理解为质量计划阶段,明确目标并制定实现目标的行动方案。在工程项目的实施中,"计划"是指各相关主体根据其任务目标和责任范围,确定质量控制的组织制度、工程程序、技术方法、业务流程、资源配置、检验试验要求、质量记录方式、不合格处理、管理措施等具体内容和做法的文件,"计划"还须对其实现预期目标的可行性、有效性、经济合理性进行分析论证,按照规定的程序与权限审批执行。

2. 实施

实施 D(Do)包含两个环节,即计划行动方案的交底和按计划规定的方法与要求展开工程作业技术活动。计划交底的目的在于,具体的作业者和管理者明确计划的

意图和要求,掌握标准,从而规范行为,全面地执行计划的行动方案,步调一致地去努力实现预期的目标。

3. 检查

检查 C(Check)指对计划实施过程进行各种检查,包括作业者的自检、互检和专职管理者专检。各类检查包含两大方面:一是检查是否严格执行了计划的行动方案,实际条件是否发生了变化,不执行计划的原因;二是检查计划执行的结果,即产出的质量是否达到标准的要求,对此进行确认和评价。

4. 处置

处置 A(Action)对于质量检查所发现的质量问题或质量不合格,及时进行原因分析,采取必要的措施,予以纠正,保持质量形成的受控状态。处理纠偏和预防两个步骤。前者是采取应急措施,解决当前的质量问题;后者是信息反馈管理部门反思问题症结或计划的不周,为今后类似问题的质量预防提供借鉴。

为了解决和改进质量问题,通常把 PDCA 循环进一步具体分为七个步骤:

(1) 分析现状,找出存在的质量问题;

(2) 分析产生质量问题的各种原因或影响因素;

(3) 找出影响质量的主要因素;

(4) 针对影响质量的主要因素,制定措施,提出行动计划,并预计效果;

(5) 执行措施或计划;

(6) 检查采取措施后的效果,并找出问题;

(7) 总结经验,提出尚未解决的问题,制定相应的措施,转入下一阶段循环。

以上步骤(1)～(4)是计划(P)阶段,(5)是实施(D)阶段,(6)是检查(C)阶段,(7)是处置(A)阶段。在实施 PDCA 循环中,各步骤都需要利用大量的数据和资料,做出科学的分析和判断,有的放矢,才能真正解决问题。

8.2 质量计划

质量计划是对特定客体,规定执行人、执行时间、应用程序和相关资源的规范。项目的质量计划是针对具体项目的要求以及应重点控制的环节所编制的对设计、采购、项目实施、检验等质量环节的质量控制方案。按照质量管理体系标准,质量计划是质量管理体系文件的组成内容。

项目计划为操作提供了活动指导文件,指导具体操作人员如何工作,完成哪些活动,为检查者提供检查项目,是一种活动控制文件,同时能够提供活动证据。在合同环境下质量计划是企业向顾客表明质量管理方针、目标及其具体实现的方法、手段和措施,体现企业质量责任的承诺和实施的具体步骤。质量计划应成为对外质量保证和对内质量控制的依据。

8.2.1 质量计划编制依据

建筑产品具有单件性、生产周期长、空间固定性、露天作业及人为影响因素多等特点,使得工程实施过程必然繁杂、涉及面广且协作要求多。因此编制项目质量计划时要针对项目的具体特点有所侧重。

一般项目质量计划的编制依据和原则可归纳为以下几个方面。

(1)项目质量计划应符合国家及地区现行有关法律法规和标准规范的要求。

(2)项目质量计划应以合同中有关产品质量要求为编制前提。

(3)项目质量计划应体现出企业质量目标在项目上的分解。

(4)项目质量计划对质量手册、程序文件中已明确规定的内容仅作引用和说明如何使用即可,而不需要"整体搬移"。

(5)如果已有文件的规定不适合或没有涉及的内容,在质量计划中应做出规定或补充。

(6)按工作大小、结构特点、技术难易程度、具体质量要求来确定项目质量计划的详略程度。

总之,项目质量计划是项目实施过程中的法规性文件,是进行施工管理,保证工程质量的管理性文件。认真编制、严格执行对确保质量目标的实现有着重要意义。

8.2.2 质量计划的内容

项目质量计划的内容及要求概括起来主要有以下几个方面。

(1)项目质量计划以施工组织设计为主,是对施工组织设计在质量管理方面的补充和完善。对在施工组织设计中已明确的内容,一般情况在项目质量计划中不必再重复。对施工组织设计中尚未涉及或描述不详的质量管理活动,如关键过程、特殊过程等应在项目质量计划中明确界定,并明确与其相关的施工方案、作业指导书的内容、要求。

(2)项目质量计划应明确工程项目所使用的标准、规范、记录表格等,并以文件目录形式列出。

(3)项目质量计划应侧重检验、试验、计划的内容,对质量检验试验的时间、地点、人员、依据、手段、放行资格等做详细规定。

(4)项目质量计划应详细规定工程施工中所需质量记录的要求,如时间、工作内容、操作方式,由什么人认可,认可的依据及标准等。

(5)项目质量计划应对项目管理及操作层的质量职责进行详细描述。

(6)项目质量计划的要求,应高于质量管理体系文件的要求,即以一个个项目质量目标的完成来确保质量总目标的实现。

(7)项目质量计划应满足现行有效的法律法规的要求。

(8)项目质量计划应与企业的质量管理体系文件相协调。

（9）当工程项目或相应法律法规发生变化时，项目质量计划也要相应地修改，以保证其适宜性。

（10）项目质量计划是建筑业企业质量体系文件的组成部分，其管理要求也应按企业质量体系文件管理要求执行。

一旦决定编制项目质量计划，首先应分析本项目特点，针对工程特点、新技术、新工艺、新材料等应用情况，施工过程中可能出现的技术难点、薄弱环节确定管理重点，明确相应的措施要求、监控方法和资源保证。总之，项目质量计划强调的是针对性强，便于操作，因此要求其内容尽可能简单直观。

8.3　质量控制

质量控制是"质量管理的一部分，致力于满足质量要求的一系列活动"。质量控制与质量管理两者构成了有机的整体，所不同的是，质量控制是在明确的质量方针和目标指导下，通过对具体作业技术和管理活动的计划与实施过程，致力于实现预期的质量目标。质量控制所致力的一系列相关活动从根本上说可以归结为作业技术活动和管理活动。作业技术是产出产品质量或服务质量的直接手段，或者说产品或服务质量是技术活动的直接结果。然而，在社会化大生产的条件下，工程项目是在多方主体、多专业工种共同参与下进行的一次性生产过程，更需要通过科学的管理来组织和协调作业技术活动的过程，以充分发挥其质量形成能力，才能实现预期的质量目标。

8.3.1　工程质量的影响因素

影响工程质量的因素主要包括人（Man）、材料（Material）、机械（Machine）、方法（Method）和环境（Environment）五方面，即工程项目中的 4M1E。事前加强对这五方面的控制，是保证工程项目质量的关键。

1. 人对工程质量的影响

人对工程质量的影响，实质是指人的工作质量对工程质量的影响，包括参与工程各类人员的生产技能、文化素养、生理体能、心理行为等方面的个体素质及经过合理组织充分发挥其潜在能力的群体素质。因此，企业必须坚持对所选派的项目领导者、组织者进行质量意识教育和组织管理能力训练；坚持对分包商的资质考核和施工人员的资格考核；坚持作业人员按规定持证上岗制度。应严格禁止无技术资质的人员上岗操作；对不懂装懂、有意违章的行为必须及时进行制止；应通过择优录用、加强素质教育及技能方面的教育培训；合理组织、严格考核，辅以必要的激励机制，使企业员工的潜在能力得到最好的组合和充分的发挥，从而保证劳动主体在质量控制系统中发挥主体自控作用。

2. 材料对工程质量的影响

原材料、半成品、设备是构成工程实体的基础，其质量是工程项目实体质量的组成部分。加强原材料、半成品及设备的质量控制,不仅是提高工程质量的必要条件,也是实现工程项目投资目标和进度目标的前提。

为加强对材料质量的控制,应在工程建设过程中贯彻执行企业质量程序文件中明确材料设备在封样、采购、进场检验、抽样检测及质保资料提交等一系列明确规定的控制标准。未经监理工程师检验认可的材料,以及没有出厂质量合格证的材料,均不得在工程中使用。

3. 机械对工程质量的影响

机械是指工程施工机械设备和检测施工质量所用的仪器设备,包括起重设备、各项加工机械、专项技术设备、检查测量仪表设备等,应根据工程需要从设备选型、主要性能参数及使用操作要求等方面加以控制。对施工方案中选用的模板、脚手架等施工设备,在安装前,必须根据有关的标准、规范和合同条款对其加以检验,征得监理工程师认可后,方能进行安装。特别是危险性较大的现场安装的起重机械设备,除按适用的标准定型选用外,应按设计及施工要求进行专项设计,其设计方案和制作质量的控制及验收应作为重点进行控制。不仅要对其设计安装方案进行审批,而且安装完毕交付使用前必须经过专业管理部门的验收,合格后方可使用,在使用过程中尚需落实相应的管理制度,以确保其安全正常使用。

4. 方法对工程质量的影响

方法(工艺)是指对施工方案、施工工艺、施工组织设计、施工技术措施等的综合。施工工艺的先进合理是直接影响工程质量、工程进度及工程造价的关键因素,施工工艺的合理、可靠性还直接影响到工程施工安全。因此在工程项目质量控制系统中,制定和采用先进合理的施工工艺是工程质量控制的重要环节。对施工方案的质量控制主要包括以下内容。

(1)全面正确地分析工程特征、技术关键及环境条件等资料,明确质量目标、验收标准、控制的重点和难点。

(2)制定合理有效的施工技术方案和组织方案,前者包括施工工艺、施工方法;后者包括施工区段划分、施工流向及劳动组织等。

(3)合理选用施工机械设备和施工临时设施,合理布置施工总平面图和各阶段施工平面图。

(4)选用和设计保证质量和安全模具、脚手架等施工设备。

(5)编制工程所采用的新技术、新工艺、新材料的专项技术方案和质量管理方案。

(6)为确保工程质量,应针对工程具体情况,编写气象地质等不利环境因素对施工的影响及其应对措施。

在制定施工方案和施工工艺时,必须结合工程的实际,从技术、组织、管理、措施、经济等方面进行全面分析、综合考虑,确保施工方案技术上可行,经济上合理,且有利于提高工程质量。

5. 环境对工程质量的影响

环境因素对工程质量的影响难以避免,它包括地质水文状况,气象变化及其他不可抗力因素,以及施工现场的通风、照明、安全卫生防护设施等劳动作业环境等内容。要消除其对施工质量的不利影响,要对地质水文等方面的影响因素的控制,根据设计要求,分析地质资料,预测不利因素,并会同设计等方面采取相应的措施;对天气气象方面的不利条件,应制定专项施工方案,明确施工措施,落实人员、器材,从而控制其对施工质量的不利影响;对环境因素造成的施工中断,必须通过加强管理、调整计划等措施,加以控制。

由于环境因素对工程质量的影响具有复杂而多变的特点,因此根据工程特点和具体条件,应对影响工程质量的环境因素采取有效的措施严加控制,尤其是施工现场,应建立文明施工和文明生产的环境,保持材料工件堆放有序、道路畅通,工作场所清洁整齐,施工程序井井有条,为确保质量、安全创造良好的管理环境及劳动作业环境。

8.3.2　设计阶段质量控制

工程建设通常是先对拟建项目的建设条件、建设方案等进行比较,论证推荐方案实施的必要性、可行性、合理性,进而提出可行性研究报告,报经上级有关部门批准后,该工程建设项目才能进入实质性的建设阶段。工程项目设计是工程建设的第一阶段,是工程建设质量控制的起点,这个阶段质量控制得好,就为保证整个工程建设质量奠定了基础。因此,工程建设设计质量的控制是工程建设全面质量控制最重要的环节。

8.3.2.1　设计质量控制的任务和依据

1. 设计阶段的划分和任务

工程建设项目的规模不同、重要性不同、设计阶段的划分和任务也不相同。一般性的工程建设项目,常分为扩大初步设计和施工图设计两个阶段;重要的工程建设项目,则分为初步设计、技术设计和施工图设计三个阶段。

(1)初步设计阶段的任务。初步设计是在已批准的建设项目可行性研究报告的基础上开展工作,其主要任务是:进一步论证建设项目在技术上的可行性、在经济上的合理性;确定主要建筑物的形式、控制尺寸及总体布置方案;确定主体工程的施工方法、施工总进度、施工总布置方案;确定施工现场的内外交通和施工补助设施方案等。初步设计应提交初步设计图纸及其有关设计说明等设计文件。

(2)技术设计阶段的任务。技术设计是在已批准的建设项目初步设计的基础上开展工作,其基本任务应视工程项目的具体情况、特点和需要而确定。一般主要包括:如对重大技术方案进行分析、研究、设计;对构筑物某关键部位采用的新结构、新材料、新工艺、具体尺寸进行研究确定等。

(3)施工图设计阶段的任务。施工图设计是在已批准的建设项目技术设计(或初步设计)的基础上开展工作,其基本任务是:按照初步设计(或技术设计)所确定的设计原则、结构方案、控制尺寸和建筑施工进度的需要,分期分批地绘制出施工详图,提供给工程项目施工承包商等在施工中使用。

2. 设计质量控制的内容

工程建设的行业不同(如工业与民用工程、公路与桥梁工程、水利水电工程等),其建设特点也不同,设计质量控制的具体内容和任务也各有差异。在设计阶段,监理方对设计质量控制起着主导作用,设计质量控制通常应当包括以下内容。

(1) 根据可行性研究报告和行业工程设计规范、标准、法规,编制"设计要求"文件。

(2) 根据业主的委托,协助业主编制设计招标文件。

(3) 协助业主在组织设计招标中,对设计投标者进行资质审查。

(4) 参加评标工作,选择设计中标单位。

(5) 根据业主的委托,与设计承包商签订设计承包合同。

(6) 代表业主向设计承包商进行技术交底。

(7) 对设计中所用资料进行分析、审查、确认,即进行设计准备阶段的质量控制。

(8) 对设计方案的合理性以及图纸和说明文件的正确性予以确认,即进行设计过程的质量控制。

(9) 控制设计中供应施工图的速度。

3. 设计质量控制和评定的依据

经国家决策部门批准的设计任务书,是工程项目设计阶段质量控制及评定的主要依据,而设计合同根据项目任务书规定的质量水平及标准,提出了工程项目的具体质量目标。因此,设计合同是开展设计工作质量控制及评定的直接依据。以下各项资料应作为设计质量控制及评定的依据。

(1) 有关工程建设及质量管理方面的法律、法规。如有关建设用地、市政管理、环境保护、"三废"治理、建筑工程质量的监督等方面的法律、行政法规和部门规章,以及各地政府在本地区根据实际情况发布的地方法规和规章。

(2) 有关工程建设项目的技术标准,各种设计规范、规程、设计标准,以及有关设计参数的定额、指标等。

(3) 经有关主管部门批准的项目可行性研究报告、项目评估报告、项目选址报告等资料和文件。

(4) 有关工程项目或个别建筑物的模型试验报告及其他有关试验报告。

(5) 反映项目建设过程及使用寿命周期的有关自然、技术、经济、社会协作等方面情况的数据资料。

(6) 有关建设主管部门核发的建设用地规划许可证、征地移民报告。

(7) 有关设计方面的技术报告,如工程测量报告、工程地质报告、水文地质报告、气象报告等。

8.3.2.2　设计方案和设计图纸的审核

1. 设计方案的审核

设计方案的审核,是控制设计质量的最重要的环节。工程实践证明只有重视和加强设计方案的审核工作,才能保证项目设计符合设计纲要的要求,符合国家有关工程建设的方针、政策;才能符合现行建筑设计标准、规范;才能适应我国的基本国情和符合工程实际;才能达到工艺合理、技术先进的目的;才能充分发挥工程项目的社会效益、经济效益和环境效益。

设计方案审核应当贯穿初步设计、技术设计或扩大的初步设计阶段,主要包括总体方案审核和各专业设计方案审核两部分。

1) 总体方案审核

总体方案的审核,主要在初步设计时进行重点审核设计依据、设计规模、产品方案、工艺流程、项目组成、工程布局、设施配套、占地面积、协作条件、"三废"治理、环境保护、防灾抗灾、建设期限、投资概算等方面是否满足决策质量目标和水平。

工程项目的总体方案审核,具体包括以下内容。

(1) 设计规模　对生产性工程项目,其设计规模是指年生产能力;对非生产性工程项目则可用设计容量来表示,如医院的床位数、学校的学生人数、歌剧院的座位数、住宅小区的户数等。

(2) 项目组成及工程布局　主要是总建筑面积及组成部分的面积分配。

(3) 采用的生产工艺和技术水平是否先进,主要工艺设备选型等是否科学合理。

(4) 建筑平面构图及立面造型是否符合规划要求,建筑总高度等是否达到标准。

(5) 是否符合当地城市规划及市政方面的要求。

2) 专业设计方案审核

专业设计方案的审核是总体方案审核的细化审核。其重点是审核设计方案的设计参数、设计标准、设备和结构选型、功能和使用价值等方面是否满足质量目标的要求。

专业设计方案审核,应从不同专业的角度分别进行,一般主要包括以下几个方面。

(1) 建筑设计方案审核　是专业设计方案审核中的关键,为以下各专业设计方案的审核打下良好基础。其主要包括平面布置、空间布置、室内装修和建筑物理功能。

(2) 结构设计方案　关系到建筑工程的先进性、安全性和可靠性,是专业设计方案的另一重点。主要包括主体结构体系的选择;结构方案的设计依据及设计参数;地基基础设计方案的选择;安全度、可靠性、抗震设计要求;结构材料的选择等。

(3) 给水排水工程设计方案　审核主要包括给水排水方案的设计依据和设计参数;给水排水方案的选择;给水排水管线的布置及所需设备的选择等。

(4) 供热、通风、空调设计方案　审核主要包括供热、通风、空调方案的设计依据和设计参数;供热、通风、空调方案的选择;供热、通风管道的布置和所需设备的选择等。

(5) 动力工程设计方案 审核主要包括动力方案的设计依据和设计参数;动力方案的选择;所需设备、器材的选择等。

(6) 通信工程设计方案 审核主要包括通信方案的设计依据和设计参数;通信方案的选择;通信线路的布置;所需设备、器材的选择等。

(7) 厂内运输设计方案 审核主要包括厂内运输的设计依据和设计参数;厂内运输方案的选择;运输线路及构筑物的布置和设计;所需设备、器材和工程材料的选择等。

(8) "三废"治理工程设计方案 这是我国对保护环境的一项基本要求,无论进行何种工程建设,必须对"三废"治理工程设计方案进行认真的审核。其审核主要包括"三废"治理方案的设计依据和设计参数;"三废"治理方案的选择;工程构筑物及管网的布置与设计;所需设备、器材和工程材料的选择等。

对设计方案的审核,并不是一个简单的技术问题,也不是一个简单的经济问题,更不能就方案论方案,而应当综合加以分析研究,将技术与效果、方案与投资等有机地结合起来,通过多方案的论证和审核,从中选择最优方案。

2. 设计图纸的审核

设计图纸是设计工作的最终成果,也是工程施工的标准和依据。设计阶段质量控制的任务,最终要体现在设计图纸的质量上。因此,设计图纸的审核,是保证工程质量关键的环节,也是对设计阶段的质量评价。

审核人员通过对设计文件的审核,确认并保证主要设计方案和设计参数在设计总体上正确,设计的基本原理符合有关规定,在实施中能做到切实可行,符合业主和本工程的要求。设计图纸的审核,主要包括业主对设计图纸的审核和政府机构对设计图纸的审核。

1) 业主对设计图纸的审核

业主对设计图纸的审核是分阶段进行的。业主有审核能力时,可以自行审核;当无审核能力时,可委托监理工程师审核。

(1) 初步设计阶段的审核 由于初步设计是决定工程采用的技术方案的阶段,所以,这个阶段设计图纸的审核,侧重于工程所采用的技术方案是否符合总体方案的要求,以及是否能达到项目决策阶段确定的质量标准。

(2) 技术设计阶段的审核 技术设计是在初步设计的基础上,对初步设计方案的具体化,因此,对技术设计阶段图纸的审核,侧重于各专业设计是否符合预定的质量标准和要求。

此外,由于工程项目要求的质量与其所支出的资金是呈正相关的,因此,业主(监理工程师)在初步设计及技术设计阶段审核方案或图纸时,需要同时审核相应的概算文件。只有符合预定的质量标准,而投资费用又在控制限额内时,以上两阶段的设计才能得以通过。

（3）施工图设计阶段的审核　施工图是对建筑物、设备、管线等所有工程对象物的尺寸、布置、选用材料、构造、施工及安装质量要求的详细图纸和说明，是指导施工的直接依据，从而也是设计阶段质量控制的一个重点。对施工图设计的审核，应侧重于反映使用功能及质量要求是否得到满足。

施工图设计的审核，主要包括建筑施工图、结构施工图、给排水施工图、电气施工图和供热采暖施工图的审核。

2）政府机构对设计图纸的审核

政府机构对设计图纸的审核，与业主项目经理（监理工程师）的审核不同，这是一种控制性的宏观审核。主要内容包括以下方面。

（1）是否符合城市规划方面的要求，如工程项目的占地面积及界限；建筑红线、建筑层数及高度，立面造型及与所在地区的环境协调等。

（2）工程建设对象本身是否符合法定的技术标准，如安全、防火、卫生、防震、"三废"治理等方面是否符合有关标准的规定。

3）有关专业工程的审核

如对供水、排水、供电、供热、供天然气、交通道路、通信等专业工程的设计，应主要审核是否与工程所在地区的各项公共设施相协调与衔接等。

8.3.2.3　设计文件审查与图纸会审

1. 设计文件审查

工程项目设计文件是保证工程质量的关键，控制设计文件的质量是确保工程质量的基础。控制设计文件质量的主要手段是要定期地对设计文件进行审查，发现不符合质量标准和要求的，设计人员应当进行修改，直至符合标准为止。对设计文件的审查的内容，主要包括以下几个方面。

（1）图纸的规范性的审查。

审查图纸的规范性主要是审查图纸是否规范、标准，如图纸的编号、名称、设计人、校核人、审定人、日期、版次等是否齐全。

（2）建筑造型与立面设计的审查。

在考察选定的设计方案进入正式设计阶段后应当认真审查建筑造型与立面设计方面能否满足要求。

（3）平面设计的审查。

平面设计是确定设计方案的重要组成部分，如房屋建筑平面设计包括房间布置、面积分配、楼梯布置、总面积等是否满足要求。

（4）空间设计的审查。

空间设计与平面设计一样，是确定建筑结构尺寸、形式的基本技术资料，如房屋建筑空间设计，包括层高、净高、空间利用等情况。

(5) 装修设计的审查。

随着对环境美化和人们审美观点的提高,装饰工程的造价越来越高,加强对装修设计的审查,对于满足装修要求和降低工程造价,均有十分重要的意义,如房屋建筑装修设计,包括内外墙、楼地面、天花板等装修设计标准和协调性,是否满足业主的要求。

(6) 结构设计的审查。

结构设计的审查是工程项目中设计审查的重中之重,它关系到整个工程项目的可靠性。对结构设计的审查,主要是审查结构方案的可靠性、经济性等情况,如房屋建筑的结构,根据地基情况审查采用的基础形式;根据当地情况审查选用的材料构件的尺寸及配筋情况;审查主要结构参数的取值情况;审查主要结构的计算书;验证结构抗震、抗风的可靠度等。

(7) 工艺流程设计的审查。

工艺流程设计的设计主要审查其合理性、可行性、先进性等。

(8) 设备设计的审查。

设备设计的审查主要包括审查设备的布置和选型,如电梯布置选型、锅炉布置选型、中央空调布置选型等。

(9) 水电、自控设计的审查。

水电、自控设计的审查主要包括审查给水、排水、强电、弱电、自控消防等设计方面的合理性和先进性。

(10) 对有关部门要求的审查。

是否满足其他有关部门的要求的审查,也是目前设计审查中的一项重要内容,其主要包括对城市规划、环境保护、消防安全、人防工程、卫生标准等方面的要求。

(11) 各专业设计协调情况的审查。

对各专业设计协调情况的审查主要包括建筑、结构、设备等专业设计之间是否尺寸一致,各部位是否相符。

(12) 施工可行性的审查。

对施工可行性的审查主要是审查图纸的设计意图能否在现有的施工条件和施工环境下得以实现。

对设计文件的审查并不能替代设计单位原来的逐级校核和审定制度,应加强自身的校审,以保证工程项目设计的质量。

2. 图纸会审工作

为了确保建筑工程的设计质量,加强设计与采购、施工、试车各个环节的联系,在工程正式施工之前,需实行各环节负责单位共同参加的联合会审制度,充分吸收多方面的意见,各方对设计图纸形成共识,提高设计的可操作性和安全性。

在总承包的形式下,由总承包商组织联合会审,其采购、施工、试车、设计各单位共同参加;在直接承包方式下由业主项目经理(监理工程师)组织联合会审,其采购、施工、试车、设计各单位共同参加。

图纸会审实质上是对设计质量的最终控制,也是在工程施工前对设计进行的集体认可。通过图纸会审使设计更加完善、更加符合实际,从而成为各单位共同努力的目标和标准。图纸会审的内容主要包括以下方面。

(1) 对设计单位再次进行资质审查,对设计的图纸确认是否无证设计或越级设计,设计图纸是否经设计单位正式签署。

(2) 建筑工程项目的地质勘探资料是否齐全,工程基础设计是否与地质勘探资料相符。

(3) 工程项目的设计图纸与设计说明是否齐全,有无分期供图的时间表,供图安排是否满足施工的要求。

(4) 工程项目的抗震设计是否符合国家和当地的要求。

(5) 如果工程设计由几个设计单位共同完成,设计图纸相互间有无矛盾;专业图纸之间与平、立剖面图之间有无矛盾;设计图纸中的标注有无遗漏。

(6) 总平面图与施工图的几何尺寸、平面位置、结构形式、设计标高、选用材料等是否一致。

(7) 工程项目的防火、消防设计是否符合国家的有关规定。

(8) 建筑结构与各专业图纸本身是否有差错及矛盾;结构图与建筑图的平面尺寸及标高是否一致;建筑图与结构图的表示方法是否清楚;所有设计图纸是否符合制图标准;预埋件在图纸上是否表示清楚;有无钢筋明细表或钢筋的构造要求在图中是否表达清楚。

(9) 施工单位是否具备施工图中所列的各种标准图册,若不具备时,采取何种措施加以解决。

(10) 材料来源有无保证,无保证时能否代换;图中所要求的条件能否满足;新材料、新技术的应用有无把握。

(11) 地基处理方法是否合理,建筑与结构构造是否存在不能施工、不便于施工的技术问题,或容易导致质量、安全、工程费用增加等方面的问题。

(12) 工艺管道、电气设备、设备安装、运输道路、施工平面布置与建筑物之间有无矛盾,布置是否科学合理。

(13) 施工安全措施是否有保证,施工对周围环境的影响是否符合有关规定。

(14) 设计图纸是否符合质量目标的要求。

8.3.3　施工阶段质量控制

8.3.3.1　施工质量控制概述

1. 施工质量控制的目标

施工质量控制的总体目标是贯彻执行建设工程质量法规和标准,正确配置生产要素和采用科学管理的方法,实现工程项目预期的使用功能和质量标准。不同管理主体的施工质量控制目标如表 8-1 所示。

表 8-1　施工质量控制目标

管 理 主 体	管 理 内 容	质 量 控 制 目 标
建设单位	对施工过程的全面质量监督管理、协调和决策	保证竣工项目达到投资决策所确定的质量标准
设计单位	通过设计变更控制及纠正施工中所发现的设计问题	保证项目的各项施工结果与设计文件所规定的标准相一致
施工单位	施工过程的全面质量自控	保证交付满足施工合同及设计文件所规定的质量标准的建设工程产品
监理单位	审核施工质量文件、施工指令和结算支付控制等手段的应用,监控施工承包单位的质量活动行为,正确履行工程质量的监督责任	保证工程质量达到施工合同和设计文件所规定的质量标准

2. 施工质量控制的依据

施工质量控制的依据包括工程合同文件,设计文件,国家及政府有关部门颁布的有关质量管理方面的法律法规文件,有关质量检验与控制的专门技术法规文件。

3. 施工质量控制的阶段划分及内容

施工质量控制包括施工准备质量控制、施工过程质量控制和施工验收质量控制三个阶段。

(1) 施工准备质量控制是指工程项目开工前的全面施工准备和施工过程中各分部分项工程施工作业准备的质量控制。

(2) 施工过程的质量控制是指施工作业技术活动的投入与产出过程的质量控制,其内涵包括全过程施工生产及其中各分部分项工程的施工作业过程。

(3) 施工验收质量控制是指对已完工程验收时的质量控制,即工程产品的质量控制。

4. 施工质量控制的工作程序

(1) 在每项工程开始前,承包单位须做好施工准备工作,然后填报工程开工报审表,附上该项工程的开工报告、施工方案以及施工进度计划等,报送监理工程师审查。若审查合格,则由总监理工程师批复准予施工。否则,承包单位应进一步做好施工准备,待条件具备时,再次填报开工申请。

(2) 在每道工序完成后,承包单位应进行自检,自检合格后,填报报验申请表交监理工程师检验。监理工程师收到检查申请后应在规定的时间内到现场检验,检验合格后予以确认。只有上一道工序被确认质量合格后,方能准许下道工序施工。

(3) 当一个检验批、分项、分部工程完成后,承包单位首先对检验批、分项、分部工程进行自检,填写相应的质量验收记录表,确认工程质量符合要求,然后向监理工程师提交报验申请表并附上自检的相关资料,经监理工程师现场检查及对相关资料审核后,符合要求予以签认验收;反之,则指令承包单位进行整改或返工处理。

(4)在施工质量验收过程中,涉及结构安全的试块、试件以及有关材料,应按规定进行见证取样检测;对涉及结构安全和使用功能的重要分部工程,应进行抽样检测,承担见证取样检测及有关结构安全检测的单位应具有相应资质。

(5)通过返修或加固处理仍不能满足安全使用要求的分部分项工程、单位工程严禁验收。

5. 质量控制的原理过程

质量控制的过程如图 8-2 所示。

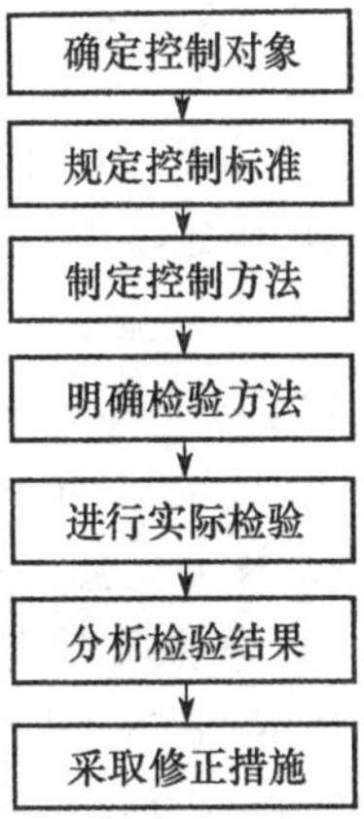

(1)确定控制对象,例如,一个检验批、一道工序、一个分项工程、某安装过程等。

(2)规定控制标准,即详细说明控制对象应达到的质量要求。

(3)制定具体的控制方法,例如,工艺规程、控制用图表等。

(4)明确所采用的检验方法,包括检验手段。

(5)实际进行检验。

(6)分析检验结果,查找实测数据与标准之间产生差异的原因。

图 8-2 质量控制的过程

(7)解决差异所采取的措施、方法。

【例题一】某住宅工程采用钢筋混凝土框架结构,在对一层梁板钢筋混凝土试块进行试验时,发现质量不合格,经分析,发现如下问题:

(1)钢筋工没有上岗证书;

(2)混凝土强度未达到设计要求;

(3)焊条的规格未满足要求;

(4)养护的时间不够;

(5)施工机械经常出现故障,造成浇筑过程多次中断;

(6)在暴雨条件下进行钢筋笼的焊接。

问题:影响工程质量的因素有哪几类?以上问题各属于哪类影响因素?

解 影响工程质量的因素有:人、材料、机械、方法、环境五大类。根据上述资料分析可以看出影响工程质量因素是多方面的,其中:

(1)属于人力方面的因素;

(2)、(3)属于材料方面的因素;

(4)属于施工工艺方法方面的因素;

（5）属于施工机械方面的因素；

（6）属于施工环境方面的因素。

8.3.3.2 施工准备的质量控制

1. 施工承包单位资质的核查

（1）施工承包单位资质的分类　施工承包企业按照其承包工程能力，划分为施工总承包、专业承包和劳务分包三个序列。施工总承包企业的资质按专业类别共分为12个资质类别，每一个资质类别又分成特级及一、二、三级。专业承包企业资质按专业类别共分为60个资质类别，每一个资质类别又分为一、二、三级。劳务承包企业有13个资质类别，有的资质类别分成若干级，如木工、砌筑、钢筋作业等，劳务分包企业资质分为一级、二级，有的则不分级，如油漆、架线等作业劳务分包企业则不分级。

（2）招投标阶段对承包单位资质的审查　在招投标阶段应根据工程类型、规模和特点，确定参与投标企业的资质等级，对符合投标的企业查对营业执照、企业资质证书、企业年检情况、资质升降级情况等。

（3）对中标进场的企业质量管理体系的核查　对已中标的承包企业应了解其贯彻质量、环境、安全认证等情况和其质量管理机构的落实情况。

2. 施工质量计划的编制与审查

（1）按照质量管理体系标准，质量计划是质量管理体系文件的组成内容。在合同环境下，质量计划是企业向顾客表明质量管理方针、目标及其具体实现的方法、手段和措施，体现企业对质量责任的承诺和实施的具体步骤。

（2）施工质量计划的编制主体是施工承包企业；审查主体是监理机构。

（3）目前我国工程项目施工质量计划常用施工组织设计或施工项目管理实施规划的形式进行编制。

（4）施工质量计划编制完毕，应经企业技术领导审核批准，并按施工承包合同的约定提交工程监理或建设单位批准确认后执行。

由于施工组织设计已包含了质量计划的主要内容，因此对施工组织设计的审查包括了对质量计划的审查。

在工程开工前约定的时间内承包单位必须完成施工组织设计的编制并报送项目监理机构，总监理工程师在约定的时间内审核签认。已审定的施工组织设计由项目监理机构报送建设单位。承包单位应按审定的施工组织设计文件组织施工，如需对其内容做较大的变更，应在实施前将变更内容书面报送项目监理机构审核。

3. 分包单位资格的审核确认

总承包单位选定分包单位后，应向监理工程师提交分包单位资质报审表，监理工程师主要审查施工承包合同是否允许分包，分包单位是否具有按工程承包合同规定的条件完成分包工程任务的能力。

4. 施工材料、构配件订货的控制

（1）凡由承包单位负责采购的材料或构配件，应按有关标准和设计要求采购订货,在采购订货前应向监理工程师申报,监理工程师应提出明确的质量检测项目、标准以及对出厂合格证等质量文件的要求。

(2)供货厂方应向需方提供质量文件,用以表明其提供的货物能够达到需方提出的质量要求。质量文件主要包括产品合格证及技术说明书;质量检验证明;检测与试验者的资质证明;关键工序操作人员资格证明及操作记录;不合格品或质量问题处理的说明及证明;有关图纸及技术资料;必要时,还应附有权威性认证资料。

5. 施工机械配置的控制

施工机械设备的选择除应考虑施工机械的技术性能、工作效率、工作质量、可靠性及维修难易性以及安全、灵活等方面对施工质量的影响与保证外,还应考虑其数量配置对施工质量的影响与保证条件。

6. 现场施工准备的质量控制

现场施工准备的质量控制包括工程定位及标高基准的控制,施工平面布置的控制,现场临时设施控制等。

7. 施工图纸的现场核对

施工承包单位应做好施工图纸的现场核对工作,对于存在的问题,承包单位以书面形式提出,在设计单位以书面形式进行确认后,才能进行施工。

8. 严把开工关

开工前承包单位必须提交工程开工报审表,经监理工程师审查,具备开工条件并由总监理工程师予以批准后,承包单位才能开始正式施工。

8.3.3.3　施工过程质量控制

一个工程项目是划分为工序作业过程、检验批、分项工程、分部工程、单位工程等若干层次进行施工的,各层次之间具有一定的先后顺序关系。所以,工序施工作业过程的质量控制是最基本的质量控制,它决定了检验批的质量;而检验批的质量又决定了分项工程的质量。施工过程质量控制的主要工作是以施工作业过程质量控制为核心,设置质量控制点,进行预控,严格施工作业过程质量检查,加强成品保护等。

1. 施工作业过程的质量预控

工程质量预控,就是针对所设置的工序质量控制点或分部分项工程,事先分析在施工中可能发生的质量问题和隐患,分析可能的原因,并提出相应的对策,制定对策表,采取有效的措施进行预先控制,以防止在施工中发生质量问题。

质量预控一般按"施工作业准备→技术交底→中间检查及质量验收→资料整理"的顺序,提出各阶段质量管理工作要求,其实施要点如下。

1)确定工序质量控制计划,监控工序活动条件及成果

工序质量控制计划要以完善的质量体系和质量检查制度为基础,要明确规定质量监控的工作流程和质量检查制度,且应作为监理单位和施工单位共同遵循的准则。监控工序活动条件,应分清主次工序,重点监控影响工序质量的各因素,注意各

因素或条件的变化,使它们的质量始终处于控制之中。

工序活动效果的监控主要是指对工序活动的产品采取一定的检验手段进行检验,根据检验结果分析、判断该工序的质量效果,从而实现对工序质量的控制。

2) 设置工序活动的质量控制点

质量控制点是指为了保证工序质量而确定的重点控制对象、关键部位或薄弱环节。承包单位在工程施工前应根据施工过程质量控制的要求,列出质量控制点明细表,表中详细地列出各质量控制点的名称或控制内容、检验标准及方法等,提交监理工程师审查批准后,在此基础上实施质量预控。

(1) 设置质量控制点应考虑的因素。施工工艺复杂时多设,不复杂时少设;施工难度大时多设,难度不大时少设;建设标准高时多设,标准不高时少设;施工单位信誉高时少设,信誉不高时多设。

(2) 选择质量控制点的原则。①施工过程中的关键工序、关键环节;②隐蔽工程应重点设置质量控制点;③施工中的薄弱环节或质量不稳定的工序、部位;④对后续工序质量有重大影响的工序或部位;⑤采用新工艺、新材料、新技术的部位或环节;⑥施工单位无足够把握的工序或环节。

应将人的行为、物的质量与性能、关键的操作过程、施工技术参数、施工顺序、技术间歇、施工方法、特殊地基或特种结构作为质量控制点的重点。

3) 作业技术交底的控制

作业技术交底是对施工组织设计或施工方案的具体化,是更细致、明确、更加具体的技术实施方案,是工序施工或分项工程施工的具体指导文件。每个分项工程开始实施前均要进行交底。技术负责人按照设计图纸、施工组织设计,编制技术交底书,并经项目总工程师批准,向施工人员交清工程特点、施工工艺方法、质量要求和验收标准,施工过程中需注意的问题,可能出现意外的措施及应急方案。交底中要明确作业内容、作业人员、作业方法及流程、作业标准和要求、作业完成时间等。

关键部位或技术难度大,施工复杂的检验批、分项工程施工前,承包单位的技术交底书要报监理工程师。经监理工程师审查后,如技术交底书不能保证作业活动的质量要求,承包单位要进行修改补充。没有做好技术交底的作业活动,不得正式实施。

4) 进场材料、构配件的质量控制

(1) 凡运到施工现场的原材料或构配件,进场前应向监理机构提交工程材料、构配件报审表,同时附有产品出厂合格证及技术说明书,由施工承包单位按规定要求进行检验的检验试验报告,经监理工程师审查并确认其质量合格后方准进场。如果监理工程师认为承包单位提交的有关产品合格证明文件以及检验试验报告不足以说明到场产品的质量符合要求时,监理工程师可再行组织复检或见证取样试验,确认其质量合格后方允许进场。

(2) 进口材料的检查、验收,应会同国家商检部门进行。

（3）材料、构配件的存放，应安排适宜的存放条件及时间，并且应实行监控。例如对水泥的存放应当防止受潮，存放时间一般不宜超过 3 个月，以免受潮结块。

（4）对于某些当地材料及现场配制的制品，一般要求承包单位事先进行试验，达到要求的标准方可使用。

5）环境状态的控制

环境状态包括水、电供应，交通运输等施工作业环境，施工质量管理环境，施工现场劳动组织及作业人员上岗资格，施工机械设备性能及工作状态环境，施工测量及计量器具性能状态，现场自然条件环境等。施工单位应做好充分准备和妥当安排，监理工程师检查确认，准备可靠、状态良好、有效后，方准其进行施工。

2. 施工作业过程质量的实时监控

1）承包单位的自检系统与监理工程师的检查

承包单位是施工质量的直接实施者和责任者，其自检系统表现在作业活动的作业者在作业结束后必须自检；不同工序交接、转换必须由相关人员交接检查；承包单位专职质检员的专检。为此，承包单位必须有整套的工作制度、工作程序及检测试验仪器，并配备数量满足需要的专职质检人员及试验检测人员。

监理工程师是对承包单位作业活动质量的复核与确认，监理工程师的检查绝不能代替承包单位的自检。而且，监理工程师的检查必须是在承包单位自检并确认合格的基础上进行的。专职质检员未检查或检查不合格的不能报监理工程师。

2）施工作业技术复核工作与监控

凡涉及施工作业技术活动基准和依据的技术工作，都应该严格进行专人负责的复核性检查，以避免基准失误给整个工程质量带来难以补救的或全局性的危害。例如工程的定位、轴线、标高，预留孔洞的位置和尺寸等。技术复核是承包单位应履行的技术工作责任；其复核结果应报送监理工程师复验确认后，才能进行后续相关的施工。

3）见证取样、送检工作及其监控

见证是指由监理工程师现场监督承包单位某工序全过程完成情况的活动。见证取样是指对工程项目使用的材料、构配件的现场取样、工序活动效果的检查实施见证。见证点是国际上对于重要程度不同及监督控制要求不同的质量控制点的一种区分方式。凡是被列为见证点的质量控制对象，在施工前，承包单位应提前通知监理人员在约定的时间内到现场进行见证和对其施工实施监督。如果监理人员未能在约定的时间内到现场见证和监督，承包单位则有权进行该点相应工序的操作和施工。

承包单位在对进场材料、试块、钢筋接头等实施见证取样前要通知监理工程师，在工程师现场监督下，承包单位按相关要求完成取样过程。完成取样后，承包单位将送检样品装入木箱，由工程师加封，不能装入箱中的试件，如钢筋样品，则贴上专用加封标志，然后送往具有相应资质的试验室。送往试验室的样品，要填写"送验单",送验单要盖有"见证取样"专用章,并有见证取样监理工程师的签字。试验室出具的报告一式两份,分别由承包单位和项目监理机构保存,并作为归档材料,这是工序产品质量评定的重要依据。实行见证取样,不能代替承包单位应对材料、构配件进场时必须进行的自检。

4) 工程变更的监控

施工过程中,由于种种原因会涉及工程变更,工程变更的要求可能来自建设单位、设计单位或施工承包单位,不同情况下,工程变更的处理程序不同。但无论是哪一方提出工程变更或图纸修改,都应通过监理工程师审查并经有关方面研究,确认其必要性后,由总监理工程师发布变更指令后方能生效并予以实施。

监理工程师在审查现场工程变更要求时,应持十分谨慎的态度。除非是原设计不能保证质量要求,或确有错误,以及无法施工之外。一般情况下即使变更要求可能在技术经济上是合理的,也应全面考虑,将变更以后对质量、工期、造价方面的影响以及可能引起的索赔损失等加以比较,权衡轻重后再做出决定。

5) 质量记录资料的控制

质量记录资料包括以下三方面内容。

(1) 施工现场质量管理检查记录资料 主要包括承包单位现场质量管理制度,质量责任制,主要专业工种操作上岗证书,分包单位资质及总包单位对分包单位的管理制度,施工图审查核对记录施工组织设计及审批记录工程质量检验制度等。

(2) 工程材料质量记录 主要包括进场材料、构配件、设备的质量证明资料,各种试验检验报告,各种合格证,设备进场维修记录或设备进场运行检验记录。

(3) 施工过程作业活动质量记录资料 施工过程可按分项、分部、单位工程建立相应的质量记录资料。在相应质量记录资料中应包含有关图纸的图号、质量自检资料、监理工程师的验收资料、各工序作业的原始施工记录等。

施工质量记录资料应真实、齐全、完整,相关各方人员的签字齐备、字迹清楚、结论明确,与施工过程的进展同步。在对作业活动效果的验收中,如缺少资料,监理工程师应拒绝验收。

3. 施工作业过程质量检查与验收

施工质量检查与验收包括工序交接验收、隐蔽工程验收,以及检验批、分项工程、分部工程、单位工程验收等。工序作业过程验收包括下列方面。

1) 基槽、基坑验收

基槽开挖质量验收主要涉及地基承载力的检查确认;地质条件的检查确认;开挖边坡的稳定及支护状况的检查确认;基槽开挖尺寸、标高等。由于部位的重要性,基槽开挖验收均要有勘察设计单位的有关人员参加,并请当地主管质量的监督部门参加,经现场检测确认其地基承载力是否达到设计要求,地质条件是否与设计相符。如果相符则共同签署验收资料;否则,应采取措施进行处理,经承包单位实施完毕后重新验收。

2）隐蔽工程验收

隐蔽工程验收是指将被其后续工程施工所隐蔽的分项分部工程,在隐蔽前所进行的检查验收。它是对一些已完分项分部工程质量的最后一道检查,由于检查对象就要被其他工程覆盖,给以后的检查整改造成障碍,故显得尤为重要。其程序有以下方面。

(1) 隐蔽工程施工完毕,承包单位按有关技术规程、规范、施工图纸先进行自检,自检合格后,附上相应的隐蔽工程检查记录及有关材料证明、试验报告、复试报告等,报送项目监理机构。

(2) 监理工程师收到报验申请后,首先对质量证明资料进行审查,并在合同规定的时间内到现场核查,承包单位的专职质检员及相关施工人员应随同一起到现场。

(3) 经现场检查,如符合质量要求,监理工程师在检查记录上签字确认,准予承包单位隐蔽、覆盖,进入下一道工序施工。如不合格,监理工程师签发"不合格项目通知",指令承包单位整改,整改后自检合格再报监理工程师复查。

3）工序交接验收

工序交接验收是指作业活动中一种必要的技术停顿、作业方式的转换及作业活动效果的中间确认。上道工序应满足下道工序的施工条件和要求,相关专业工序之间也是如此。工序间的交接验收使各工序间和相关专业工程之间形成一个有机整体。

4）不合格品的处理

上道工序不合格,不准进入下道工序施工;不合格的材料、构配件、半成品不准进入施工现场且不允许使用;已经进场的不合格品应及时做出标识、记录,指定专人看管,避免用错,并限期清除出现场;不合格的工序或工程产品,不予计量。

5）成品保护

成品保护是指在施工过程中,有些分项工程已经完成,而其他一些分项工程尚在施工;或者是在其分项工程施工过程中,某些部位已完成,而其他部位正在施工。在这种情况下,承包单位必须负责对已完成部分采取妥善措施予以保护,以免因成品缺乏保护或保护不善而造成操作损坏或污染,影响工程整体质量。成品保护的一般措施有如下几点。

(1) 防护　即针对被保护对象的特点采取各种防护的措施。如对于进出口台阶可垫砖或方木搭脚手板供人通过的方法来保护台阶。

(2) 包裹　即将被保护物包裹起来,以防损伤或污染。例如,对镶面大理石柱可用立板包裹捆扎保护;铝合金门窗可用塑料布包扎保护等。

(3) 覆盖　即用表面覆盖的办法防止堵塞或损伤。例如,对落水口排水管安装后可以覆盖,以防止异物落入而被堵塞;地面可用锯末覆盖以防止喷浆污染等。

(4) 封闭　即采取局部封闭的办法进行保护。如垃圾道完成后,可将其进口封闭起来,以防止建筑垃圾堵塞通道。

(5) 合理安排施工顺序　主要是通过合理安排不同工作间的施工顺序以防止后道工序损坏或污染已完工的成品。如采取房间内先喷涂而后装灯具的施工顺序可防止喷浆污染、损害灯具;先做顶棚装修后做地面,可避免顶棚施工污染地坪。

4. 施工作业过程质量检验方法与检验程度的种类

1) 检验方法

对于现场所用原材料、半成品、工序过程或工程产品质量进行检验的方法,一般可分为目测法、量测法以及试验法三类。

(1) 目测法　即凭借感官进行检查,也可以称为观感检验。目测法主要是根据质量要求,采用看、摸、敲、照等手法对检查对象进行检查。

"看"就是根据质量标准要求进行外观检查,例如,清水墙表面是否洁净,喷涂的密实度和颜色是否良好、均匀,工人的施工操作是否正常,混凝土振捣是否符合要求等。"摸"就是通过触摸手感进行检查、鉴别,例如,油漆的光滑度,浆活是否牢固、不掉粉等。"敲"就是运用敲击方法进行观感检查,例如,对墙面瓷砖、大理石镶贴、地砖铺砌等的质量均可通过敲击检查,根据声音虚实、脆闷判断有无空鼓等质量问题。"照"就是通过人工光源或反射光照射,仔细检查难以看清的部位。

(2) 量测法　即利用量测工具或计量仪表,通过实际量测结果与规定的质量标准或规范的要求相对照,从而判断质量是否符合要求。

量测的手法可归纳为靠、吊、量、套。"靠"是用直尺检查诸如地面、墙面的平整度等。"吊"是指用线锤检查垂直度。"量"是指用测量工具或计量仪表等检查断面尺寸、轴线、标高、温度、湿度等数值并确定其偏差,例如大理石板拼缝尺寸与超差数量,摊铺沥青拌和料的温度等。"套"是指以方尺套方并辅以塞尺,以检查诸如踏角线的垂直度、预制构件的方正、门窗口及构件的对角线等。

(3) 试验法　即利用理化试验或借助专门仪器判断检验对象质量是否符合要求。

常用的理化试验包括物理力学性能方面的检验和化学成分及含量的测定两个方面。力学性能检验如像抗拉强度、抗压强度的测定等。物理性能方面的测定如密度、含水量、凝结时间等。化学试验如钢筋中的磷、硫含量,以及抗腐蚀等。

(4) 无损测试或检验　即借助专门的仪器、仪表等手段在不损伤被探测物的情况下了解被探测物的质量情况。如超声波探伤仪、磁粉探伤仪等。

2) 质量检验程度的种类

按质量检验的程度,即检验对象被检验的数量划分,可分为以下几类。

(1) 全数检验　主要是用于关键工序部位或隐蔽工程,以及在技术规程、质量检验验收标准或设计文件中有明确规定应进行全数检验的对象。例如,对安装模板的稳定性、刚度、强度、结构物轮廓尺寸等的检验。

(2) 抽样检验　对于主要的建筑材料、半成品或工程产品等,由于数量大,通常大多采取抽样检验。抽样检验具有检验数量少、比较经济、检验所需时间较短等优点。

（3）免检　是指在某种情况下，可以免去质量检验过程。如对于实践证明其产品质量长期稳定、质量保证资料齐全者可考虑采取免检。

【例题二】某钢筋混凝土工程的施工由甲公司总承包，其中的桩基工程分包给乙公司。施工前甲公司复核了该工程的测量控制点并经监理工程师审核批准。施工中发生了如下事件。

（1）桩中心线偏移量超过规范允许的误差。原因是桩位施工图尺寸与总平面图尺寸不一致。为此，甲公司向监理机构报送了处理方案，总监理工程师认为可行，予以批准。

（2）乙公司根据监理工程师批准的处理方案进行了补桩和整改，并在规定时间内向监理机构提交了索赔报告。

（3）按合同规定由建设单位采购的一批钢筋，供方虽然提供了质量证明书和安全生产许可证，但在使用前的抽样检验中材质不合格。

（4）在部分桩基施工完毕后，对留置的混凝土试块进行试验，其结果未达到设计要求的强度。

分析　（1）监理工程师批准处理方案在工作程序上不妥，因为没有得到建设单位和设计单位的认可。监理工程师处理质量问题的工作程序有以下几个方面。

①发出质量问题通知单，责令承包单位报送质量问题调查报告。

②审查相关单位提出的质量问题处理方案。

③跟踪检查承包单位对已批准处理方案的实施情况。

④验收处理结果。

⑤向建设单位提交有关质量问题的处理报告。

⑥完整的处理记录整理归档。

（2）由于桩位施工图尺寸与总平面图尺寸不一致，造成桩中心线偏移量超过规范允许的误差，施工单位和监理单位在这一质量问题上没有责任，责任在设计单位。

（3）由于乙公司作为分公司是与总承包单位甲公司签订的分包合同，甲、乙双方形成的合同关系确定了双方的责任关系，乙公司应以该分包合同作为索赔的直接依据。分包单位与监理单位无合同关系，因此对乙公司提出的索赔报告监理机构不予受理。

（4）对工序质量的控制步骤如下。

①采用必要的检测手段，对样品进行检验，测定其质量特性指标。

②对检测数据进行整理、分析、找出规律。

③判断该工序质量是否达到了规定的标准。

④如果未达到，应采取措施纠正；如果符合要求则予以确认。

（5）施工企业对进场的材料必须进行使用前检验，"四证"（由厂方提供的产品质量合格证、出厂性能报告;材料性能检测报告,即复验报告;监理见证取样记录)齐全方可使用。

对于事件(3),应责令承包单位停止使用该批钢筋。如果该批钢筋可降级使用,应与建设、设计、施工单位共同确定处理方案;如不能用于工程则指令退场。

对于事件(4),应责令停止相关部位的继续施工,请具有资质的法定检测单位进行该部分混凝土结构的检测。如能达到设计要求,予以验收;否则要求返修或加固处理。

8.4 质量验收

8.4.1 施工过程质量验收

施工过程质量验收是在施工单位自行检查评定质量的基础上,参与建设的有关单位共同对检验批、分项工程、分部工程、单位工程的质量进行抽样复检,根据相关标准以书面形式对工程质量达到合格与否做出确认。凡质量没有满足某个规定要求的工程,必须按要求对工程不符合标准规定的部位采取整修或重新制作、重新施工等措施。

8.4.1.1 质量验收评定标准

在对整个项目进行验收时,应首先评定检验批的质量,以检验批的质量评定各分项工程的质量,以各分项工程的质量来综合评定分部(子分部)工程的质量,再以分部工程的质量来综合评定单位(子单位)工程的质量,在质量评定的基础上,再与工程合同及有关文件相对照决定项目能否验收。

1. 检验批质量验收合格的条件

(1)主控项目和一般项目的质量经抽样检验合格。

(2)具有完整的施工操作依据、质量检查记录。

2. 分项工程质量验收合格的条件

(1)分项工程所含检验批均应符合合格质量的规定。

(2)分项工程所含检验批的质量验收记录应完整。

3. 分部工程质量验收合格的条件

(1)分部(子分部)工程所含分项工程的质量均应验收合格。

(2)质量控制资料应完整。

(3)地基与基础、主体结构和设备安装等分部工程有关安全及功能的检验和抽样检测结果应符合有关规定。

(4)观感质量验收应符合要求。

4. 单位工程质量验收合格的条件

(1)单位(子单位)工程所含分部(子分部)工程的质量均应验收合格。

（2）质量控制资料应完整。

（3）单位（子单位）工程所含分部工程有关安全和功能的检测资料应完整。

（4）主要功能项目的抽查结果应符合相关专业质量验收规范的规定。

（5）观感质量验收应符合要求。

8.4.1.2　质量验收的组织程序

1. 检验批和分项工程质量验收的组织程序

检验批和分项工程验收前，施工单位应填好"检验批和分项工程的验收记录"，并由项目专业质量检验员和项目专业技术负责人分别在检验批和分项工程质量检验记录表相关栏目中签字，然后由监理工程师组织，严格按规定程序进行验收。

检验批质量由专业监理工程师（或建设单位项目专业技术负责人）组织施工单位项目专业质量检验员等进行验收。

分项工程质量应由监理工程师（或建设单位项目专业技术负责人）组织施工单位项目专业技术负责人等进行验收。

2. 分部（子分部）工程质量验收组织程序

分部工程应由总监理工程师（或建设单位项目负责人）组织施工单位项目负责人和技术、质量负责人等进行验收。由于地基基础、主体结构技术性能要求严格，技术性强，关系到整个工程的安全，因此，规定与地基基础、主体结构分部工程相关的勘察、设计单位工程项目负责人和施工单位技术、质量部门负责人也应参加相关分部工程验收。

3. 单位（子单位）工程质量验收组织程序

单位工程质量验收在施工单位自评完成后，由总监理工程师组织初验收，再由建设单位组织正式验收。单位工程质量验收记录应由施工单位填写，验收结论由监理单位填写，综合验收结论由参加验收各方共同商定，建设单位填写。具体程序如下。

（1）预验收　当单位工程达到竣工验收条件后，施工单位应在自查、自评工作完成后，填写工程竣工报验单，并将全部竣工资料报送项目监理机构，申请竣工验收。总监理工程师应组织各专业监理工程师对竣工资料及各专业工程的质量情况进行全面检查，对检查出的问题，应督促施工单位及时整改。对需要进行功能试验的项目（包括单机试车和无负荷试车），监理工程师应督促施工单位及时进行试验，并对重要项目进行监督、检查，必要时请建设单位和设计单位参加；监理工程师应认真审查试验报告单并督促施工单位做好成品保护和现场清理。经项目监理机构对竣工资料及实物全面检查、验收合格后，由总监理工程师签署工程竣工报验单，并向建设单位提出质量评估报告。

（2）正式验收　建设单位收到工程验收报告后，应由建设单位（项目）负责人组织施工（含分包单位）、设计、监理等单位项目负责人进行单位（子单位）工程验收。单位工程由分包单位施工时，分包单位对所承包的工程项目应按规定的程序检查评定,总包单位应派人参加,分包工程完成后,应将工程有关资料交总包单位。经验收合格的工程,方可交付使用。

在一个单位工程中,对满足生产要求或具备使用条件,施工单位已预验,监理工程师已初验通过的子单位工程,建设单位可组织进行验收。有几个施工单位负责施工的单位工程,当其中的某个施工单位所负责的子单位工程已按设计完成,并经自行检验后,也可组织正式验收,办理交工手续。在整个单位工程进行全部验收时,已验收的子单位工程验收资料应作为单位工程验收的附件。

8.4.1.3 不合格工程处理

当工程质量不符合要求时,应按照下列规定进行。

(1)经过返工重做或更换器具、设备的检验批,应重新进行评定。

(2)经过有资质的检测单位鉴定,能够达到设计要求的检验批,应进行验收。

(3)经过有资质的检测单位鉴定,达不到设计要求,但是经过原设计单位核算认可能够达到满足结构安全和使用功能的检验批,可进行验收。

(4)经过返修或加固处理的分项工程、分部工程,虽然改变了外形尺寸但仍能够满足安全使用功能的,可以按照技术处理方案和协商文件验收。

(5)经过返修或加固处理仍不能满足安全使用要求的分部工程、单位工程,严禁验收。

【例题三】某住宅工程为混凝土框架结构,承包单位独立完成施工任务,在施工期间未接到任何变更通知。用户在使用时发现梁的中间部位出现较大裂缝,经法定检测单位检测,发现接近有三分之一的主梁钢筋数量未按设计施工,存在重大质量隐患。

问题:(1)该住宅楼在达到什么条件时方可竣工验收?

(2)该工程已交付使用,施工单位是否需要对此问题承担责任?为什么?

分析:(1)验收条件:

①设计文件和合同约定的各项施工内容已经施工完毕;

②有完整并经核定的工程竣工资料,符合验收规定;

③有勘察、设计、施工、监理等单位签署确认的工程质量合格文件;

④有工程使用的主要建筑材料、构配件和设备进场的质量证明及试验报告。

(2)由于施工单位是在未接到任何变更通知的情况下独立完成施工任务的,排除了工程变更中发包方及设计单位的责任,是施工单位在施工过程中未按设计要求施工造成的,其必须对此质量问题承担责任。

8.4.2 工程项目竣工质量验收

工程项目的竣工质量验收是施工全过程的最后一道程序,是建设投资成果转入生产或使用的标志,是综合评价工程建设成果,对工程质量、参建单位和建设项目进行综合评价,也是全面考核投资效益、检验设计和施工质量的重要环节。

1. 工程项目竣工验收工作

工程项目竣工验收工作主要包括以下内容。

(1) 听取项目当事人、设计单位、施工单位、监理单位的工作报告。

(2) 听取质量监督部门的工作报告及工程质量鉴定报告。

(3) 检查工程实体质量、审查有关资料。

(4) 按工程质量评定标准对工程质量进行评分,并确定工程质量等级。

(5) 按规定的办法对参建单位进行综合评价。

(6) 对建设项目进行综合评价。

(7) 形成并通过竣工验收鉴定书。

2. 工程项目竣工验收的条件

工程项目竣工验收应符合下列要求。

1) 设计文件和合同约定的各项施工内容已经施工完毕

(1) 民用建筑工程完工后,包括单体工程和群体工程,承包人按照施工及验收规范和质量检验标准进行自检,不合格品已自行返修或整改,达到验收标准。水、电、气、设备、智能化、电梯经过试验,符合使用要求。

(2) 生产性工程、辅助设施及生活设施,按合同约定全部施工完毕,室内工程和室外工程各部完成,建筑物、构筑物周围 2 m 以内的场地已平整,障碍物已清除,给排水、动力、照明、通信畅通,达到竣工条件。

(3) 工业项目的各种管道设备、电气、空调、仪表、通信等专业施工内容,已全部安装结束,已做完清洗、试压、吹扫、油漆、保温等,经过试运转,全部符合工业设备安装施工及验收规范和质量标准的要求。

(4) 其他专业工程按照合同的约定和施工图规定的工程内容,全部施工完毕,已达到相关专业技术标准,质量验收合格,达到了交工的条件。

2) 有完整、经核定的工程竣工资料且符合验收规定

工程竣工资料的整理符合《规范》的要求,移交归档的文件应符合《建设工程文件归档规范》(GB/T 50328—2019)的规定,分类组卷应符合自然形成规律,并按国家有关规定将竣工档案资料装订成册,达到归档范围的要求。

3) 有勘察、设计、施工、监理等单位签署确认的工程质量合格文件

工程施工完毕,勘察、设计、施工、监理单位按照《建设工程质量管理条例》的规定,已按各自的质量责任和义务,签署了工程质量合格文件。承包人按照合同要求提交的全套竣工资料,应经专业监理工程师审查,确认无误后,由总监理工程师签署认可意见。

4) 有工程使用的主要建筑材料、构配件和设备进场的证明及试验报告。

(1) 现场使用的主要建筑材料(水泥、钢材、砖、砂、沥青等)应有材质合格证,必须有符合国家标准、规范要求的抽样试验报告。对水泥、钢材等尚应注明主要使用部位。

（2）混凝土预制构件、钢构件、钢(木)铝、塑门窗等应有生产单位的出厂合格证书，必要时，应附主要建筑材料的材质证明。

（3）混凝土、砂浆等施工试验报告，应按结构部位和楼层依次填写清楚，取样组数应符合施工及验收规范和设计规定，并列表注明。

8.5 ISO 质量管理体系简介

国际标准化组织(International Organization for Standardization, ISO)是一个全球性的非政府组织，是国际标准化领域中一个十分重要的组织。中国是 ISO 的正式成员，代表中国的组织为中国国家标准化管理委员会（Standardization Administration of China, SAC）。

1987 年 3 月，ISO 正式颁布 ISO 9000、ISO 9001、ISO 9002、ISO 9003、ISO 9004 五个标准。在 1994 年、2000 年和 2008 年、2015 年，该系列标准进行了四次修订，将以前的 ISO 9001、ISO 9002、ISO 9003 合并和修改成为新的 ISO 9001，对 ISO 9004 和 ISO 9001 进行并列修改，仍采用 ISO 9004 的名字。我国等同采用了 ISO 9000 系列标准，形成了我国的 GB/T 19000 系列标准。

2015 版 ISO 9000 族标准由核心标准和其他支持性的标准和文件组成。核心标准有：ISO 9000 质量管理体系——基础和术语，ISO 9001 质量管理体系——要求，ISO 9004 追求组织的持续成功质量管理方法；支持性的标准和文件有：测量控制系统，质量计划编制指南，项目管理指南等。

8.5.1 质量管理体系的建立与运行

1. 质量管理体系的建立

质量管理体系的建立是企业按照八项质量管理原则，在确定市场及顾客需求的前提下，制定企业的质量方针、质量目标、质量手册、程序文件及质量记录等体系文件，确定企业在生产(或服务)全过程的作业内容、程序要求和工作标准，并将质量目标分解落实到相关层次、相关岗位的职能和职责中，形成企业质量管理体系执行系统的一系列工作。质量管理体系的建立还包含着组织不同层次的员工培训，使体系工作和执行要求为员工所了解，为形成全员参与的企业质量管理体系的运行创造条件。

质量管理体系的建立需识别并提供实现质量目标和持续改进所需的资源，包括人员、基础设施、环境、信息等。

2. 质量管理体系的运行

质量管理体系的运行是在生产及服务的全过程中，按质量管理文件体系制定的程序、标准、工作要求及目标分解的岗位职责进行操作运行。在质量管理体系运行的过程中，按各类体系文件的要求，监视、测量和分析过程的有效性和效率，做好文件规定的质量记录,持续收集、记录并分析过程的数据和信息,全面体现产品的质量和过程符合要求及可追溯的效果。

　　在质量管理体系的运行过程中应按文件规定的办法进行管理评审和考核。运行的评审考核工作,应针对发现的主要问题,采取必要的改进措施,使这些过程达到所策划的结果和实现对过程的持续改进,并落实质量管理体系的内部审核程序,有组织有计划开展内部质量审核活动,其主要目的是:

　　(1) 评价质量管理程序的执行情况及适用性;

　　(2) 揭露过程中存在的问题,为质量改进提供依据;

　　(3) 建立质量管理体系运行的信息;

　　(4) 向外部审核单位提供体系有效的证据。

　　为确保系统内部审核的效果,企业领导应进行决策领导,制定审核政策、计划,组织内审人员队伍,落实内部审核,并对审核发现的问题采取纠正措施和提供人财物等方面的支持。

　　施工企业的质量管理体系与业主方的工程项目质量控制总体系统共同形成施工现场施工质量保证体系运行的基本环境,是质量保证的前提。

　　施工质量保证体系专指现场施工管理组织的施工质量自控系统或管理系统,即施工单位为实施承建工程的施工质量管理和目标控制,以现场施工管理组织架构为基础,通过质量管理目标的确定和分解、所需人员和资源的配置,以及施工质量管理相关制度的建立和运行,形成具有质量控制和质量保证能力的工作系统。

　　施工质量保证体系如图 8-3 所示。

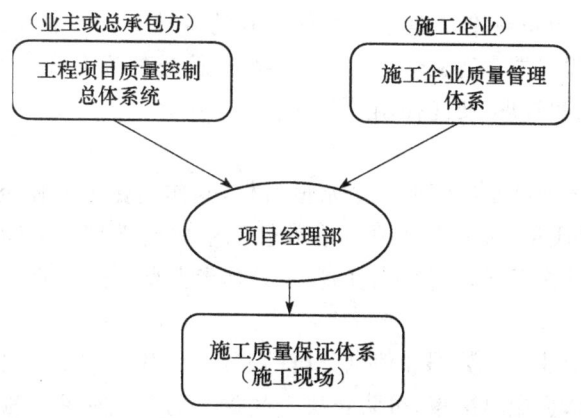

图 8-3　施工质量保证体系

8.5.2　质量管理体系八项原则

　　GB/T 19000 质量管理体系标准是我国采用国际标准化组织 2015 版 ISO 9000 质量管理体系的推荐性标准,是企业建立质量管理体系的重要依据。2015 版 ISO

9000 质量管理体系提出的七项质量管理原则,是世界各国质量管理成功经验的科学总结,其中不少内容与我国全面质量管理的经验吻合。它的贯彻执行能促进企业管理水平的提高,并提高顾客对其产品或服务的满意程度,帮助企业达到持续成功的目的。

质量管理原则有以下几个方面。

1. 以顾客为关注焦点

组织(从事一定范围生产经营活动的企业)依存于顾客。组织应理解顾客当前的和未来的需求,满足顾客要求并争取超越顾客的期望。

2. 领导作用

领导者确立本组织统一的宗旨和方向,并营造和保持使员工充分参与实现组织内部环境,因此领导在企业的质量管理中起着决定的作用。只有领导重视,各项质量活动才能有效开展。

3. 全员积极参与

产品质量是产品形成过程中全体人员共同努力的结果,其中也包含管理、检查、行政人员的贡献。企业领导对员工进行质量意识教育,激发他们的积极性和责任感,为其能力、知识、经验的提高提供机会,发挥创造精神,鼓励持续改进,给予必要的物质和精神奖励,使全员积极参与,为达到让顾客满意的目标而奋斗。

4. 过程方法

将活动和相关的过程以及资源进行有效的管理,可以更高效地得到期望的结果。任何使用资源生产活动和将输入转化为输出的一组相关联的活动都可视为过程。2015 版 ISO 9000 标准是建立在过程控制的基础上。一般在过程的输入端、过程的不同位置及输出端都存在着可以进行测量、检查的机会和控制点,对这些控制点实行测量、检测和管理,便能控制过程的有效实施。

5. 改进

持续改进总体业绩是组织的一个永恒目标,其作用在于增强企业满足质量要求的能力,包括产品质量、过程及体系的有效性和效率的提高。持续改进是增强和满足质量要求能力的循环活动,使企业的质量管理走上良性循环的轨道。

6. 循证决策

有效的决策应建立在数据和信息分析的基础上,数据和信息分析是事实的高度提炼。以事实为依据做出决策,可防止决策失误。为此企业领导应重视数据信息的收集、汇总和分析,以便为决策提供依据。

7. 关系管理

为了持续成功,组织需要管理与有关相关方(如供方)的关系。组织与供方是相互依存的,建立双方的互利关系可以增强双方创造价值的能力。供方提供的产品是企业提供产品的一个组成部分。处理好与供方的关系,涉及企业能否持续稳定提供顾客满意产品的重要条件。因此,对供方不能只讲控制,不讲合作互利,特别是关键供方,更要建立互利关系,这对企业与供方双方都有利。

8.5.3 质量管理体系文件

GB/T 19000 质量管理体系标准对质量体系文件的重要性做了专门的阐述,要求企业重视质量管理体系文件的编制和使用。编制和使用质量管理体系文件本身是一项具有动态管理要求的活动。因为质量管理体系的建立、健全要从编制完善体系文件开始,质量管理体系的运行、审核与改进都是依据文件的规定进行,质量管理实施的结果也要形成文件,作为证实产品质量符合规定要求及质量管理体系有效的证据。

GB/T 19000 质量管理体系对文件提出明确要求,企业应具有完整和科学的质量管理体系文件。质量管理体系文件一般由以下内容构成。

1. 形成文件的质量方针和质量目标

质量方针和质量目标一般都以简明的文字来表述,是企业质量管理的方向目标,应反映用户及社会对工程质量的要求及企业相应的质量水平和服务承诺,也是企业质量经营理念的反映。

2. 质量手册

质量手册是规定企业组织建立质量管理体系的文件,质量手册对企业质量管理体系作系统完整和概要的描述。其内容一般包括企业的质量方针、质量目标;组织机构及质量职责;体系要素或基本控制程序;质量手册的评审、修改和控制的管理办法。质量手册作为企业质量管理体系的纲领性文件,具有指令性、系统性、协调性、先进性、可行性和可检查性。

3. 质量管理标准所要求的各种生产、工作和管理的程序性文件

质量管理体系程序文件是质量手册的支持性文件,是企业各职能部门为落实质量手册要求而规定的细则,企业为落实质量管理工作而建立的各项管理标准、规章制度都属程序文件范畴。各企业程序文件的内容及详略可视企业情况而定。一般有以下六个方面的程序为通用性管理程序,各类企业都应在程序文件中制定。

(1) 文件控制程序。

(2) 质量记录管理程序。

(3) 内部审核程序。

(4) 不合格品控制程序。

(5) 纠正措施控制程序。

(6) 预防措施控制程序。

除以上六个程序以外,涉及产品质量形成过程各环节控制的程序文件,如生产过程、服务过程、管理过程、监督过程等管理程序,不作统一规定,可视企业质量控制的需要而制定。

为确保过程的有效运行和控制,在程序文件的指导下,尚可按管理需要编制相

关文件,如作业指导书、具体工程的质量计划等。

4. 质量管理标准所要求的质量记录

质量记录是产品质量水平和质量体系中各项质量活动进行及结果的客观反映。对质量管理体系程序文件所规定的运行过程及控制、测量、检查的内容,应如实加以记录,用以证明产品质量达到合同要求及质量标准的满足程度。如在控制体系中出现偏差,则质量记录不仅需要反映偏差情况,而且应反映出针对不足之处所采取的纠正措施及纠正效果。

质量记录应完整地反映质量活动实施、验证和评审的情况,并记载关键活动的过程参数,具有可追溯性的特点。质量记录以规定的形式和程序进行,并有实施、验证、审核等签署意见。

以上各类文件的详略程度无统一规定,以适于企业使用,使过程受控为准则。

第9章 项目合同管理

【知识点及学习要求】

知 识 点	学 习 要 求
知识点 1:合同基础	熟悉合同的基本内容
知识点 2:工程项目合同概述	掌握工程项目合同的种类
知识点 3:工程项目施工合同订立	掌握工程项目施工合同订立事项
知识点 4:工程项目合同实施的管理	掌握工程项目合同管理的内容,熟悉合同履行保证体系
知识点 5:合同变更管理	了解合同变更分类,掌握合同变更程序及原因
知识点 6:工程索赔	熟悉工程索赔种类,掌握工程索赔的处理程序

9.1 合同基础

9.1.1 合同的基本概念

1. 合同的概念

合同是民事主体之间设立、变更、终止民事法律关系的协议。

2. 合同的特征

(1)合同是当事人协商一致的协议,是双方或多方的民事法律行为。

(2)合同订立的目的是为了产生某种民事法律后果,即发生、变更或消灭一定的民事法律关系。

(3)合同的当事人必须合法,其订立过程必须是合法行为。

9.1.2 合同的订立

合同签订过程也是合同形成、协商的过程。合同订立的原则是不能违反法律,由合格的法人在协商的基础上达成,公平合理、等价变换,诚信等。

合同订立必须经过两个步骤:要约和承诺。

1. 要约

要约是希望和他人订立合同的意思表示。提出订立合同建议的当事人称为"要约人",接受要约的一方称为"受要约人"。要约内容必须明确,只要受要约人承诺,即接受要约的法律约束。要约人提出要约是一种法律行为,它在到达受要约人时生效。要约人可以撤回要约,但要约人发出的撤回要约的通知应在要约到达受要约人之前,或与要约同时到达受要约人。要约人也可以撤销要约,但要约人撤销要约的通知应在受要约人发出承诺通知前到达受要约人。

要约无效的情况如下:

(1) 拒绝要约的通知到达受要约人;

(2) 要约人依法撤销要约;

(3) 在承诺期限内,受要约人未做出承诺;

(4) 受要约人对要约的内容做出实质性变更。

2. 承诺

承诺是受要约人做出的同意要约的意思表示。承诺同样是一种法律行为。"要约"一经"承诺",即被认为当事人双方已协商一致,达成协议,合同即告成立。

承诺具有两个条件:

(1) 承诺人要按照要约所指定的方式,无条件地完全同意要约(或新要约)的内容。如果受要约人对要约的内容做出实质性的变更,则要约失效。

(2) 承诺应在要约规定的期限内到达要约人,并符合要约所规定的其他各种要求。

3. 合同成立的有效要件

(1) 当事人需具备签订合同的行为能力;

(2) 合同需有对价或约因(当事人签订合同所追求的直接目的);

(3) 合同内容必须合法(也不得违反公共秩序或政策或道德风俗);

(4) 合同需符合法律规定的形式;

(5) 当事人的意思表示必须真实(不能基于错误、迫于压力或受到欺骗而订立合同)。

9.1.3　合同的主要内容

合同的内容由当事人约定,这是合同自由的重要体现。《中华人民共和国民法典》(以下简称《民法典》)规定了合同一般应当包括的内容。

(1) 双方当事人的姓名或名称和住所　当事人指自然人、法人或其他组织。

(2) 标的　即合同双方当事人的权利义务共同指向的对象,如物、财、行为、智力成果、工程项目等。

(3) 数量　即用数字或其他计量单位表示的衡量标的物多少的尺度。

(4) 质量　即标的内在品质和外观形态优劣的标志,是标的物性质差异的具体特征。合同对质量标准的约定,应当准确而具体。

(5) 价款　即一方当事人交付产品或智力成果后,另一方当事人支付的款项报酬。合同条款中应写明有关支付和结算的方法。

(6) 履行的期限、地点和方式　即双方当事人履行义务的时间范围、具体地点、采取的方式方法。

（7）违约责任　即合同当事人约定一方或双方不履行或不全面履行合同义务时，按照法律和合同的规定必须承担的法律责任。

（8）解决争议的方法　指合同当事人选择解决合同纠纷的方式、地点等。解决争议的方法有协商、调解、仲裁、诉讼四种，当事人应当在合同中约定。

9.1.4　合同的履行

1. 合同履行的含义

合同履行就是合同当事人实现合同内容的行为，即双方全面履行合同所规定的义务，实现各自的权利和目的的行为。

2. 合同履行原则

（1）全面履行。

（2）诚实信用。

3. 合同履行中的抗辩权

在双务合同中，当事人一方有依法对抗对方要求或否认对方权利主张的权利。

4. 合同变更

合同变更是指当事人对已经依法成立的合同，但尚未履行或尚未完全履行的合同，进行修改或补充所达成的协议。

合同变更必须针对有效的合同，协商一致是合同变更的必要条件，任何一方都不得擅自变更合同。合同变更后，当事人须按变更后的合同履行。

5. 合同转让

合同转让是指当事人一方取得另一方当事人同意后，将合同的权利、义务全部或部分转让给第三方的法律行为。合同转让包括债权转让和债务承担两种情况，当事人也可将权利义务一并转让。

9.1.5　合同终止

1. 合同终止的含义

合同权利义务终止也称合同终止，指当事人之间根据合同确定的权利义务在客观上不复存在，据此合同不再对双方具有约束力。

2. 合同终止的情形

合同终止的情形有以下几种：

①债务已经按约定履行；

②债务相互抵消；

③债务人依法将标的物提存；

④债权人免除债务；

⑤债权债务同归于一人；

⑥法律规定或者当事人约定终止的其他情形。

9.1.6 违约责任

1. 违约责任的含义

违约责任是指当事人任何一方不履行合同义务或者履行合同义务不符合约定而应当承担的法律责任。

2. 承担违约责任的方式

1）继续履行

违反合同的当事人不论是否承担了赔偿金或者违约金责任，根据另一方的要求，在自己能够履行的条件下，继续履行合同义务。如果有必要，违约方应当采取适当的补救措施。

2）采取补救措施

当事人违反合同的事实发生后，为防止损失发生或者扩大，而由违反合同的一方依照法律规定或者约定采取的修理、更换、重新制作、退货、减少价格或者报酬等措施，以给权利人弥补或者挽回损失的责任。采取补救措施的责任形式，主要发生在质量不符合约定的情况下。建设工程合同中，采取补救措施是施工单位承担违约责任常用的方法。

3）赔偿损失

当事人一方不履行合同义务或履行合同义务不符合约定的，在履行义务或采取补救措施后，对方还有其他损失的，应当赔偿损失。大陆法系认为，损害赔偿应该基于受损害方实际损失金额来衡量；而英美法系认为，计算损害的原则是使受害方获得经济上处于该合同得到履行时同等的地位。

4）支付违约金

当事人可以约定，一方违约时应当根据违约情况向对方支付一定数额的违约金，也可约定因违约产生的损失赔偿额的计算方法。违约方支付违约金后，还应当履行债务。

5）解除合同

当事人一方在合同规定的期限内未履行、未完全履行或者不能履行合同时，另一方当事人可以根据法律规定或合同约定的条件，通知对方解除合同关系的法律行为。英美法系认为，只有在一方违反条款或有重大违约行为时，才可解除合同。

9.1.7 合同争议的解决

合同争议也称合同纠纷，是指当事人对合同规定的权利和义务产生了不同的理解。合同争议的解决方式有和解、调解、仲裁、诉讼等。

9.1.8 有关合同的其他问题

1. 可变更、可撤销的合同

可变更、可撤销的合同是指当事人所订立的合同欠缺一定的生效条件，但当事人一方可依照自己的意思使合同的内容变更或者使合同的效力归于消灭的合同。我国《民法典》对这一合同制度的规定，既体现了法律对公平交易的要求，又体现了意思自治的原则。这类合同具有以下特征。

（1）可撤销合同的效力取决于撤销权人。对于可撤销的合同，撤销权人可以请求撤销该合同，也可以请求变更该合同，还可以既不请求撤销也不请求变更该合同。只有在当事人请求撤销合同，并导致该合同被法院或仲裁机构撤销的情况下，其效力才灭失。

（2）可撤销的合同在未被撤销前有效。即使合同具有可撤销的因素，但撤销权人未行使撤销行为，合同仍然有效，当事人不得以合同具有可撤销因素为由而拒不履行合同义务。

（3）可撤销的合同一旦撤销，自始无效，即合同效力自成立时起灭失。

构成可变更、可撤销合同的条件如下。

（1）因重大误解订立的合同，受损害一方享有撤销权。

（2）显失公平的合同，即一方当事人在紧急或缺乏经验情况下而订立、明显对自己有重大不利的合同。

（3）欺诈、胁迫情况下订立的合同。

2. 合同履行的特殊规则

（1）价格调整 是指逾期交付标的物的，遇价格上涨时，按原价格执行；价格下降时，按照新价格执行。

（2）代为履行 是指由合同以外的第三人代替合同当事人履行合同。与合同转让不同，代为履行并未改变合同的权利义务主体，只是改变了履行主体。

（3）提前履行 合同通常应按约定期限履行，提前或延迟履行属违约行为，因此债权人可以拒绝债务人提前履行债务。但提前履行不损害债权人利益的除外，此时因提前履行给债权人增加的费用，由债务人负担。

（4）部分履行 合同通常应全部履行，债权人可以拒绝债务人部分履行债务。但部分履行不损害债权人利益的除外，此时因部分履行给债权人增加的费用，由债务人负担。

9.2 工程项目合同概述

工程项目合同按承发包内容可分为工程项目勘察合同、工程项目设计合同、工程项目施工合同等，本书主要以工程项目施工合同为主展开论述。

工程项目施工合同是发包人就完成具体工程项目的建筑施工、设备安装、设备调试、工程保修等工作内容,确定双方权利和义务的协议。施工合同是双务有偿合同,在订立时应遵循自愿、公平、诚实信用的原则。

9.2.1 工程项目施工合同的特点

1. 施工合同标的的特殊性

施工合同的标的是各类建筑产品,其在施工过程中往往受到自然条件、地质水文条件、社会条件、人为条件等因素的影响。这就决定了施工合同的标的物不同于工厂批量生产的产品,具有单件性。

2. 合同履行期限的长期性

建筑工程施工由于结构复杂、体积大、建筑材料类型多、工作量大,使得工程项目的工期都比较长(与一般工业产品的生产相比)。在较长的合同工期内,双方履行义务往往会受到不可抗力、履行过程中法律法规政策的变化、市场价格浮动等因素的影响,必然导致合同的内容约定、履行管理都很复杂。

3. 合同内容的复杂性

虽然施工合同的当事人只有两方,但履行过程中涉及的建设主体却有很多,内容的约定还需与其他相关合同相协调,如设计合同、供货合同等。

9.2.2 建设工程项目施工合同示范文本简介

1. 合同示范文本的作用

施工合同内容复杂、涉及面广,为了避免施工合同的编制者遗漏某些方面的重要条款,或条款约定责任不够公平合理,住房和城乡建设部和国家市场监督管理总局于 2017 年 9 月 22 日印发了《建设工程施工合同(示范文本)》(GF—2017—0201)(以下简称示范文本)。

施工合同示范文本的条款内容不仅涉及各种情况下双方的合同责任和规范化的履行管理程序,而且涵盖非正常情况的处理原则,如变更、索赔、不可抗力、合同的被迫终止、争议的解决等方面。

示范文本中的条款属于推荐使用,应结合具体工程的特点加以取舍、补充,最终形成责任明确、操作性强的合同。

2. 施工合同示范文本

施工合同示范文本由合同协议书、通用合同条款、专用合同条款三部分组成,并附有附件。

(1)合同协议书 合同协议书是施工合同的总纲性法律文件,经过双方当事人签字盖章后合同即成立。标准化的协议书格式文字量不大,共计 13 条,主要包括:工程概况、合同工期、质量标准、签约合同价和合同价格形式、项目经理、合同文件构成、承诺以及合同生效条件等重要内容,集中约定了合同当事人基本的合同权利义务。

（2）通用条款　通用合同条款是合同当事人根据《中华人民共和国建筑法》《民法典》等法律法规的规定，就工程建设的实施及相关事项，对合同当事人的权利义务作出的原则性约定。通用条件包括：词语定义及合同文件；双方一般权利和义务；施工组织设计和工期；质量与检验；安全施工；合同价款与支付；材料设备供应；工程变更；竣工验收与结算；违约、索赔和争议；其他共 11 部分 47 个条款。通用条款在使用时可以不做任何改动，原文照搬。通用合同条款共计 20 条，具体条款分别为：一般约定、发包人、承包人、监理人、工程质量、安全文明施工与环境保护、工期和进度、材料与设备、试验与检验、变更、价格调整、合同价格、计量与支付、验收和工程试车、竣工结算、缺陷责任与保修、违约、不可抗力、保险、索赔和争议解决。前述条款安排既考虑了现行法律法规对工程建设的有关要求，也考虑了建设工程施工管理的特殊需要。

（3）专用条款　由于具体工程项目的工作内容各不相同，施工现场和外部环境条件各异，因此，还必须有反映招标工程具体特点和要求的专用条款的约定。合同范本中的"专用条款"部分只为当事人提供了编制具体合同时应包括内容的指南，具体内容由当事人根据发包工程的实际要求细化。专用合同条款是对通用合同条款原则性约定的细化、完善、补充、修改或另行约定的条款。合同当事人可以根据不同建设工程的特点及具体情况，通过双方的谈判、协商对相应的专用合同条款进行修改补充。在使用专用合同条款时，应注意以下事项：

a. 专用合同条款的编号应与相应的通用合同条款的编号一致；

b. 合同当事人可以通过对专用合同条款的修改，满足具体建设工程的特殊要求，避免直接修改通用合同条款；

c. 在专用合同条款中有横道线的地方，合同当事人可针对相应的通用合同条款进行细化、完善、补充、修改或另行约定；如无细化、完善、补充、修改或另行约定，则填写"无"或"/"。

针对具体的工程项目，编制专用条款的原则是结合项目特点，针对通用条款的内容进行补充或修正，达到相同序号的通用条款和专用条款共同组成对某一反面问题内容完备的约定。因此，专用条款的序号不必依次排列，通用条款已完善的部分不需要重复抄录，只需对通用条款部分需要补充、细化甚至弃用的条款作相应说明后，按照通用条款对该问题的编号顺序排列即可。

（4）附件　示范文本中为使用者提供了"承包人承揽工程项目一览表""发包人供应材料设备一览表""房屋建筑工程质量保证书"三个标准化附件，如果具体项目的实施为包工包料的形式，则可以不使用发包人供应材料设备表。

9.2.3　合同管理的三大主体

1. 发包人

发包人指在协议书中约定，具有工程发包主体资格和支付工程价款能力的当事人以及该当事人资格的合法继承人。

2. 承包人

承包人指在协议书中约定,被发包人接受具有工程施工承包主体资格的当事人以及取得该当事人资格的合法继承人。

3. 工程师

施工合同示范文本定义的工程师包括监理单位委派的总监理工程师或者发包人指定的履行合同的负责人两种情况。

总监理工程师是经监理单位法定代表人授权,派驻施工现场监理机构的总负责人,其行使监理合同赋予的监理机构的权利和义务,全面负责受委托工程的监理工作。

发包人应将委托的监理单位名称、工程师姓名、监理内容及监理权限以书面形式通知承包人。除合同有明确约定或经发包人同意外,负责监理的工程师无权解除承包人的任何义务。

发包人派驻代表在施工合同中也称工程师。发包人代表是经发包人单位法定代表人授权,派驻施工现场的负责人,其姓名、职务、职责在专用条款内约定,但职责不得与监理单位委派的总监理工程师职责相互交叉。双方职责发生交叉或不明确时,由发包人明确双方职责,并以书面形式通知承包方。

9.2.4 工程项目施工合同分类

建设工程项目合同种类繁多,有多种分类方法,按照计价方式的不同,工程项目施工合同可分为固定价合同、可调价格合同和成本加酬金合同三种。

1. 固定价合同

1)固定总价合同

固定总价合同在签约时,双方议定的合同总价为一固定不变的金额,承包商将承担项目实施过程中在合同规定的工作范围内的全部费用风险。如果工程完工时,总的投资费用超出了合同总价,业主对于超支的费用是不承担任何责任的,当然也不支付这笔超支费;反之,在完工时如果有投资结余,则这笔剩余的投资费用就成为承包商的盈余和利润。由于这种合同形式承包商承担的风险大,因此在报价时要加上一笔数量较大的未可预见费,合同总价往往较高。

采用这种合同形式,对于承包商来说,可大量减少在项目实施过程中来自业主的直接干预,可实行独立自主、有效的管理。与此同时,承包商因责任加重,必须对项目的实施实行严格的管理,并对工程的进度、质量和费用进行严格的控制。对于业主来说,采用固定总价合同,可以大大减少自己的工作量,当然在工程的投资方面相应地要付出比较高的代价。一般情况下,若具备以下条件,采用固定总价合同较为适宜:在项目早期就对工作量和工作范围比较清楚、明确;在投标之前已经提供有关的设计图纸和技术规范,对项目所必需的要求已有比较详细的说明。

固定总价合同分为两类：第一类是总价不变合同；第二类是具有升值条款的总价合同，即当成本构成因材料、工资等的价格上涨时，合同总价可根据合同中规定的计算公式重新计算，加以调整。

2）固定单价合同

固定单价合同的特征是在整个合同执行期间合同单价不变，而工程量则按实际完成量结算。这种合同一般是通过投标商的竞争来确定单价和按设计工程量计算出总价。承包商虽可按工程量实际数值调整，但仍需要承担单价方面的风险。一般是合同中预先规定一个允许工程量增减的幅度，以明确调价的界限。这种合同适用于难以预先准确计算工程总量的工程。

2. 可调价格合同

可调价格合同，是针对固定价格而言，通常用于工期较长的施工合同。如工期在 18 个月以上的合同，发包人和承包人在招投标阶段和签订合同时不可能合理预见到一年半以后价格浮动和法规变化对合同价款的影响，为了合理分担外界因素的不利影响，应采用可调价合同。对于工期较短的合同，专用条款内也要约定因外部条件变化对施工成本产生影响可以调整合同价款的内容。可调价合同的计价方式与固定价格合同基本相同，只是增加可调价格的条款，因此在专用条款内应明确约定可调价的计算方法。

3. 成本加酬金合同

成本加酬金合同，也称为偿付合同，是业主偿付承包商作为该项目服务的全部实际费用（即实报实销），在签约时不加以确定。工程建设所必需的全部费用由业主根据费用账单按规定日期付给承包商，再根据合同中的规定加上一笔付给承包商作为酬金的附加费用。采用这种合同，承包商在确定设备材料的采购价格、人工工资费用率、支付条款等方面，均需取得业主的认可，业主直接介入项目的监督管理，对偿付给承包商的各项费用经常审计，业主的责任和工作量比总价合同要大得多，要求业主对项目的实施和管理有较丰富的经验。当然项目实施过程中的费用风险由业主一方承担。根据确定附加费用的方法不同，这种合同可分为下列几种。

（1）成本加百分率酬金合同　酬金即承包商的利润或一般的管理费。这种合同酬金的比率可以是固定的，也可以是浮动的。

（2）成本加固定数目酬金合同　即酬金的数量是固定的。

（3）带有奖罚条款的成本加酬金合同　即业主对总费用设立一个目标值，如果在目标上下产生一定偏差时，按该偏差的预定比率，承包商相应得到奖励或被罚款。

（4）限定最高成本加酬金合同　即业主对总成本费用限定一个峰值，超支部分由承包商支付。

4. 固定价合同、可调价合同和成本加酬金合同的差异

可调价合同与固定价合同的区别很大。首先，两者的报价估算方法和工作深度不同。其次，对于开口价合同，业主要详细审核承包商为该项目建设进行的工作内容和财务账目;而固定价合同项目的财务账目属于承包商的机密,业主无权深入过问。但在项目实施控制中,承包商对这两种形式的合同均采用严格的费用控制,期望用合理的最低价格完成项目建设。

固定价合同、可调价合同和成本加酬金合同在风险分配以及工程控制工作量等方面对业主和承包商有很大差别,不同计价方式合同类型的比较如表 9-1 所示。

表 9-1 不同计价方式合同类型对业主和承包商的影响

合同类型	固定价合同	可调价合同	成本加酬金合同			
			百分比酬金	固定酬金	浮动酬金	目标成本加奖罚
业主控制力度	小	较小	很大	很大	大	较大
业主风险	小	较小	很大	很大	大	较大
工程资料	很详细	详细	较详细	不详	不详	不详

9.3 工程项目施工合同订立

9.3.1 合同谈判

大型工程项目开标以后,业主一般选出两三家承包商就工程有关问题进行谈判,经过比较选择,确定中标者。中标者则需与业主进一步谈判,达成一致,签订正式的工程承包合同。合同谈判一般分技术谈判和商务谈判两部分。技术谈判因项目类型、技术内涵不同而差异较大。商务谈判则需重点考虑以下内容。

1. 工作范围

工作范围是指承包商所承担的工作范围。承包商在谈判中一定要弄清其工作范围,明确双方责任。有时会因工作范围规定不明确,或文字表达不清楚,译文不准确等问题影响报价及合同的履行,使承包商吃亏。

2. 价格和价格调整

价格是合同最主要的内容,是双方谈判的关键。业主采用招标方式的目的之一,是要选择对自己最有利的合同类型、最有利的价格。承包商要尽可能地争取合理的价格,既要准备应付业主的压价,又要准备当业主拟增加项目、修改设计或提高标准时能增加价格,双方应明确价格调整的适用情况。

3. 工期

工期是承包合同的关键条件之一,大多数业主往往对工期的要求较严,要求承包商按期竣工。承包商最重要的责任之一,就是在规定的时间内完成工程。通常在合同中规定延期违约金和超过竣工日期每天的罚款额。

4．支付条件

支付条件包括两个方面：付款方式和付款（结算）时期。

1）付款方式

目前，国际贸易中通行的付款方式有现付、汇付、托收、信用证和保函。选用哪种支付方式要灵活掌握，以既能达到扩大承包工程业务的要求，又能保证安全迅速收汇。

2）付款（结算）时期

承包工程中，承包商希望早日收回贷款，而业主则希望能延期付款，都是为了有利于自己资金的周转。

承包工程付款的时期和次数要根据项目的内容、规模、价格、工期长短等因素，由双方谈判确定。通常对于工程项目采用预付款、临时（或中间）结算和最终结算的方法。

9.3.2　合同签订

双方经过谈判，认同了合同的基本条款，但最终要以书面形式确定下来，形成正式合同。订立正式合同时要注意以下几个问题。

（1）合同使用的文字要经双方确定。对国际合同文件，首先必须确定以哪种语言为基础进行解释。因为两种不同的语言，往往不可能完全一致地表达同一个意思。如有两种语言以上的合同文本，须注明若出现矛盾，应以主导语言文本的规定和解释为准。

（2）合同中的各个组成部分应是互为解释的。合同中难免存在含糊及矛盾之处，在合同特殊条件中应明确规定各组成部分的优先解释次序。

（3）合同的文字要表达准确，尤其是译文要准确。译文可向外国专家进行咨询，克服语言障碍。

（4）合同内容要具体，合同条款要完整。

（5）正式合同形成后，要由各方当事人签署。

（6）在有些国家，合同签订后还需经有关部门鉴证，或经司法部门公证。这样合同才具有法律效力。

（7）考虑相关协议的协调性，尤其是承包合同与监理合同、总包合同与分包合同内容的协调性。

9.4　工程项目合同实施的管理

合同管理涉及法人之间的经济目的和经济关系，是一项十分重要的管理工作。项目的控制归根到底是合同的履行问题。从控制的角度讲，一方面以合同作为依据和总基准应严格履行；另一方面由于项目建设是个很复杂的系统，涉及面广，建设周期长,对这些问题,如果单纯维护原合同,则会导致合同与现实情况背离甚远、无法履行的局面。所以对于合同这个总基准,必须在严格监督管理的同时,跟踪调整,变更补充,适时产生符合实际情况的新合同基准。

9.4.1 合同管理的主要工作

广义上的理解,工程项目建设实施过程的所有管理工作都属于合同管理的范畴。但就项目经理班子中的专职合同管理部门或人员来说,其合同管理的主要工作包括如下几方面:

(1) 建立合同履行的保证体系,以保证合同履行中一切日常工作有秩序地进行;

(2) 监督合同的履行,协调各方面的合同实施工作,督促、协助各方面完成合同责任,以保证工程建设顺利进行;

(3) 对合同实施情况进行跟踪了解,分析对比,及时向项目经理或有关人员反馈信息,通报情况,提出警告等;

(4) 控制合同变更,按程序处理合同变更事件;

(5) 负责索赔事项的交涉处理。

9.4.2 建立合同履行的保证体系

合同管理是涉及面广、日常事务繁杂的工作。为了使合同管理有条不紊地进行,应建立科学的合同履行保证体系。

1. 实行合同责任制

合同是规定总任务的依据。合同的履行过程就是各部门完成本职工作的过程。因此,在合同履行之前,应认真进行合同分析,把合同责任具体地落实到各责任人和合同实施的具体工作上。首先,组织项目管理人员学习合同条文,熟悉合同的主要内容、各种规定、各种管理程序,了解合同责任和工程范围、各种行为的法律后果等,使各方面工作协调一致;其次,将各种合同事项的责任分解落实到各工程作业队伍,尤其对工程质量、技术要求、工期要求、消耗标准、各相关事件的关系以及各队伍的责任界限等要非常明确;最后,将合同责任制纳入全面经济责任制体系中,运用经济手段加以保证,在合同实施过程中强化经常性的检查、监督和评估、考核。

2. 制定合同管理工作程序

为了协调好各方面的工作,使日常合同管理工作程序化、规范化,应制定以下工作程序。

(1) 建立协商会议制度 合同履行过程中,各建设主体之间应定期或不定期召开协商会议,就计划执行效果、已完工作和后期工作,尤其是合同条款变更及变更措施等问题进行评价、协调并形成决议。对重大议题和决议应以会议纪要的形式记录下来,纳入合同文件。

(2) 建立必要的工作程序 对于经常性的合同管理工作应建立制度化的工作程

序,使相关人员有章可循。必要的程序包括图纸批准程序、工程变更程序、工程索赔程序、账单审查程序、设备材料及已完工程验收程序、工程问题联络报告程序等。

3. 建立健全文档管理系统

合同管理人员负责各种合同资料和工程资料的收集、整理和保存工作。这是一项非常烦琐和复杂、需耗费大量时间和精力的工作,往往容易被简化、粗化,尤其是工程原始资料如果收集、保存不善,就无法保持合同文件的可追溯性。建立健全工程项目建设合同管理的文档系统,要明确提出数据资料的标准化、及时性、全面性、准确性等要求,责任需落实到部门乃至个人。随着工程建设项目规模扩大、合同标的的日趋庞大,涉及合同的内容、条款日益复杂,传统合同管理手段和方法已经无法适应现代化大、中型工程项目动态管理的要求,需要以微机数据库系统为基础的合同管理。在数据收集、整理、存储、处理和分析等方面,要建立工程项目管理中的合同管理系统,以满足决策者在合同管理方面的信息需求,提高管理水平。

4. 积极推行经济合同示范文本制度

推行经济合同示范文本制度,是贯彻执行《民法典》,加强经济合同管理,提高经济合同履约率,维护建筑市场秩序的一项重要措施。它一方面有助于当事人了解、掌握有关法律、法规,使经济合同的签订符合规范,避免缺款少项和当事人意思表示不真实,防止出现明显不公平和违法条款;另一方面便于合同管理机关加强监督检查,有利于仲裁机构和人民法院及时裁判纠纷,保护当事人的合法权益,保障国家和社会公共利益。

5. 培养行文习惯

各建设主体之间的重要信息沟通均是合同文件的组成部分,应以书面形式进行。如果当时来不及形成书面文件,应在事后追补书面文件作为依据。这不仅是合同管理的要求,也是经济法律和工程控制的需要。在我国由于传统项目管理模式的惯性,致使许多合同管理人员仍习惯于口头协议,这是不符合市场经济体制和参与国际工程承包的要求的。合同管理人员及全体项目管理人员都应养成文字交往的习惯,尤其是合同双方之间的协商、意见、请示、指令等都应落实到书面形式上。

6. 采用国际通用规范和先进经验

现代项目建设活动具有国际性特征。这就要求我国的项目管理者学习、熟悉国际工程市场的运行规范和操作惯例。国际咨询工程师联合会和欧洲建筑工程联合会在英国土木工程学会的合同条款基础上,于 1957 年制定了《FIDIC 土木工程施工合同条件》(现行文本是 2017 年版)。美洲国家、中东国家和东南亚国家在开拓国际工程承发包市场中,结合本地区和本国客观情况,创造和总结出的项目合同管理的先进经验,对于完善我国投资项目合同管理制度和适应国际工程建设市场开发,会产生十分重要的作用。

9.4.3　加强合同监督与协调

合同监督与协调是工程实施按照合同要求顺利运行的重要保证。它主要包括合同指导、费用监督、进度监督、质量技术监督和工作协调等内容。

合同管理人员要对工程管理人员和工程作业人员进行必要的合同指导,做经常性的合同解释,使他们树立全局观念,及时对合同履行中发现的问题提出意见、建议或警告。

合同管理人员要对合同实施计划的落实情况进行检查。检查的主要内容包括:对照工程数量、质量、技术标准和工程进度表,检查人工、材料、机具是否安排到位;核对已完工程是否正点到达,实物消耗是否超标;工程设备材料开箱检查和工程质量的验收是否符合程序、标准;检查验收记录是否齐全并达到合格水平;工程变更是否按规定程序办理,责任人的签署是否齐全等。检查中发现进度拖延、费用超标、质量缺陷以及潜在的危机等,应及时向有关方面提出警告。

合同管理人员要在合同范围内协调业主、监理者、承包商、供应商等各建设主体之间的工作关系。解决相互间出现的不协调问题,如出现合同责任方面的争执,工程活动之间在时间和空间上的摩擦和碰撞等,尤其对合同未明确划定的工程活动的责任,要提出合理的调解方案,努力达到双方的相互谅解。

9.5 合同变更管理

9.5.1 合同变更类型

几乎在每一个项目实施中都或多或少地发生合同变更。业主和承包商对项目变更的处理,成为项目管理活动中最主要的内容之一。常见的变更如设计变更、进度变更、价格和成本变更、施工措施变更、材料更换、施工方法变更等。大部分变更只是对原计划的改善或改进。

合同变更可以按业主(甲方)是否已经下达正式的变更指令(通知)分为正规变更和非正规变更,也可以按变更责任承担者不同分为用户变更和项目变更。

1. 正规变更

正规变更是业主(甲方)在合同签订后,以正式的书面指令通知承包商(乙方)改变工程范围、工程内容、施工标准、施工期限等,包括业主提出的变更和承包商提出但经业主批准认可的变更。

绝大部分正规变更属于设计上的更改。此外,业主为了协调与其他承包商或供应商的进度,或出于整体规划的需要,也常需要改变工程进度,重新安排计划等。

对于正规变更的处理比较容易。正规变更在合同中一般都有权力性的条款,它给予业主单方面的权力,可以要求承包商遵循这样的变更指示。至于时间和费用方面的补偿则可依照原合同文本中的预定条款来处理。

2. 非正规变更

非正规变更是尚未经业主(甲方)批准认可的由承包商(乙方)提出的变更。一般是由于业主或第三方(其他承包商、供应商等)的原因,如过失或不可抗力事由及其他属承包商不能控制的事由引起,导致承包商对合同条款提出补充、修改,这种变更是难以预见和控制的。遇到上述事由,承包商不得不超出或背离合同要求,或以不同于正常预计的方式进行工作,带有被迫性。一旦非正规变更予以确认,取得业主同意,就转变为正规变更。但由于非正规变更往往在事发后才认识到,它对工程成本和进度的影响难以做出定量分析,因此非正规变更常常得不到业主确认,最后演变为工程索赔。

3. 用户变更和项目变更

用户变更和项目变更的概念一般只适用于总承包方式。用户变更是由于业主要求或同意修改工作范围和工作内容而导致批准的项目总费用和(或)进度计划发生变化的变更。项目变更是未得到业主同意,但经总承包商项目经理批准实施的变更。项目变更所造成的费用增加由总承包商内部调整,自我消化。由于工程实施过程中大大小小的偏差随时出现,为了减少变更次数,通常并不是一发生偏差即进行变更,而是发生对费用和进度有重大影响(规定费用和进度的增加限额)的偏差时才进行项目变更。

正规变更必然是用户变更。非正规变更在正式得到业主批准认可后转化为用户变更(正规变更)。未得到业主认可,但承包商批准实施,则成为项目变更。未得到业主批准,同时承包商取消变更则成为无效变更。未得到业主批准,但总承包商坚持认为应由业主负担的变更则可能演变为索赔。

9.5.2　合同变更的一般原因

对于一个大型项目,变更的原因十分复杂。然而实例和经验资料表明,下述变更原因具有普遍性。

(1)设计资料的差错或不完整是所有合同变更中最常见的。尤其是按"快速跟踪程序"(现代边设计边施工程序)组织设计与施工时,更是主要原因。这种变更形式是设计图纸和技术要求的修改。

(2)业主(甲方)提供的材料和设备延误或差错。

(3)由于当地法规限制而导致变更,如预先不熟悉当地法规,或当地法规发生了变化等原因。

(4)工地现场自然条件和状况发生变化。

(5)其他承包商或供应商的影响。

(6)合同语言和合同解释的含义不清。这在国际工程承包中比较常见。

(7)施工方法的限制。如业主或监理工程师对承包商的施工方法加以限制,或要求选定的施工方法将导致费用增加、工期延长,承包商则要求业主变更。

(8)业主不正确或不及时履行合同规定的义务。

(9)延误或赶工。由于业主、其他承包商、供应商或其他第三方的原因,使承包商工作延误或发生费用增加,或者由于业主要求加快进度、缩短工期致使费用增加。

9.5.3 合同变更程序

合同管理的关键问题之一是如何正确对待和处理各种变更。要建立一套科学的合同变更程序,并严格执行。

要尽早发现变更,以便及时作出处理。对于用户变更来说,业主要签发通知单,书面通知承包商应该执行的变更工作,同时要求承包商确定此变更对项目进度和成本的影响,并将这些信息反馈给业主。对于承包商发现或提出的变更,承包商一般以变更要求或索赔的形式,首先通知业主这种变更及其原因和影响;然后业主应决定是否接受变更,对此变更要求进行分析评价;审查了承包商的要求后,业主和承包商双方取得一致意见,再由业主正式发出变更指令。对于项目变更,承包商一般应规定内部审批程序,并规定构成项目变更的限额。下面参照国际惯例和工程实例,介绍总承包方式下和监理方式下合同变更程序。

1. 总承包方式下合同变更程序

(1)正规变更(业主提出变更)程序。

①业主提出变更要求;②总承包商估计变更对进度、费用的影响并呈报给业主;③业主同意后发出用户变更通知书;④总承包商项目经理在收到用户变更通知书后尽快发表用户变更,组织落实。

(2)按业主要求提前审批程序。

①业主提出紧急或特殊变更要求,并以书面授权总承包商在进行估算和认可变更所需要费用之前,即可着手进行变更工作;②总承包商项目经理接到上述用户变更要求并同意后,发出变更通知,各专业据此进行工作;③进行变更估算和进度分析,然后总承包商项目经理将经过估算和进度分析后的用户变更再次发表。

(3)按承包商建议提前审批程序。

①总承包商提出变更;②如果总承包商项目经理预计不久既可得到业主的书面认可(一般应已得到业主口头认可),可以提前发表用户变更,组织实施;③在得到业主正式认可后,再次发表用户变更。

(4)非正规变更(总承包商提出变更)程序。

①总承包商提出变更要求;②若业主同意并提出修正意见,则总承包商项目经理应根据业主的意见将变更予以完善,然后再次通知业主,在取得业主的书面认可后,将此变更以用户变更的方式正式发出并执行;③若业主不同意,通常情况项目经理应取消此变更,如果项目经理坚持保留变更,则作为项目变更处理。

2. 监理方式下合同变更程序

(1)正规变更程序1(业主提出变更)。

①业主向监理工程师提出变更要求;②监理工程师分析变更的必要性和可行性,并与承包商进行必要的协商后提出变更对进度和费用的影响,以及有关修改的

建议,向业主报告;③业主确认该项变更,由监理工程师正式发表用户变更通知书;④若业主在正式发表变更通知前收回变更要求,则取消变更。

（2）正规变更程序 2（监理方提出变更）。

①监理工程师提出变更建议;②监理工程师与承包商等有关方面讲清变更的合理性和可能性,并分析变更对进度与费用的影响;③监理工程师向业主报告变更建议、各方意见以及费用与进度的变化;④业主同意,监理工程师发出用户变更通知书;⑤业主不同意,取消变更。

（3）非正规变更程序（承包商提出变更）。

①承包商向监理工程师提出口头变更要求;②监理工程师分析其必要性和可行性,做出拒绝或不拒绝的表态;③如果监理工程师拒绝,承包商或取消变更,或按项目变更处理,或提出索赔;④如果监理工程师不拒绝,承包商提出书面变更申请,并提交费用与进度变更的计算结果;⑤监理工程师会同有关人员分析评估变更费用与进度,并与承包商进行必要的协商谈判;⑥监理工程师向业主提出变更建议,并提交详细报告;⑦若业主不接受建议,则承包商取消变更或作为项目变更处理;⑧若业主接受建议,监理工程师发出用户变更通知书。

9.6　工程索赔

9.6.1　工程索赔的概念

建设工程索赔通常是指在合同履行过程中,合同当事人一方因对方不履行或未能正确履行合同或者由于其他非自身因素而受到经济损失或权利损害,通过合同规定的程序向对方提出经济或时间补偿要求的行为。索赔是一种正当的权利要求,是合同当事人之间普遍存在的合同管理业务。工程索赔是工程承包合同管理的集中体现。

9.6.2　工程索赔的分类

关于工程索赔的分类法,国内外工程管理界的阐述不一,工程索赔大致可以归纳为七种分类方法。即,按索赔的发生原因、目的、合同依据、当事人、对象、业务范围和处理方式划分的七种分类方法。

1. 按索赔的发生原因分类
按索赔的发生原因,索赔可分为以下几类。

①加速施工索赔;②施工现场变化索赔;③工程范围变更索赔;④工程拖期索赔;⑤增加或减少工程量索赔;⑥地基变化索赔;⑦工期延长索赔;⑧合同文件错误索赔;⑨暂停工程索赔;⑩终止合同索赔;⑪设计图纸拖交索赔;⑫拖延付款索赔;⑬不可抗力索赔;⑭业主风险索赔;⑮特殊风险索赔;⑯物价上涨索赔;⑰业主违

索赔;⑱法令变更索赔。

其中,加速施工索赔、施工现场变化索赔、工程范围变更索赔和工程拖期索赔最为常见。

2. 按索赔的目的分类

(1)工期索赔 承包商向业主要求延长施工的时间,使原定的工程竣工日期顺延一段合理的时间。

(2)经济索赔 也称费用索赔,是承包商向业主要求补偿不应该由承包商自己承担的经济损失或额外开支。

3. 按索赔的合同依据分类

(1)合同内索赔 合同内索赔或合同索赔,是指索赔所涉及的内容可以在履行的合同中找到条款依据,并可根据合同条款或协议中预先规定的责任和义务划分责任,按违约规定和索赔费用、工期的计算办法提出的索赔,也称合同索赔。一般情况下,合同内索赔的处理解决相对容易。

(2)合同外索赔 与合同内索赔恰恰相反,即索赔所涉及的内容难以在合同条款及有关协议中找到依据,但索赔依据可能来自民法、经济法或政府有关部门颁布的有关法规。如在民事侵权行为、民事伤害行为中找到依据所提出的索赔,就属合同外索赔,也称非合同索赔。

(3)道义索赔 道义索赔,是指承包人无论在合同内或合同外都找不到进行索赔的依据,没有提出索赔的条件和理由,但承包人在合同履行中诚恳可信,为工程的质量、进度及业主配合上尽了最大的努力,由于工程实施过程中估计失误,确实造成了很大的亏损,恳请业主给予救助,这时,业主为了使自己的工程获得良好的进展,出于同情和信任合作的承包人而慷慨予以费用补偿。业主支付这种道义救助,能够获得承包人更理想的合作,最终业主并无损失。这种并非承包人管理不善和质量事故造成的损失,往往是在投标时估价不足造成的。换言之,若承包人充分地估计了实际情况,在合同价中也应含有这部分费用。

4. 按索赔的有关当事人分类

(1)承包商与业主之间的索赔 这是工程承包中最普遍的形式。一般由承包商向业主提出工期索赔或经济索赔;有时,业主也向承包商提出反索赔,要求承包商给予经济补偿。

(2)总承包商与分包商之间的索赔 总承包商是向业主承担全部合同责任的签约人。总承包商与分包商又按照互相签订的分包合同,都有向对方提出索赔的权利。

分包商向总承包商提出的索赔要求,经过总承包商审核后,凡属于业主方面责任范围内的事项,由总承包商整理后向业主提出;总承包商责任范围的事项,由双方协商解决。

(3)承包商与供应商之间的索赔 也称为商务索赔,即工程项目实施过程中的物资采购、运输、保管等方面活动引起的索赔事项。它一般涉及施工机械设备、材料供货的权利主张和归属。

例如,运输索赔是指货物在运输途中遇到恶劣气候、海啸、地震、洪水等自然灾害造成的整批货物损失;或在运输途中由于运输工具本身的原因,如搁浅、触礁、互撞、沉没等意外事故造成全部货物损失或部分货物损失。

5. 按索赔的业务范围分类

按索赔的业务范围分类,索赔可分为工程索赔和商务索赔。

工程项目实施过程中的物资采购、运输、保管等方面活动引起的索赔事项属于商务索赔的范畴。商务索赔主要涉及货物质量不合格、数量短缺、货物损坏、违约、保险等内容。如果货物损失属于轮船公司或保险公司责任范围的,遭受损失后,应向轮船公司或保险公司索赔,这是因为货物运输前都向保险公司投了保。

6. 按索赔的处理方式分类

(1) 单项索赔 采取一事一索赔的方式,即在每一件索赔事项发生后,报送索赔通知书,编制索赔报告,单项解决,不与其他索赔事项相混。单项索赔在工程索赔中最为常用,因为它避免了多项索赔带来的互相影响和互相制约。

(2) 综合索赔 也称总索赔或一揽子索赔,即对整个工程或某项工程中所发生的数起索赔事项,综合在一起进行索赔。综合索赔是特定情况下被迫采取的一种索赔方法。有时施工受到严重干扰,承包商的全部施工活动与原来计划大不相同,原工作与变更后的工作相互混淆,承包商无法为索赔保持精确而详细的记录,以便分清哪些费用是原定的,哪些是新增的。此时,无法提出单项索赔。由于综合索赔比较复杂,成功率低,所以在实践中应尽量避免。

综合索赔事先必须征得咨询工程师的同意,并提交如下证明:承包商的投标报价是合理的;实际发生的总费用是合理的;承包商对成本增加没有任何责任;不可能采用其他方法准确地计算出实际发生的损失数额。

7. 按索赔的对象分类

按索赔的对象分类,索赔可分为索赔和反索赔。

从广义上讲,反索赔是被索赔一方向要求索赔的一方提出的索赔要求。它是对要求索赔者的反措施,也是变被动为主动的一个策略性行动。

从狭义上讲,按照国际工程承包施工中的习惯,通常把承包商向业主提出的索赔要求称为索赔,而把业主向承包商提出的索赔要求称为反索赔。

9.6.3 工程索赔的起因

1. 风险的不对称

从目前的工程承包界存在的事实来看,承包商与业主所承担的风险是不对称、不均等的,承包商往往承担着主要的风险,如图 9-1 所示。这种风险可以通过索赔来使双方的利益趋于平衡。

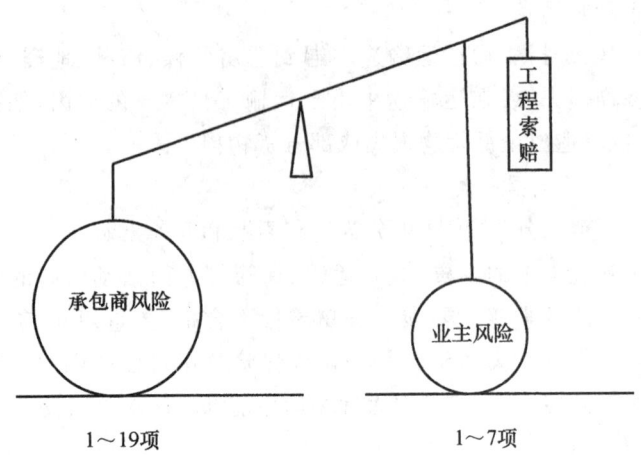

图 9-1 合同风险示意图

(1) 业主的风险包括：

①战争爆发,外敌侵入；②政变、叛乱或内战；③放射性物质污染；④导弹袭击；⑤业主提前占用部分工程；⑥工程设计错误；⑦不可抗力天灾。

(2) 承包商的风险包括：

①施工现场条件复杂；②恶劣的自然条件；③爆发战争；④物价暴涨；⑤业主不按合同付款；⑥咨询(监理)工程师处事不公；⑦要使工程师满意；⑧不解除承包商的责任；⑨承担拖期赔偿；⑩施工事故；⑪货币汇兑风险；⑫投标报价失误；⑬材料、设备供应延误或丢失；⑭当地工人罢工；⑮保函风险；⑯保险失效；⑰业主国政局动乱；⑱业主国立法变更；⑲其他风险。

2. 施工条件的变化

施工条件变化是指不利的自然条件及人为障碍,经常导致设计变更、工期延长或成本增加。即使是有经验的承包商都无法事前预料。因此,索赔就有可能发生。

3. 工程变更

工程施工中,当工程量的变化使得实际完成的工程量超过工程量清单中所列的15%时,会引起一系列问题。承包商可以据此提出索赔。

4. 工期拖延

由于受天气、水文或地质的影响,经常出现工期拖延。如果在分析延期原因后得知,工期拖延责任不在于承包商,则承包商就可以提出索赔。

5. 业主违约

业主未按合同规定为承包商提供条件,未按规定时限向承包商支付工程款,或者咨询(监理)工程师未按规定时间提供图纸、指令或批复等,均为业主违约。

6. 合同缺陷

工程项目合同文件有错误、内容相互矛盾或存在遗漏,引起成本增加或工期拖延,则承包商有权提出索赔。

7. 国家法令变更

工程所在国的法律、法令或规则发生变更,如该国政府提出进口限制、外汇管制、税率提高等,都可能引起承包商施工费用的增加。

总之,以上七种情况是工程索赔发生的基本原因。

9.6.4 工程索赔中的费用分析

工程索赔费用,是承包人根据施工合同条款的有关规定,向业主索取的承包人应该得到的合同价款以外的费用。按照索赔起因及其费用构成特点可分为工程量增加费,工期延误损失费,业主或工程师违约损失费,中止与解除合同损失费,业主国政策、法规变化影响的费用等。

1. 工程量增加费

工程量增加费,是指由于某些因素的影响,施工中实施发生的工程量超过了原合同或图纸规定的工程量而发生的索赔费用。工程施工中,引起工程量增加的常见情况往往与设计变更、工程师指令、不可预见性障碍等有关。

2. 工期延误损失费

工期延误损失费,是指由于非承包人的原因所导致的施工延误事件给承包人造成实际损失而发生的工程索赔费用。

3. 加速施工费

加速施工费,是指由于非承包人的原因导致工期延误,承包人根据工程师的指令加速施工,从而比正常进度状态下完成同等数量的工程量施工成本提高而发生的工程费用。

4. 业主或工程师违约损失费

业主或工程师违约损失费,是指在工程项目合同履行过程中,由于业主或工程师违背合同规定,给承包人造成实际损失而发生的施工索赔费用。

5. 中止与解除合同损失费

中止与解除合同损失费,是指由于工程项目合同的中止与解除给合同当事人造成实际损失而发生的施工索赔费用。合同的中止与解除,不影响当事人要求赔偿的权利,原施工合同中的条款对合同中止与解除后当事人之间有关结算、未尽义务、争议等仍有效。所以,承发包双方在合同中止与解除后,都可以对所产生的损失向对方提出索赔要求。

按照《建设工程施工合同(示范文本)》通用条款的规定,合同解除后,承包人应妥善做好已完工程和已购材料、设备的保护和移交工作,按业主要求将自有机械设备和人员撤出施工现场。业主应为承包人撤出提供必要条件,支付以上所发生的费用,并按合同约定支付已完工程价款。已经订货的材料、设备由订货方负责退货或解除订货合同,不能退还的货款、解除订货合同发生的费用,由业主承担,因未及时退货造成的损失由责任方承担。除此之外,有过错的一方应当赔偿因合同解除给对方造成的损失。

6. 业主国政策、法规变化影响的费用

业主国在建设管理方面的政策、法规变化,或新政策、新法规颁布实施后,对工程施工活动往往会产生费用影响,对于这方面的影响,承发包双方必须无条件地执行,建设工程费用必须进行调整,而施工索赔正是在业主国政策、法规变化情况下调整有关费用的常用方法。

9.6.5 工程索赔的处理

1. 工程索赔程序

(1) 索赔事件发生后 28 天内,向工程师发出索赔意向通知书。

(2) 发出索赔意向通知书后 28 天内,向工程师提出延长工期和(或)补偿经济损失的索赔报告及有关资料。

(3) 工程师在收到承包人送交的索赔报告和有关资料后,应于 28 天内予以答复。

(4) 工程师在收到承包人送交的索赔报告和有关资料后 28 天内未予答复或未对承包人做进一步要求,视为该项索赔已经认可。

(5) 当该索赔事件持续进行时,承包人应当阶段性向工程师发出索赔意向,在索赔事件终了后 28 天内,向工程师送交索赔的有关资料和最终索赔报告。

2. 工程索赔意向通知及索赔报告

1) 索赔意向通知

索赔意向通知没有统一的要求,一般可考虑有下述内容:

(1) 索赔事件发生的时间、地点或工程部位;

(2) 索赔事件发生的双方当事人或其他有关人员;

(3) 索赔事件发生的原因及性质,应特别说明并非承包人的责任;

(4) 承包人对索赔事件发生后的态度应特别说明承包人为控制事件的发展、减少损失所采取的行动;

(5) 写明事件的发生将会使承包人产生额外经济支出或其他不利影响;

(6) 提出索赔意向,注明合同条款依据。

2) 索赔报告

索赔报告,是承包人提交的要求业主给予一定经济赔偿和(或)延长工期的重要文件。索赔报告在索赔处理的整个过程中起着重要的作用。索赔报告的内容如下。

(1) 总论 总论部分应包括以下具体内容:①序言;②索赔事项概述;③具体索赔要求:工期延长天数,或索赔款额;④报告书编写及审核人员。

总论部分应简明扼要,对于较大的索赔事项,一般应以 3~5 页篇幅为限。

(2) 合同引证 包括:①概述索赔事项的处理过程;②发出索赔通知书的时间;③引证索赔要求的合同条款;④指明所附的证据资料。

（3）索赔款计算　索赔款计算的主要组成部分是：由于索赔事项引起的额外开支的人工费、材料费、设备费、工地管理费、总部管理费、投资利息、税收、利润等。每一项费用开支应附以相应的证据或单据。

款额计算部分的篇幅可能较大。因为应论述各项计算的合理性，详细写出计算方法，引证相应的证据资料，并在此基础上计算出索赔款总额。通过详细的论证和计算，使业主和工程师对索赔款的合理性有充分的了解，这对索赔要求的迅速解决影响很大。

（4）工期延长论证　在索赔报告中论证工期的方法，主要有横道图表法、关键路线法、进度评估法、顺序作业法等。

承包商在索赔报告中，应该对工期延长、实际工期、理论工期等工期的长短进行详细的论述，说明自己要求工期延长或加速施工费用的根据。

（5）证据　包括：①工程所在国政治经济资料；②施工现场记录报表；③工程项目财务报表。

3）编写索赔报告时应特别注意的问题

（1）索赔报告的标题应能准确地概括索赔的中心内容。

（2）索赔事件的叙述要准确，不应有主观随意性，应写明事件发生的时间、工程部位、发生的原因、影响的范围、持续的时间以及承包人所采取的措施等。

（3）对于索赔理由及依据，要明确指出依据合同某条某款，某某会议纪要，以证明己方有合理合法的索赔资格。

（4）索赔要求准确，计算依据、计算方法、计算过程要合理正确。

（5）证据资料应翔实、充分，能够有力地支持或证明索赔理由、索赔事件的影响、索赔值的计算。

（6）索赔报告用词要明确，不能出现模棱两可的词语。

第4篇

项目管理实践

第 10 章　案例分析

第 10 章　案 例 分 析

【知识点及学习要求】

知　识　点	学　习　要　求
知识点 1：建立 WBS 案例	运用项目范围定义知识，建立某大型活动的工作分解结构（WBS）
知识点 2：进度计划与成本计划编制案例	熟悉进度计划编制的程序；熟悉网络计划和 S 形曲线计划编制方法的应用；理解进度计划和成本计划（费用计划、累计进度计划）的关系
知识点 3：成本控制案例	熟悉成本管理的主要任务，掌握工程款结算、成本分析等的方法
知识点 4：进度与成本综合控制案例	掌握进度计划、成本计划编制方法的应用；熟悉进度、成本控制方法的应用

10.1　建立 WBS 案例

案例背景描述

2009 年 6 月 1 日某高校建校 40 周年。校领导决定召开一次庆祝大会，借此邀请上级领导及同行领导参加，同时邀请新闻媒体的记者参加，以增大宣传的力度，扩大学校的知名度。

由于庆祝活动规模大、任务繁重，校领导决定将此次活动作为学校的一个重大项目，按照项目管理模式组织此次活动，于是，任命了一位项目管理专家担任本次活动的项目经理，负责庆祝大会的计划和实施工作。

在一次校领导和项目经理参加的协调会上，校领导在发言中说："这次活动关系到我校的声誉，一定要做到严肃认真，周到细致，稳妥可靠，万无一失。"

项目经理在谈到困难时提出了意见："可是我现在得到的信息仅仅是让我负责这次庆祝活动，我本人不是职能部门的领导，我无权直接从一些部门中抽调所需人员，关于项目组的建设所需要的人员请领导给予大力支持。"

"关于这次庆祝活动，校领导的意见是统一的，就是要重点保障活动的顺利实施，你所需要的人员可以提出来，我们会想尽一切办法保障项目组的建设。"校领导在协调会上表了态。

"我需要负责接待的人员,他们要做的工作包括来宾确定与邀请、机场和车站的接送工作,还有饮食、住宿安置等工作。"项目经理首先提出了要调用的人员。

"这可以由外事处抽调人员参与项目组。"

"我需要负责会场布置及会议宣传的人员,他们要做的工作包括校庆宣传,音响及灯光布置,主席台及观众席设置,会场宣传标语制作和悬挂等工作。"

"这可以由宣传处抽调人员参与项目组。"

"当然,为了本次庆祝活动的顺利进行,保卫人员也是不可缺少的,主要的工作是保卫准备及会场保卫。"

"这可以由保卫处抽调人员参与项目组。"

"除了上述工作外,在庆祝大会召开后,来宾参观学校的活动也要有专人负责,还有环境卫生工作,等等,我想只要有领导的大力支持,项目组的组建和开展相应工作看来问题不大,只是……"

"还有什么问题尽管说,我们会认真考虑的。"

"只是我现在所提出的庆祝大会的工作内容可能还不周全,能否在会后进行进一步的交流?"

"当然可以。"

协调会在这种友好的气氛中结束了。

问题

请你根据上述信息和你的经验,制定庆祝活动的工作分解结构图。要求工作分解结构图不少于 3 个层次,所包含的任务数量不少于 15 个,并对每个任务进行编码。

10.2 进度计划与成本计划编制案例

案例要求

某工程由 6 项工作组成,各项工作之间的逻辑关系及有关数据见表 10-1。要求编制该工程的形象进度计划(网络图计划、横道图计划)和成本计划(费用计划、累计进度计划)。

表 10-1 某工程 6 项工作的基本数据

工 作 代 号	作 业 时 间(月)	紧 前 工 作	成本预算(万元)
A	3	—	3
B	3	—	6
C	7	A	14

续表

工作代号	作业时间(月)	紧前工作	成本预算(万元)
D	14	A,B	28
E	4	C	12
F	2	D,E	8

参考的解答思路

第一步,绘制网络图。根据表 10-1 给定的 6 项工作的紧前关系,绘制逻辑网络图。

第二步,计算时间参数。在正确的网络图基础上,根据表 10-1 给定的各项工作的作业时间,计算工作时间参数(最早开始时间、最早完成时间、最迟开始时间、最迟完成时间、总时差、自由时差)。

第三步,绘制横道图。将逻辑网络图转化为横道图(直观,又便于数据累加)。该横道图计划和网络计划结合形成该工程的形象进度计划(进度图部分)。

第四步,成本数据计算。

(1) 根据表 10-1 给定的各项工作的成本预算,将各项工作的预算成本平均分配到每个月。

(2) 每月成本数据累加,得出每月成本累计数值(单位时间累计值)。

(3) 逐月成本数据累计,得出累计的成本数值。

第五步,绘制成本计划曲线。根据第四步数据累加结果,描点画图,完成单位时间(每月)成本计划(钟形线计划)和累计成本计划(累计进度计划,S 形曲线计划)。

10.3　成本控制案例

10.3.1　工程价款结算案例

案例要求

某建筑工程的结算价款总额为 1 000 万元,预付备料款占工程价款的 25%,主要材料和结构件金额占工程价款的 62.5%。该工程采用按月结算方式,每月实际完成工作量和合同价款调整增加额如表 10-2 所示。确定该工程的预付备料款以及每月结算工程款和竣工结算工程款各为多少?

表 10-2　每月实际完成工作量和合同价款调整增加额　　　　　(单位:万元)

月　　份	一月	二月	三月	四月	五月	六月	合同调整增加额
完成工作量金额	50	100	200	400	150	100	100

10.3.2 成本因素分析案例

案例要求

某工程浇筑一层结构商品混凝土,目标成本为 416 000 元,实际成本为 447 638 元,比目标成本增加 31 638 元。根据表 10-3 所示的信息,用"因素分析法"(连环替代法)分析成本增加的原因。

表 10-3 商品混凝土目标成本与实际成本对比表

项 目	计 划	实 际	差 额
产量/m³	500	530	+30
单价/元	800	820	+20
损耗率/(%)	4	3	−1
成本/元	416 000	447 638	+31 638

10.4 进度与成本综合控制案例

案例要求

某基础工程施工项目由三个独立的钢筋混凝土基础(基础尺寸 6 m×8 m×5 m)组成。该工程工作构成、工作持续时间及预算费用见表 10-4。要求总工期为 13.5 周。采用三段流水作业施工。为了弥补工程前期资金不足,对前 30%工程量的进度款上调 20%。要求编制施工网络计划、横道计划、综合进度计划。表 10-5 给出了该工程前 5 周的实际执行效果数据,要求绘制实际累计进度曲线(成本计划)、实际费用消耗曲线;求取前 5 周累计进度偏差值,反映费用消耗水平的费用偏差以及工期偏差。

表 10-4 每个基础的计划数据

工 作 代 号	工 作 名 称	工作持续时间/周	预算费用/万元
A	挖土方	1.5	18
B	支模板	1	5
C	钢筋工程	3	51
D	浇筑混凝土	1	25
E	混凝土养护	3	0
F	回填土	0.5	1

注:费用平均分配。

表 10-5 前 5 周实际执行效果数据

顺 序 周	1	2	3	4	5
当周完成工作量(万元)	20	20	27.2	34.4	21.24
当周实际消耗(万元)	30.5	25.6	28.4	42	28.3

案例分析参考答案

案例 10.1 参考答案

解答:校庆活动工作分解结构(WBS)如图 10-1 所示。

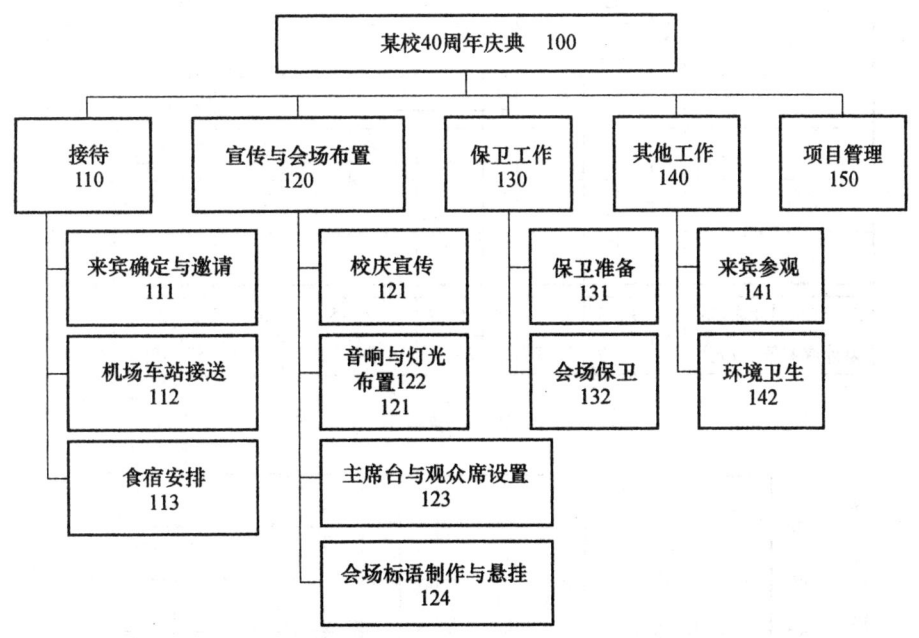

图 10-1 校庆活动的工作分解结构(WBS)

案例 10.2 参考答案

解答:(1) 绘制网络图,计算时间参数。结果如图 10-2 所示。

(2) 绘制横道图,进行成本分配及累加计算。横道图及成本累加计算结果如图 10-3 所示。

(3) 绘制成本计划曲线,如图 10-4 所示。

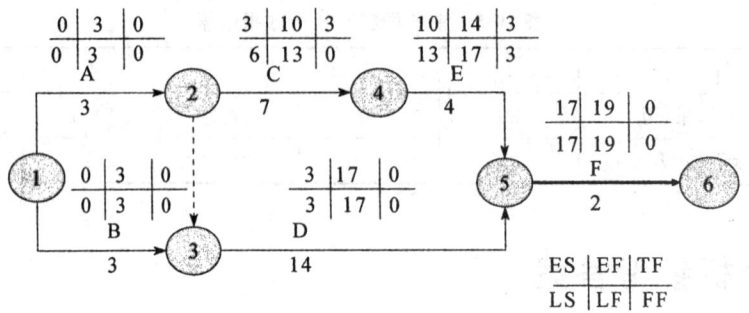

图 10-2　网络图

时间 工作代号	1	2	3	4	5	6	7	8	9	10	11	12	13	14	15	16	17	18	19
A	1	1	1																
B	2	2	2																
C				2	2	2	2	2	2	2									
D				2	2	2	2	2	2	2	2	2	2	2	2	2	2		
E											3	3	3	3					
F																		4	4
单位时间累计成本值	3	3	3	4	4	4	4	4	4	4	5	5	5	5	2	2	2	4	4
累计成本值(万元)	3	6	9	13	17	21	25	29	33	37	42	47	52	57	59	61	63	67	71

图 10-3　横道图

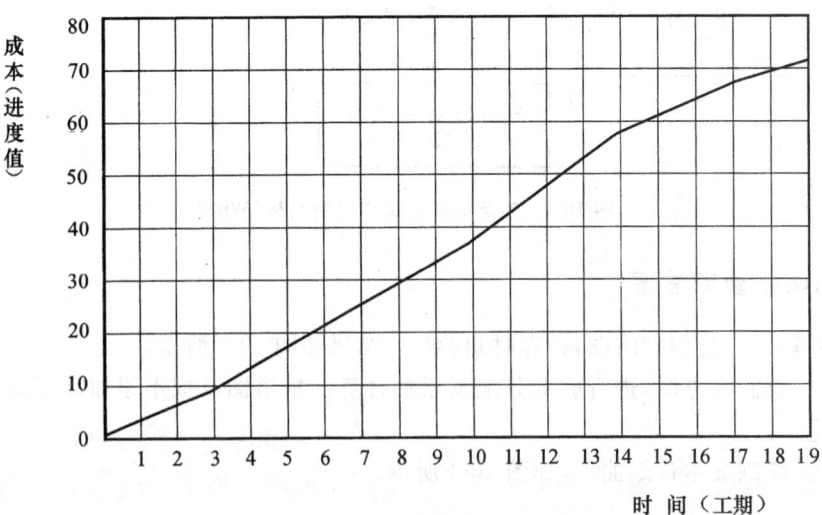

图 10-4　成本计划曲线(S 形曲线)

案例 10.3 参考答案

10.3.1 案例参考答案

解答:(1) 预付备料款＝1000 万元×25％＝250 万元

根据公式 $T=P-\dfrac{M}{N}$,计算预付备料款起扣点:

$$T=1000-\frac{250}{62.5\%}=600(万元)$$

即当累计结算工程款为 600 万元时,开始扣备料款。

(2) 一月份应结算工程款为 50 万元,累计拨款额为 50 万元。

(3) 二月份应结算工程款为 100 万元,累计拨款额为 150 万元。

(4) 三月份应结算工程款为 200 万元,累计拨款额为 350 万元。

(5) 四月份完成工作量为 400 万元。

因 400＋350＝750(万元)＞600(万元),750－600＝150(万元),

所以,应从四月份的 150 万元工程款中扣除预付备料款,

即:　　　　　　　　　150×62.5％＝93.75(万元)

因此,四月份应结算工程款为:400－93.75＝306.25(万元)

四月份累计拨款额为 656.25 万元。

(6) 五月份完成工作量为 150 万元,应从五月份的 150 万元工程款中扣除预付备料款,

即:　　　　　　　　　150×62.5％＝93.75(万元)

因此,五月份应结算工程款为:150－93.75＝56.25(万元)

五月份累计拨款额为 712.5 万元。

(7) 应从六月份的 100 万元工程款中扣除预付备料款,

即:　　　　　　　　　100×62.5％＝62.5(万元)

因此,六月份应结算工程款为:100－62.5＝37.5(万元)

六月份累计拨款额为 750 万元,加上预付备料款 250 万元,共拨款 1000 万元。

经调整合同价款增加 100 万元,总计结算工程款为 1100 万元。

10.3.2 案例参考答案

解答:问题分析如下:

(1) 分析对象是浇筑商品混凝土的成本,实际成本与目标成本的差额为 31 638 元。

(2) 成本影响因素是由产量、单价、损耗率三方面构成的,其排序参见表 10-3。

(3) 以目标数 416 000(500×800×1.04)为分析替代的基础。

(4) 替代。

第一次替代:产量因素:以 530 替代 500,得 530×800×1.04＝440 960(元)。

第二次替代:单价因素:以 820 替代 800,并保留上次替换后的值,得 451 984 元,

即 $530 \times 820 \times 1.04 = 451\ 984$(元)

第三次替代:损耗率因素:以 1.03 替代 1.04,并保留上两次替换后的值,得 447 638元,

即 $530 \times 820 \times 1.03 = 447\ 638$(元)

(5)计算差额:

第一次替代与目标数的差额$=440\ 960-416\ 000=24\ 960$(元)。

第二次替代与第一次替换的差额$=451\ 984-440\ 960=11\ 024$(元)。

第三次替代与第二次替换的差额$=447\ 638-451\ 984=-4346$(元)。

产量增加使成本增加了 24 960 元,单价提高使成本增加了 11 024 元,而损耗率下降使成本减少了 4346 元。

(6)各因素的影响程度之和$=24\ 960+11\ 024-4\ 346=31\ 638$元。与实际成本和目标成本的总差额相等。

为了使用方便,也可以运用因素分析表来求出各因素的变动对实际成本的影响程度,其具体形式见表 10-6。

表 10-6　商品混凝土成本变动因素分析　　　　　　　　　(单位:元)

顺　　序	连环替代计算	差异	因 素 分 析
计划数	$500 \times 800 \times 1.04 = 416\ 000$		
第一次替代	$530 \times 800 \times 1.04 = 440\ 960$	24 960	由于产量增加 30 m³,成本增加 24 960 元
第二次替代	$530 \times 820 \times 1.04 = 451\ 984$	11 024	由于单价提高 20 元,成本增加 11 024 元
第三次替代	$530 \times 820 \times 1.03 = 447\ 638$	-4346	由于损耗率下降 1%,成本减少 4 346 元
合 计	$24\ 960+11\ 024-4\ 346=31\ 638$	31 638	

必须说明,在应用因素分析法时,各个因素的排列顺序应该固定不变。否则,就会得出不同的计算结果,也会产生不同的结论。

案例 10.4 参考答案

解答:

1. 编制初步网络计划

(1)绘制网络图,计算工作时间参数。

按一般基础施工的工艺性,施工顺序为:土方→模板→钢筋→浇筑混凝土→混凝土养护→回填土。据此绘制的网路图,如图 10-5 所示。

采用图上计算法,按示例标注各参数。如图 10-5 所示。

(2)分析。由计算得知:计算工期为 16 周,大于规定工期 13.5 周。因此,要对初步的网络计划进行优化调整。

2. 网络计划的优化调整

(1)分析。由题目所给已知条件得知,每个基础尺寸比较大,为 6 m×8 m×5 m,工作场地较大,支模板、绑钢筋干涉较少。可考虑将钢筋工程提前至最初与土方

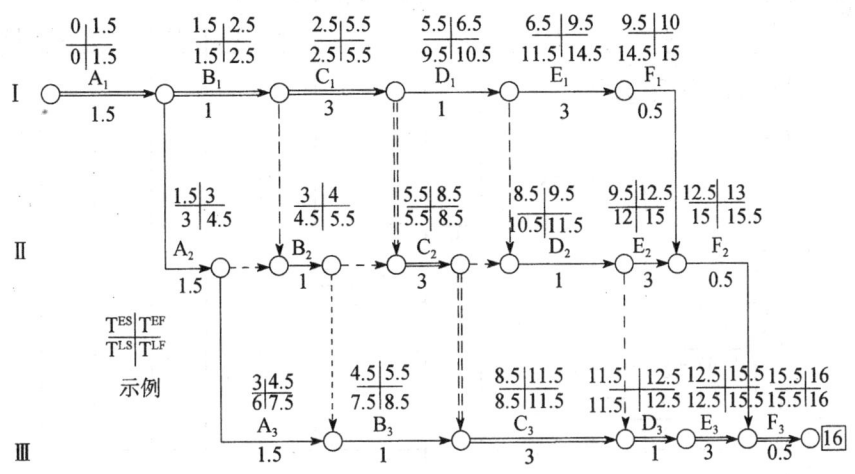

图 10-5　初步网络计划

开挖同时进行。这样,将原方案中的顺序作业"模板→钢筋",改为平行作业。

(2)调整网络计划,绘制第 2 版网络图,并计算时间参数,如图 10-6 所示。

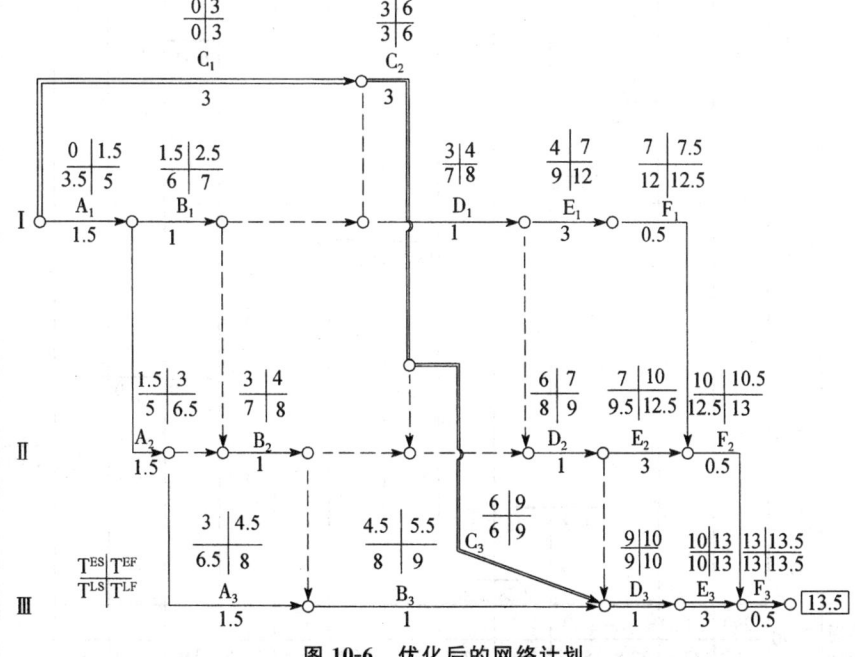

图 10-6　优化后的网络计划

通过工作时间参数计算,计算工期等于 13.5 周,符合规定工期的要求,第 2 版计划视为能满足工期要求的可用计划。

3. 绘制横道图计划

为便于资源统计汇总,将优化后的网络计划转化为横道图计划。如图 10-7 所示。

施工段	工作代号	施工进度（周）													
		1	2	3	4	5	6	7	8	9	10	11	12	13	14
I	C_1	(17) 20.4	(17) 20.4	(17) 20.4											
	D_1				22.75										
	E_1					0	0	0							
	F_1								0.91						
	A_1	(12) 14.4	(6) 7.2												
	B_1		(2.5) 3	(2.5) 3											
II	C_2				15.47	15.47	15.47								
	D_2							22.75							
	E_2								0	0	0				
	F_2											0.91			
	A_2		(6) 7.2	(12) 14.4											
	B_2				4.55										
III	C_3							15.47	15.47	15.47					
	D_3										22.75				
	E_3											0	0	0	
	F_3														0.91
	A_3				10.92	5.46									
	B_3					2.28	2.28								
当周累计进度	万元	(29) 34.8	(31.5) 37.8	37.8	53.7	23.2	17.8	38.2	16.4	15.5	22.8	0.91	0	0	0.91
	%	11.6	12.6	12.6	17.9	7.7	5.9	12.7	5.5	5.2	7.6	0.3	0	0	0.3
累计进度	万元	(92) 34.8	(60.5) 72.6	(92) 110.4	164.1	187.3	205.1	243.3	259.7	275.2	298	298.9	298.9	298.9	300
	%	11.6	24.2	36.8	54.7	62.4	68.3	81	86.5	91.7	99.3	99.6	99.6	99.6	100

图 10-7　横道图计划

4. 加权调整，计算加权值

（1）确定工程前期的各项工作。

本任务总工作量为：$(18+5+51+25+0+1)\times3=300$（万元）

前 30％工作量为：$300\times30\%=90$（万元）

根据题意，前 30％工作量的工作为前期工作。

根据图 10-7 所示，前 3 周累计工作量为 92 万元（括号内数字是加权处理前的数字），与题目要求相近，所以可以认为第 1 个基础施工中的挖土方、支模板、钢筋工程和第 2 个基础施工的挖土方是前期工作。

（2）计算加权因子。

前期工作量占总工作量的比例 P 为：

$$P=\frac{92}{300}\times100\%=30.67\%$$

据题意，前期工作加权因子为：

$$wf_1=1+20\%=30.67\%$$

所以

$$wf_2=\frac{1-wf_1\times P}{1-P}=\frac{1-1.2\times30.67\%}{1-30.67\%}=0.91$$

（3）计算加权值。计算过程及结果如表 10-7 所示。

表 10-7　加权值计算过程

施 工 段	工 作 代 号	① 预算费用 （万元）	② 加权因子	①×② 费用加权值 万元	①×② 费用加权值 %
Ⅰ	A_1	18	1.2	21.6	7.2
	B_1	5	1.2	6	2
	C_1	51	1.2	61.2	20.4
	D_1	25	0.91	22.75	7.58
	F_1	1	0.91	0.91	0.3
Ⅱ	A_2	18	1.2	21.6	7.2
	B_2	5	0.91	4.55	1.52
	C_2	51	0.91	46.41	15.47
	D_2	25	0.91	22.75	7.58
	F_2	1	0.91	0.91	0.3
Ⅲ	A_3	18	0.91	16.38	5.46
	B_3	5	0.91	4.55	1.52
	C_3	51	0.91	46.41	15.47
	D_3	25	0.91	22.75	7.58
	F_3	1	0.91	0.91	0.3

5. 计算累计进度值

(1) 加权值分配。

根据题目要求,将工作的预算费用加权值平均分配至每周。将数据标于横道图中,如图 10-7 所示。

(2) 计算当周累计进度值。

按周汇总各工作量值,得出当周累计进度值,如图 10-7 所示。

(3) 计算逐周累计的进度值。

逐周累加,形成累加的进度数据,如图 10-7 所示。

6. 绘制累计进度计划(成本计划)曲线 BCWS

分别按当周累计进度值和逐月累计进度值,采用描点法绘制单位时间(周)累计进度计划(钟形)曲线和逐月累计进度计划(S形)曲线。如图 10-8、图 10-9 所示。

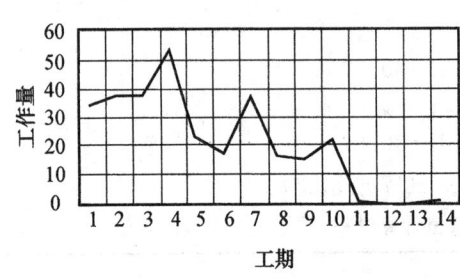

图 10-8 单位时间累计进度计划(钟形)曲线

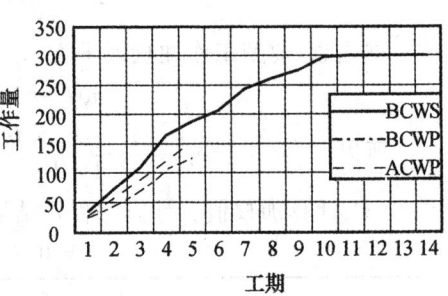

图 10-9 累计进度计划(S形)曲线

参 考 文 献

[1] 中国工程项目管理知识体系[M].北京:中国建筑工业出版社,2011.

[2] 孙增武.现代投资项目管理[M].石家庄:河北人民出版社,2005.

[3] 桑培东.建筑工程项目管理[M].北京:中国电力出版社,2007.

[4] 白思俊.现代项目管理[M].北京:机械工业出版社,2019.

[5] 孙增武,刘亚丽.建设工程项目管理[M].太原:山西人民出版社,1999.

[6] 刘亚丽.项目组织计划与控制[M].北京:国家行政学院出版社,2002.

[7] 项建国.建筑工程项目管理[M].北京:中国建筑工业出版社,2015.

[8] 成虎.工程项目管理[M].4版.北京:中国建筑工业出版社,2015.

[9] 李世蓉.承包商工程项目管理实用手册[M].北京:中国建筑工业出版社,2009.

[10] 建设工程项目管理规范实施手册[M].2版.北京:中国建筑工业出版社,2006.

[11] 中国建设监理协会.建设工程进度控制[M].北京:中国建筑工业出版社,2009.

[12] 银花.建设工程项目管理[M].呼和浩特:远方出版社,2003.

[13] 闫文周,袁清泉.工程项目管理学[M].西安:陕西科学技术出版社,2006.

[14] 刘小平.建筑工程项目管理[M].北京:高等教育出版社,2002.

[15] 全国二级建造师执业资格考试用书编写委员会.建设工程施工管理[M].北京:中国建筑工业出版社,2018.

[16] 潘炳玉.建设工程项目管理[M].北京:化学工业出版社,2009.

[17] 史春生.工程管理实训教程[M].北京:知识产权出版社,2008.

[18] 对外援助成套项目管理专家培训教材[M].北京:商务部国际经济合作事务局,2008.

[19] 张贵良,牛季收.施工项目管理[M].北京:科学出版社,2004.

[20] 中国建设监理协会.建设工程合同管理[M].北京:中国建筑工业出版社,2021.

[21] 石振武.建设项目管理[M].2版.北京:科学出版社,2015.

[22] 全国一级建造师执业资格考试用书编写委员会.建设工程项目管理[M].北京:中国建筑工业出版社,2021.